D1869006

Günter Ogger

Die Ego-AG

Günter Ogger

Die Ego-AG

Überleben in der
Betrüger-Wirtschaft

C. Bertelsmann

Umwelthinweis:
Dieses Buch und der Schutzumschlag
wurden auf chlorfrei gebleichtem Papier gedruckt.
Die Einschrumpffolie (zum Schutz vor Verschmutzung)
ist aus umweltschonender und recyclingfähiger PE-Folie.

1. Auflage
© 2003 by C. Bertelsmann Verlag, München
einem Unternehmen der Verlagsgruppe Random House GmbH
Umschlaggestaltung: Christin Ogger
Satz: Uhl + Massopust, Aalen
Druck und Bindung: Clausen & Bosse, Leck
Printed in Germany
ISBN 3-570-00663-8
www.bertelsmann-verlag.de

Inhalt

I Die Betrüger-Ökonomie

Wenn der Kanzler und seine Partei vor den Wahlen Steuererhöhungen für tabu erklären und sich wenige Tage danach nicht mehr an ihr Versprechen erinnern, dann ist das natürlich keine »Steuerlüge«, sondern ausgleichende Gerechtigkeit in schwierigen Zeiten.

Wenn die Deutsche Telekom tausenden Kunden immer wieder überhöhte Rechnungen ins Haus schickt, dann handelt es sich dabei selbstverständlich um »ein Versehen«.

Wenn Gastronomen und Hoteliers, Einzelhändler und Handwerker die Einführung des Euro zu unverschämten Preiserhöhungen nutzen, dann können das logischerweise stets nur einzelne »schwarze Schafe« sein, die das Ansehen ihrer Zunft schädigen.

Wenn kopfstarke Strukturvertriebe im Verein mit gewissenlosen Bankern hunderttausenden Bundesbürgern Schrott-Immobilien zu völlig überzogenen Preisen andrehen, dann handeln sie selbstverständlich nur »marktgerecht«.

Wenn Chirurgen gebrauchte Herzklappen implantieren und dafür den Neupreis berechnen und Hunderte ihrer Kollegen bei den Krankenkassen Leistungen abrechnen, die sie nie erbracht haben, dann beklagen wir allenfalls das »mangelnde Kostenbewusstein im Gesundheitswesen«.

Wenn der Frankfurter Oberstaatsanwalt Wolfgang Schaupensteiner Dutzende Beamte und Angestellte in den Baubehörden von »Mainhattan« der Korruption überführt, dann ist das auch nur wieder ein ganz normaler »Reinigungsprozess« innerhalb eines ansonsten hervorragend funktionierenden öffentlichen Dienstes.

Wenn die Vorstände von Konzernen wie DaimlerChrysler, Deutsche Bank oder Deutsche Telekom ihre ohnehin üppigen Millionengehälter zweistellig aufbessern, während sie das Vermögen der Aktionäre ruinieren und tausende Mitarbeiter auf die Straße setzen, dann sprechen wir vornehm von der Notwendigkeit einer »wettbewerbsfähigen Vergütungsstruktur«.

Der schnelle Deal, das krumme Geschäft …

Wir haben uns daran gewöhnt, die täglichen Meldungen aus Politik und Wirtschaft mit den Augen eines Kindes zu betrachten, das Lesen lernte, als die Welt noch in Ordnung war. Unser Wahrnehmungsapparat stammt aus einer Zeit, als man noch zwischen Gut und Böse unterschied; einer Zeit, die zwar auch Ungerechtigkeiten, Neid und Zwietracht kannte, in der aber jeder sein gerechtes Auskommen fand.

Diese Zeit, wir ahnen es, ist passé. Ob aus Gewohnheit oder aus Sentimentalität aber halten wir an der Fiktion fest, dass es, allen Krisen zum Trotz, im Erwerbsleben eben doch gerecht zugehe. Dass jeder den seinen Talenten und Fähigkeiten entsprechenden Platz finde, wenn er sich nur hinreichend qualifizierte und anstrengte.

Weil wir davon ausgehen, dass die Wirtschaft alles in allem ganz in Ordnung sei, filtern wir den Jahr für Jahr anschwellenden Strom schlechter Nachrichten so lange, bis er sich in einer Vielzahl handlicher »Einzelfälle« auflöst. Beharrlich weigern wir uns, zur Kenntnis zu nehmen, dass schon die schiere Menge der Bestechungs- und Betrugs-Skandale ausreicht, den Gesamtzustand des Wirtschaftsgeschehens infrage zu stellen. Vernünftigerweise müsste man nämlich unterstellen, dass die bekannt gewordenen Fälle ohnehin nur die Spitze eines Eisbergs bilden, denn aufgedeckt wurden sie in der Regel ja mehr oder weniger zufällig.

Aber weil die Verursacher all dieser Pleiten-, Pech- und Pannen-Fälle so viele gute Gründe für ihr Versagen anführen, haben wir es längst aufgegeben, sie zur Rechenschaft zu ziehen. Wer will heute noch an die geheimen Spender des Altkanzlers Helmut Kohl erinnert werden, wen interessieren die Leuna-Akten, wen die Schuldigen der BSE- und Nitrofen-Skandale, wen die Urheber all der anderen Affären, mit denen uns die Medien täglich überfüttern? Ja, wir interessieren uns im Grunde nicht mal mehr für die Ursachen des jämmerlichen Zustands unseres Gemeinwesens, solange er uns nicht persönlich trifft. Wir haben uns einlullen lassen von der gut geölten Propagandamaschinerie der Parteien und Ministerien, der Unternehmen und Verbände und übersehen den tief greifenden Wandel, den das Wirtschaftsleben in den letzten Jahren durchgemacht hat.

Das Gift im Öko-Weizen, die Steuerflucht der Konzerne, der Betrug an der Börse, die gefälschten Bilanzen, der Spendensumpf in der Kölner SPD, die flächendeckende Korruption, die endlose Pleitewelle – all das nehmen wir nur am Rande wahr, als zwar bedauerliche, aber unvermeidliche Betriebsunfälle einer im Kern gesunden Wettbewerbsgesellschaft. Ein Irrtum, wie sich noch zeigen wird.

In Wahrheit nämlich ist die Kriminalisierung unseres Wirtschafts- und Polit-Systems schon so weit fortgeschritten, dass korrektes Verhalten bereits als Ausnahme gelten darf. Unaufhaltsam hat sich die soziale Marktwirtschaft Ludwig Erhards weiterentwickelt zur höchst unsozialen Machtwirtschaft. Jeder nimmt, was er kriegen kann, und behält, was er geben sollte. Hier herrscht kein fairer und offener Wettbewerb, sondern das Diktat der Dunkelmänner und das Recht des Stärkeren. Nicht mehr der Austausch reeller Waren und Dienstleistungen ist das Ziel des ökonomischen Prozesses, sondern die leistungslose Bereicherung. Der schnelle Deal, das krumme Geschäft, der große Reibach – das ist es, wovon mittlerweile allzu viele Unternehmer und Manager träumen.

Galt früher die Gründung eines eigenen Unternehmens, der Aufbau einer Kanzlei oder Praxis oder wenigstens die Karriere in einem renommierten Konzern als höchstes aller Berufsziele, so haben jetzt der millionenschwere Börsencoup, das schnelle Provisionsgeschäft, der elegante Steuerbetrug den größeren Reiz.

Beschleunigt wurde der Verfall der Sitten vom Siegeszug des amerikanischen Turbokapitalismus. Wall Street war zu Beginn der 90er-Jahre angetreten, die Wirtschaft zu reformieren. Gebieterisch forderten Banken und Pensionsfonds, Sparer und Investoren höhere Renditen für ihr Kapital, und um ihre Interessen durchzusetzen, schlossen sie einen verhängnisvollen Pakt mit den angestellten Managern der Publikumsgesellschaften: Wenn sie den Aktienkurs in die Höhe trieben, so versprachen sie den Firmenlenkern, dürften diese teilhaben am großen Geldsegen.

Das war nicht nur der Beginn einer beispiellosen Börsenhausse, sondern auch der Anfang dessen, was wir als »Globalisierung« oder »Turbokapitalismus« fürchten. Der »Spiegel« verstieg sich in einer Titelgeschichte gar zu dem romantischverklärenden Begriff »Raubtier-Kapitalismus«. Inzwischen wissen wir, dass es sich eher um eine Betrüger-Ökonomie handelt. Der Turboantrieb der amerikanischen Volkswirtschaft bestand zu einem großen Teil aus falschen Zahlen, und die Raubtiere entpuppten sich als gewöhnliche Kriminelle.

Bevor der Schwindel aufflog, verbreitete die vorgebliche »Shareholder Revolt« jedoch Angst und Schrecken. Überall auf dem Globus kopierten die Wirtschaftsbosse das amerikanische Erfolgsmodell. Die Firmen organisierten sich neu, sortierten ihr Portefeuille, entließen massenhaft Personal und versuchten mit aller Gewalt die Renditen zu steigern. »Ich kenne nur ein Ziel: Profit, Profit, Profit«, verkündete im fernen Deutschland Daimler-Benz-Vorsteher Jürgen Schrempp, und sein Managerkollege Jürgen Dormann fand nichts dabei, um dieses Ziels willen den hundertjährigen Chemiekonzern Hoechst zu zerschlagen.

An der Börse freilich stiegen die Kurse noch schneller als die Gewinne der Unternehmen, und so baute sich allmählich eine gewaltige Spekulationsblase auf. Die Geldgier der Börsianer wie der Manager pervertierte die ursprünglich vernünftige Absicht, das Produktivkapital so effizient wie möglich einzusetzen. Statt langfristiger Unternehmensziele verfolgten die mit lukrativen Aktienoptionen geköderten Firmenchefs letztlich nur noch das eine Ziel: möglichst schnell selbst reich zu werden. Und was den Figuren an der Spitze recht war, das konnte der Masse der Besserverdienenden nur billig sein. Das leicht verdiente Geld machte aus risikoscheuen Sparern in den USA wie in Europa ein Heer gieriger Spekulanten. Wenn man mit ein paar Aktien oder Fondsanteilen binnen weniger Monate mehr verdienen konnte als mit seinem Job in einem ganzen Jahr, dann verlor jede ernsthafte Tätigkeit ihren Reiz.

Noch wurden die Spätfolgen des Aktienwahns nicht hinreichend untersucht, doch kann kaum bezweifelt werden, dass sie gravierend sind. Millionen Arbeitnehmer, in den USA wie mittlerweile auch in Deutschland, machten immer größere Teile ihrer Altersversorgung abhängig vom Börsenglück. Was ist die berühmt-berüchtigte »Riester-Rente« anderes als der missglückte Versuch, die staatliche Rentenversicherung durch erhoffte Kursgewinne zu entlasten?

Das Geld ist weg, geblieben ist die Gier

Verhängnisvoller noch dürften sich die psychischen Schäden der Superhausse auswirken. Die Yuppie-Generation, mit ein wenig antrainiertem Wissen um die Bedienung digitaler Geräte ausgestattet, beanspruchte qua Geburt das Recht auf ewig währenden Wohlstand, und einige Zeit sah es tatsächlich so aus, als ob die so genannte »New Economy« die ehernen Gesetze von Soll und Haben außer Kraft gesetzt hätte. Dotcom-Firmen mit nicht viel mehr als einer geklauten Geschäftsidee im Gepäck waren, kaum gegründet, an der Börse plötzlich Milliarden wert, und alle, Manager, Mitarbeiter und Aktionäre, fanden dies ganz selbstverständlich. Die Mühsal konventionellen Geldverdienens, etwa durch so etwas Altmodisches wie echte Arbeit, kannten viele der schnellreichen Glücksritter allenfalls durch die Erzählungen ihrer Eltern.

Der künstlich aufgeblähte Reichtum des Aktionärsvolks indes verflüchtigte sich durch den Zusammenbruch der Kurse genauso schnell wieder, wie er entstanden war. Allein in den USA verloren die Aktionäre über 5000 Milliarden Dollar, an den deutschen Börsen lösten sich etwa 1200 Milliarden DM oder 600 Milliarden Euro in nichts auf.

Das Geld ist weg, geblieben aber sind die Gier und die unerträgliche Leichtigkeit des Scheins. Getrieben von den Verlusten an der Börse wie von den Forderungen der Investoren, lässt die Geschäftswelt jetzt alle Hemmungen fahren. Niemand will sich mehr mit den vier bis fünf Prozent Kapitalrendite zufrieden geben, die in früheren Jahren das Normalmaß bildeten. Gefordert werden heute zwölf, fünfzehn oder gar zwanzig Prozent, netto natürlich, je nach Branche und Betriebsgröße. Doch die Industrie hat ihre Rationalisierungsreserven ausgeschöpft, der Handel hat sich zu immer größeren Einheiten zusammengeschlossen, das Dienstleistungsgewerbe die Kosten gekappt. Auf legalem Weg sind weitere Steigerungen, zumindest in den hoch entwickelten Industrieländern, kaum noch zu erzielen.

Heiße Luft und gefälschte Zahlen

Da die erhofften Gewinne sich nicht real einstellen wollen, wird kräftig nachgeholfen. Die Rezepte gleichen sich diesseits wie jenseits des Atlantiks: Konkurrenten werden aufgekauft, plattgemacht oder mit Prozessen überzogen, und wo das nicht hilft, spricht man Mondpreise ab. Auftraggeber werden geschmiert, Kunden mit Rabatten geködert. Die Qualität der Produkte lässt nach, statt echten Nutzen verkauft man Image und Verpackung. Gleichzeitig gaukelt man den Aktionären Gewinne vor, die in Wahrheit Verluste sind, zeigt Vermögenswerte her, die eigentlich Schulden genannt werden müssen, und bedient sich nach Kräften aus der Firmenkasse.

Kaum einer Bilanz ist mehr zu trauen, kein Geschäftsbericht

mehr ernst zu nehmen. Nicht nur in den USA, auch bei uns wird getäuscht und gelogen, dass sich die Balken biegen. Seit dem Zusammenbruch des Enron-Konzerns in Texas, der mit Öl, Gas und Strom handelte, sind die Anleger überall auf dem Globus in Alarmstimmung. Denn statt riesiger Vermögenswerte und ständig steigender Gewinne enthielt die Bilanz des sechstgrößten US-Unternehmens in Wahrheit nicht viel mehr als heiße Luft und gefälschte Zahlen. Doch Enron war nur der Anfang. Bei Worldcom, der zweitgrößten amerikanischen Telefongesellschaft, wurden nach dem Rausschmiss des Firmengründers Bernie Ebbers Fehlbuchungen von fast vier Milliarden Dollar entdeckt, bevor der Konzern unter der Last eines gigantischen Schuldenberges zusammenbrach.

Nach und nach kam heraus, dass sich auch weltbekannte Konzerne wie General Electric, IBM, Microsoft, Tyco, Global Crossing und Xerox der Künste allzu kreativer Buchhalter bedienten, um Gewinne vorzuzeigen, die sie gar nicht erzielt hatten. Abgrundtiefer Pessimismus machte sich breit, nachdem der britische Wirtschaftswissenschaftler Andrew Smithers nachweisen konnte, dass nahezu alle großen US-Unternehmen schon im Jahr 2000 um rund 20 Prozent zu hohe Gewinne ausgewiesen hatten.

Die Anleger mussten lernen, dass Wirtschaftsprüfer mit den Firmen, von denen sie mit der Prüfung ihrer Bilanzen beauftragt werden, unter einer Decke stecken und dass ihre Testate im Ernstfall nicht viel wert sind. Eine der größten Prüfungsgesellschaften der Welt, Arthur Andersen, wurde sogar dabei erwischt als sie mithalf, kompromittierende Unterlagen des Enron-Konzerns verschwinden zu lassen.

Auch deutsche Konzerne verstehen wohl etwas von diesem Geschäft. In Verdacht gerieten, neben zahlreichen am Neuen Markt gelisteten Aktiengesellschaften, sogar Dax-Werte wie der Heidelberger Finanzdienstleister MLP, der Frankfurter Anlagenbauer MG Technologies und das Hamburger Immobilien-Beteiligungs-Unternehmen WCM. Schön, dass die überaus elastischen Bilanzierungsregeln der Amerikaner mittlerweile in der Heimat Eugen Schmalenbachs, des Altmeisters der Betriebswirtschaft, so viele Anhänger gefunden haben. Am Neuen Markt waren die US-Regeln (im Fachjargon GAAP: Generally Accepted Accounting Principles) sogar Pflicht, und nicht wenige der an Frankfurter Zockerbörse notierten Firmen nutzten ihren Freiraum nach Kräften.

Als bisheriger Rekordhalter in Sachen Bilanzfälschung gilt Bodo Schnabel. Der – zu sieben Jahren Gefängis verurteilte – Gründer des bayerischen Telematik-Anbieters Comroad AG brachte das Kunststück fertig, eine wirklich virtuelle Firma zu kreieren. Siebenundneunzig Prozent seiner behaupteten Umsätze standen nur auf dem Papier.

Der Saarbrücker Betriebswirtschafts-Professor Karlheinz Küting hält die Bilanzen der meisten Aktiengesellschaften für unsolide. Echt sind nur die Summen, die die Gründer und Großaktionäre, Vorstände und Geschäftsführer abzugreifen pflegen. Während sie ihren Belegschaften Sparappelle verkünden und mit den Gewerkschaften verbissen um Zehntelprozente feilschen, bedienen sich Deutschlands Topmanager mit beiden Händen so kräftig aus der Firmenkasse, dass sogar das gewiss nicht missgünstige »Manager Magazin« angewidert einen »Sittenverfall« diagnostizierte. Wie anders soll man etwa das Verhalten der Telekom-Vorstände bewerten, die sich fürs Geschäftsjahr 2001, in dem sie 3,5 Milliarden Euro Verlust einfuhren und nebenbei das Aktionärsvermögen ruinierten, flotte 50 Prozent Zuschlag genehmigten? Oder jenes des Vorstandssprechers der Deutschen Bank, der elf Millionen Euro für ein Geschäftsjahr einsteckte, in dem Gewinn und Aktienkurs um 20 Prozent eingebrochen waren? Mit leistungsgerechter Bezahlung hat das gewiss wenig zu tun, eher mit einer unverfrorenen Selbstbedienung.

Wer immer die Möglichkeit bekommt, anderer Leute Geld zu verwalten, über Investitionen zu entscheiden, Finanzströme zu lenken, der denkt heutzutage offenbar kaum noch an das Wohl der ihm anvertrauten Gelder, sondern vor allem an das eigene. So empfahlen die Investmentbanker und Analysten von Merrill

Lynch, einem der größten Vermögensverwalter der Welt, ihren Kunden auch solche Aktien wärmstens zum Kauf, die sie selbst für »Schrottpapiere« oder gar »Scheiße« hielten und deshalb dringend loswerden wollten. Nicht viel anders hielt es die Deutsche Bank, die an jenem Tag, an dem sie (gegen eine horrende Provision) im Auftrag eines asiatischen Großkunden über 40 Millionen Telekom-Aktien auf den Markt warf und damit den Kurs verwässerte, Millionen von Kleinanlegern dringend zum Kauf des rapide an Wert verlierenden Papiers riet.

Das System lahmt wie ein alter Gaul

Kaum ein Tag vergeht, an dem nicht ein neuer Betrugs- oder Korruptionsfall auffliegt. Dies freilich als Beleg für ein gut funktionierendes Rechtssystem zu werten, hieße die Zustände in der real existierenden Wirtschaft zu verkennen. Ans Licht kommt nur, was entweder die Geschädigten der Justiz offenbaren oder was irgendwelchen Nutznießern in den Kram passt. Erst wenn ein »begründeter Anfangsverdacht« vorliegt, das heißt wenn handfeste Beweise in Form von Dokumenten oder eidesstattlichen Versicherungen von Zeugen auftauchen, können die Staatsanwälte aktiv werden und Büros durchsuchen, Akten beschlagnahmen und Zeugen vernehmen. So war es bei der Berliner Bankgesellschaft und beim badischen Phantombohrer Flowtex, bei der Kölner Müllverbrennungsanlage wie bei dem westfälischen Springreiter und Pferdehändler Hugo Simon.

Selbst scheinbar über jeden Zweifel erhabene Institutionen und Firmen geraten ins Zwielicht. In Nürnberg fälschte die Bundesanstalt für Arbeit jahrelang systematisch die Vermittlungsstatistiken, in München frisierten die öffentlichen Alten- und Pflegeheime ihre Leistungsnachweise, in Stuttgart schummelte der Motorpresse-Verlag bei den Auflagenzahlen seiner diversen Zeitschriften. Da fallen die Einzeltäter kaum mehr ins Gewicht, auch wenn sie, wie der Devisenhändler John

Rusnak bei der Allied Irish Bank, flotte 750 Millionen Dollar Schaden anrichteten.

Die Kriminalstatistik bestätigt den Trend: Von allen bekannten Verbrechensarten nehmen die Wirtschaftsdelikte am rapidesten zu – allein im Jahr 2001 um 23,1 Prozent. Der Schaden ist immens, denn fast immer geht es hier um größere Summen, die der Volkswirtschaft entzogen werden. Schon wenn es gelänge, die flächendeckende Korruption zu unterbinden, würde die deutsche Volkswirtschaft um rund vier Prozent im Jahr stärker wachen, hat der Bamberger Generalstaatsanwalt Roland Helgerth ausgerechnet.

Unverbesserlichen Optimismus vorausgesetzt, könnte man die zunehmende Kriminalisierung der Wirtschaft sogar als Beweis für ihre Vitalität ins Feld führen – wenn sie denn wirklich dynamisch daherkäme. Tatsächlich aber lahmt das System wie ein alter Gaul. Selbst innerhalb der mediokren EU-Volkswirtschaften trägt Deutschland mittlerweile die rote Laterne des Klassenletzten. Nicht ihre Stärke treibt also die deutschen Unternehmer und Manager, Politiker und Beamte immer tiefer in die Grauzone der Betrüger-Ökonomie hinein, sondern ihre Schwäche. Weil sie kaum noch mithalten können mit dem Leistungen ihrer Konkurrenten rings um den Globus, greifen sie, wie mancher Spitzensportler zur Dopingpille, immer häufiger zum süßen Gift der Korruption, zu Lug und Trug und Täuschungsmanövern.

Die raue Gangart der Bosse brachte, wen wundert's, auch die Gewerkschaften auf Trab. Je mehr sich die Reihen der organisierten Arbeitnehmer lichten, desto maßloser werden ihre Lohnforderungen. Klar: Die hauptberuflichen Funktionäre kämpfen um ihre Zukunft. Mit vorgestrigen Klassenkampfparolen und moderner Streiktaktik forcieren sie den Verteilungskampf so sehr, dass es immer weniger Beschäftigte und immer mehr Arbeitslose gibt.

Während die Konzerne die Forderungen der Gewerkschaften eher verkraften können, steht vielen Mittelständlern das Wasser bis zum Hals. Auf der einen Seite entziehen ihnen die

Banken die zur Finanzierung der laufenden Geschäfte erforderlichen Betriebsmittelkredite (Stichwort: Basel II), auf der anderen müssen sie mit ständig steigenden Kosten fertig werden. Kein Wunder, dass viele von ihnen zu immer rabiateren Geschäftsmethoden greifen. Wer dies nicht kann oder will, dem droht die Pleite.

Dem Bürger will jeder an den Geldbeutel

In dieser gar nicht mehr schönen neuen Wirtschaftswelt hat der ehrliche Mitspieler schlechte Karten. Ob als Angestellter oder als Verbraucher, als Patient, Häuslebauer oder Geldanleger – stets läuft man Gefahr, ausgenutzt, übervorteilt, betrogen zu werden. Vom Staat als Gesetzgeber und der Justiz als seinem Vollzugsorgan ist nur selten Hilfe zu erwarten, und wenn sie erfolgt, dann fast immer zu spät.

Das mag daran liegen, dass der Staat selbst Teil der Betrüger-Ökonomie geworden ist. Die Parteien als Träger der politischen Willensbildung sind tief verstrickt in immer neue Spenden- und Korruptionsskandale. Die Regierungen, egal welcher Couleur, handeln stets nach dem Prinzip der Opportunität und nicht nach dem der Wahrhaftigkeit. Die Abgeordneten in den Parlamenten gehen allerlei bezahlten Nebentätigkeiten nach und weigern sich bis heute, diese offen zu legen. Nur der Bundestagspräsident soll Bescheid wissen. Die Gesetze werden immer unverständlicher, und der Justizapparat ist, besonders bei Wirtschaftsdelikten, heillos überfordert.

Weil nur wenige Staatsanwälte in der Lage sind, Bilanzen zu lesen und komplexe Betrugsmanöver zu durchschauen, haben Wirtschaftsganoven bessere Chancen, ungeschoren davonzukommen als jede andere Verbrecherkategorie. Während ein ertappter Ladendieb gnadenlos zur Rechenschaft gezogen wird, gehen die Dunkelmänner im Chefbüro allzu häufig straffrei aus. Achtzig Prozent aller Verfahren enden, wenn es denn überhaupt zu einer Anklage reicht, mit einem Deal: Der Täter bekennt sich schuldig, akzeptiert eine vergleichsweise milde Strafe und kann schon morgen ein neues Geschäft ausbaldowern. Die Strafverfolger sind froh, den Fall abhaken zu können, und die Richter ersparen sich einen Verhandlungsmarathon.

Ernst machen die Organe des Staates nur da, wo ihre eigenen finanziellen Interessen auf dem Spiel stehen. Großzügig bewilligt der um seine Einnahmen fürchtende Finanzminister mehr Planstellen für Steuerfahnder, Zollbeamte und Betriebsprüfer, doch für eine betriebswirtschaftliche Ausbildung der Staatsanwälte ist kein Geld vorhanden. Welch geringen Stellenwert der Schutz privaten Eigentums für unsere Politiker hat, beweisen aufs Schönste die Zustände an den Finanzmärkten. Als nach den massenhaften Betrügereien am Neuen Markt und den zahlreichen Insiderskandalen im »amtlich überwachten« Aktienhandel die Schutzvereinigungen der Kleinaktionäre nach einer strengeren Börsenaufsicht verlangten, da brachte die »grüne« Staatssekretärin Margareta Wolf im Bundeswirtschaftsministerium ein neues Gesetz auf den Weg. Es sollte die Rechtsstellung der Kleinaktionäre verbessern und die Kontrolle über das Geschehen an den Aktienmärkten verschärfen.

Was dann am Ende, nach der Behandlung »im parlamentarischen Raum«, herauskam, heißt »4. Finanzmarktförderungsgesetz« und dient in erster Linie den Interessen der Banken, Makler und Fondsverwalter, aber nicht dem der privaten Anleger. Statt einer effizienten Börsenpolizei wie der amerikanischen SEC wacht über die deutschen Aktienmärkte nun eine »Bundesanstalt für Finanzdienstleistungsaufsicht«, die ihr Geld eben von jenen Institutionen bekommt, die sie eigentlich kontrollieren soll: den Banken und der Deutschen Börse AG. Somit ist gesichert, dass alles bleibt wie bisher.

Nie zuvor in der Nachkriegszeit musste der private Geldverdiener, Konsument und Sparer zugleich, so sehr um seine materielle Existenz fürchten wie in den Zeiten der Bilanzfälscher und Preistrickser. Jeder will ihm an den Geldbeutel – der

Arzt und der Abfallentsorger, die Bank und der Bauträger, der Elektriker und der Energielieferant, das Finanzamt und die Friedhofsverwaltung, der Klempner und die Kommune, der Vermieter und der Versicherer. Anders als die professionellen Akteure der Betrüger-Ökonomie, die sich Steuerberater und Rechtsanwälte leisten, ist der einzelne Bürger ganz auf sich allein gestellt in der Abwehrschlacht um sein Einkommen und Vermögen. Und dafür ist er im Normalfall denkbar schlecht gerüstet.

In der Schule erfährt er viel über die römische Geschichte, aber wenig über die deutsche Gegenwart. Niemand bringt ihm bei, wie man beim Autohändler einen Rabatt heraushandelt, bei der Bank die Gebühren drückt, den günstigsten Telefontarif herausfindet, den Vermieter in die Schranken weist; keiner klärt ihn über seine Rechte gegenüber einem betrügerischen Reiseveranstalter auf, sagt ihm, was er mit der überhöhten Rechnung des Klempners anstellen oder wie er sich gegen die unberechtigte Forderung eines Versandhändlers zur Wehr setzen soll. Dem Mobbing am Arbeitsplatz – gemeint ist das systematische Schikanieren eines Mitarbeiters oder Kollegen mit dem Ziel, ihn ohne Abfindung los zu werden – ist er ebenso schutzlos ausgeliefert wie den Pressionen des geschiedenen Ehepartners. Offenbar haben unsere Kultusminister kein gesteigertes Interesse an allzu lebenstüchtigen Bürgern – die wahre Bildungskatastrophe ist noch gar nicht entdeckt.

Im Gedränge der Ellbogengesellschaft überlebt nur, wer genügend Selbstbehauptungswillen besitzt; die erforderlichen Kenntnisse muss sich jeder, von Fall zu Fall, selbst aneignen. Dieses Buch will der Titelflut auf dem Markt der Ratgeber-Literatur keinen neuen hinzufügen. Stattdessen sollen die Strukturen der Betrüger-Ökonomie aufgedeckt, soll die Wehrhaftigkeit der Leser gestärkt werden. Da auf den Staat als Ordnungsmacht kein Verlass mehr ist, gilt es, den einzelnen Bürger fit zu machen für den Überlebenskampf in einem außer Kontrolle geratenen Wirtschaftssystem. Nur wer die Maschen und Methoden der Akteure kennt, hat eine Chance, ihnen zu entgehen.

Moralisch gefestigte Naturen, die die Realität einer brutalen, auf Täuschung und Ausnutzung psychologischer Schwächen abzielenden Geschäftswelt blauäugig negieren, mögen dies für den falschen Weg halten. Möglicherweise würden sie es vorziehen, im Stil Ulrich Wickerts (»Der Ehrliche ist der Dumme«) oder des Jesuitenpaters und Managertrainers Rupert Lay (»Ethik für Manager«) an das Gute im Menschen zu appellieren, um dem Verfall der Sitten und Werte Einhalt zu gebieten. Die Hoffnung freilich, dem zügellosen Treiben der Turbokapitalisten mit einer Predigt an das Gewissen oder auch nur an die Vernunft beizukommen, dürfte ähnlich enden wie der Versuch, das Loch im Boden der »Titanic« mit einem Heftpflaster abzudichten.

Der Wettbewerb wird ausgeschaltet

Wie Benzin aus einem lecken Tank versickerte in den vergangenen Jahren der wichtigste Treibstoff jeder Volkswirtschaft auf dem Boden der New Economy: Vertrauen. Kapital gibt es in Hülle und Fülle, auch genügend Arbeitskräfte, und genug Wissen ist vorhanden, um die Welt im 21. Jahrhundert ein bisschen schöner, komfortabler und gerechter zu gestalten als in sämtlichen früheren Epochen zusammen. Doch ohne ein Mindestmaß an Vertrauen nutzen alle übrigen Ressourcen nichts. Wenn der Investor dem Produzenten nicht mehr vertraut, wird er nicht investieren; wenn der Produzent dem Händler nicht mehr traut, wird er nicht produzieren; wenn der Händler dem Kunden nicht traut, wird er nicht ordern; wenn der Kunde dem Händler nicht traut, wird er nicht kaufen. Das System müsste kollabieren.

Noch ist es nicht soweit. Noch ist bei den meisten Geschäftsleuten die Gier nach Gewinn größer als die Sorge um den Verlust, und jeder Bürger muss für sich entscheiden, welche Rolle er im großen Monopoly des Lebens spielen möchte: die des Täters oder jene des Opfers. Naturgemäß werden die meisten Menschen immer Opfer bleiben – als Arbeitnehmer wie als Konsumenten – und nie die Chance erhalten, als Täter selbst gewinnbringend ins Geschehen einzugreifen. Allerdings haben die Opfer heute, dank des hohen Standes der Informationstechnik, bessere Chancen als je zuvor in der Geschichte, das Spiel dennoch zu ihren Gunsten zu entscheiden.

»Der Kunde ist der Gewinner«, behauptet zum Beispiel der amerikanische Internet-Prophet Nicholas Negroponte, und auch die meisten Einzelhändler sind mittlerweile der Überzeugung, dass die Beschleunigung und Vervielfachung des Informationsangebots zu ihren Lasten geht. Kunden können heutzutage überall auf der Welt die jeweils günstigste Offerte beinahe jeder Ware oder Dienstleistung ermitteln und sich so gegenüber den Anbietern Vorteile verschaffen. Auch auf dem Arbeitsmarkt dürfen sich Leute mit gefragten Kenntnissen und Fähigkeiten zu den Siegern zählen, da sie nicht mehr nur auf einen Arbeitgeber angewiesen sind, sondern sich den geeignetsten aussuchen können. Doch ganz so einfach ist die Sache nicht: Information allein reicht meistens nicht aus, die Oberhand zu bekommen, man muss auch in der Lage sein, sie zu nutzen.

Die Geschäftswelt nämlich hat auf den drohenden Machtverlust durch das Internet und die Globalisierung längst reagiert. Anders als die Regierungen der meisten Nationalstaaten, die sich mit Steuerdumping und Subventionen gegenseitig Konkurrenz machen und deshalb von multinationalen Gesellschaften beinahe nach Belieben erpresst werden können, versuchen die Global Players, wo immer es geht, den Wettbewerb auszuschalten. So wie die berühmten »Sieben Schwestern« zusammen mit dem Opec-Kartell seit Jahrzehnten den weltweiten Mineralölmarkt beherrschen, streben auch die Auto- und Computerbauer, Banken und Versicherer, Chemie- und Elektrokonzerne, Pharmafirmen und Nahrungsmittelhersteller für ihre Produkte nach Oligopolen (während sie ihre eigenen Einkäufe übers Internet so kostengünstig wie möglich abwickeln). Der Wettbewerb beschränkt sich hier auf die Werbung und das »Image,« die Preise hingegen gleichen sich wie die Kessler-Zwillinge. Ähnlich sieht es im Handel und in der Dienstleistungsbranche aus: Jede Schnäppchenjagd endet vor den Kassen krakenhafter Riesenkonzerne wie der Metro, der TUI oder der Lufthansa.

Jeder täuscht, so gut er kann

Außerdem haben die Anbieter begriffen, dass die beste Waffe gegen die Information des Kunden die Desinformation ist. Wer mal versucht hat, die Angebote der Versicherungskonzerne miteinander zu vergleichen, weiß, wovon die Rede ist. Nicht viel besser sieht es auf den Finanzmärkten aus. Indem sie die Anleger mit Infomüll zuschütten, verhindern Banken und Finanzdienstleister, dass man ihnen auf die Schliche kommt. Bis heute verstehen es zum Beispiel die Anbieter von Investmentfonds, die wahre Höhe der Gebühren und Kosten so lange zu verheimlichen, bis der Kunde ihre Papiere gekauft hat. Und was die Quartalsberichte und Ad-hoc-Mitteilungen, die Bilanzen und Geschäftsberichte der an der Börse notierten Unternehmen wert sind, ist schon angedeutet worden. Nicht die Beschaffung der Informationen ist deshalb das Problem, sondern deren richtiger Gebrauch.

In den Zeiten der Betrüger-Ökonomie müssen Arbeitnehmer wie Selbstständige lernen, Lug und Trug zu erkennen, Tricks und Täuschungsmanöver zu durchschauen, zwischen schönem Schein und rauer Wirklichkeit zu unterscheiden. Ähnlich wie Journalisten und Staatsanwälte sollten sie versuchen, hinter die Dinge zu blicken, Aussagen und Hinweise gegenzuchecken, ehe sie die Kreditkarte zücken, den Arbeitsvertrag unterzeichnen oder auch nur einen Auftrag erteilen. Sie sollten sich freilich hüten, illegale Praktiken zu kopieren –

Anfänger und Amateure werden auch da erwischt, wo Profis ihren Hals aus der Schlinge ziehen. Allenfalls die Energie und der Einsatz der Sieger im Verteilungskampf mögen als Ansporn wirken, es ihnen gleichzutun.

»Es herrscht Krieg da draußen, und wir wollen in diesem Krieg zu den Siegern gehören«, versprach der ehemalige VW-Chef Ferdinand Piech seinen Aktionären – und er hielt Wort. Der martialische Auftritt der Wirtschaftsführer sollte den Bürgern zu denken geben. Auch wenn es noch nicht jeder gemerkt hat: »Da draußen« wird tatsächlich mit allen Mitteln um jeden Euro gekämpft. Um nicht betrogen und ausgeplündert zu werden, muss der Steuerzahler die Schleichpfade durch den Paragraphendschungel studieren, der Kunde die Marketingtechniken der Anbieter erkennen, der Arbeitnehmer auf alles gefasst, der Sparer und Anleger mit allen Wassern gewaschen sein. Jeder Schritt durch eine Ladentür gleicht einem Vorstoß auf feindliches Gelände, jeder Anruf bei einem Handwerker kann in eine finanzielle Katastrophe münden. Einen Vertrag unterzeichnet der wehrhafte Bürger grundsätzlich nur im Beisein seines Advokaten, und selbst vor den Traualtar tritt er besser mit dem Gesetzbuch unterm Arm.

Natürlich trägt es nicht unbedingt zum sozialen Frieden bei, wenn die Bürger mental und juristisch aufrüsten. Das Klima in den Betrieben wie in den Geschäften wird kälter, die Konflikte nehmen zu. Doch solange der Staat die entfesselte Wirtschaft gewähren lässt, bleibt dem Einzelnen gar nichts anderes übrig, als selbst seinen Vorteil zu suchen. Es ist Zeit, aufzuwachen und die schöne neue Wirtschaftswelt so zu sehen, wie sie wirklich ist.

In dieser Welt ist nichts so wie es scheint; jeder täuscht, so gut er kann. Das fängt ganz oben bei der Regierung an und hört ganz unten bei den Sozialhilfeempfängern noch nicht auf. Ist der Kanzler beispielsweise vor einer Bundestagswahl ungehalten über die schlechte Konjunkturlage, dann werden ihm die auf öffentliche Zuschüsse angewiesenen Forschungsinstitute flugs einen baldigen Aufschwung herbeiprognostizieren, auch wenn die Wirtschaft in Wahrheit lahmt. Weil der Euro schon immer Chefsache war, kann er keineswegs als Ursache einer brutalen Teuerungswelle identifiziert werden – die Statistiker werden es schon richten. Das Prinzip der Täuschung ist auch dem Sozialschnorrer nicht fremd, der fleißig seine »Stütze« kassiert, obwohl er mit Schwarzarbeit netto mehr verdient als mancher Vollzeitbeschäftigte.

Knapp 60 Jahre nach Kriegsende bietet Deutschland, oberflächlich betrachtet, ein Bild unerhörten Wohlstands. Die Straßen sind voll mit teurem Blech, die Häuser schmuck, die Gärten gepflegt, auf den Bankkonten liegen Billionen. Der schöne Schein verdeckt die triste Wirklichkeit: Rund sechs Millionen Deutsche leben von staatlicher Unterstützung, zwei Millionen Haushalte sind hoffnungslos überschuldet, jeder dritte Neuwagen wird auf Pump gekauft, 800 000 Bürger leisteten im Jahr 2002 den Offenbarungseid.

In der längsten Friedensperiode der jüngeren deutschen Geschichte ist die Kluft zwischen Arm und Reich, zwischen den Habenichtsen und den Besitzenden nicht kleiner, sondern größer geworden. Trotz ständig wachsender Nominaleinkommen lebt die Masse der Deutschen nach wie vor von der Hand in den Mund, ohne finanzielles Polster, ohne die Freiheit, auch mal Nein sagen zu können, während sich auf der anderen Seite das Produktivvermögen in der Hand immer weniger Familien konzentriert. Und je größer die Konzerne werden, je mehr Marktmacht sie bündeln, desto abhängiger werden die Verbraucher, desto mächtiger die Eigentümer des Kapitals.

Der Handwerkskasten der Manager

Jeder Euro an zusätzlicher Kaufkraft wird systematisch abgeschöpft – vom Staat, den Gemeinden, den Vermietern, Herstellern, Händlern, Handwerkern, Dienstleistern. Auf den wichtigsten Märkten kalkulieren nämlich die Anbieter ihre Preise längst nicht mehr nach den Herstellungskosten, sondern nach der Kaufkraft der Konsumenten. Und solange die sich von der Werbung und den Medien zur Jagd auf Labels und Logos treiben lassen, solange nicht wirtschaftliche Vernunft ihr Handeln bestimmt, sondern Geltungssucht und Prestigedenken, solange werden sie Opfer bleiben, ohne Chance, jemals wirtschaftliche Unabhängigkeit zu erlangen.

Doch was wäre los in Deutschland, wenn die Bürger den Spieß umdrehten? Wenn plötzlich 80 Millionen willfähriger Konsumenten so unverfroren wie Unternehmer handelten? Wenn sie rigoroses Self-Management betrieben, sich allein vom Kosten-Nutzen-Denken leiten ließen, unverführbar, ausschließlich auf den eigenen Vorteil bedacht? Wenn sie tricksten und täuschten, lögen und betrögen wie mancher Manager vom Neuen Markt? Oder wenn sie sich zu Einkaufsgenossenschaften zusammenschlössen und so gnadenlos die Preise drückten wie die Unterhändler des Metro-Konzerns? Wenn sie unredliche Geschäfte, Handwerker, Ärzte mit Boykotten in den Bankrott trieben? Nicht auszudenken, wie alt mancher Anbieter aussehen würde, wie lächerlich die Bemühungen der Werbebranche wirkten!

Vielleicht ist die Zeit wirklich reif für die Ego-AG. Vielleicht muss man sich in der Betrüger-Ökonomie tatsächlich verhalten wie ein auf Gewinnmaximierung eingestelltes Ein-Mann(Frau)-Unternehmen: permanentes Change-Management betreiben, sich auf seine Kernkompetenzen konzentrieren, Randaktivitäten abstoßen, desinvestieren, gelegentlich auch mal ein Reengineering einleiten, sich neue Ziele setzen, Allianzen schmieden! Natürlich muss auch das Branding gepflegt werden: Es geht darum, das ICH als Marke zu verkaufen, ums Ego-Marketing also. Da muss alles stimmen: die Corporate Identity, das Beziehungsmanagement, das Networking, die Karrierestrategie. Fortgeschrittene werden die Hohe Schule des Financial Engineering vorführen und ihre Bank mit geschönten Bilanzen zu weiteren Krediten verleiten, Visionen verkünden, aber eingehende Rechnungen nicht bezahlen – und wenn das alles nicht mehr hilft, schlicht Konkurs anmelden. Ach, der Handwerkskasten des modernen Managers enthält so viele nützliche Instrumente, die dem einfachen Bürger auch in schwierigen Zeiten das Überleben erleichtern.

2 | Der Gott der kleinen Diebe

Neulich im Supermarkt. Wir haben Lebensmittel fürs Wochenende eingekauft, Fleisch, Wurst, Gemüse. Und zwei Flaschen Rotwein. Schock an der Kasse: Statt der üblichen 50 Euro zeigte das Display mehr als den doppelten Betrag an: 128,30 Euro! Erster Verdacht: der Wein. Zurück zum Regal. Wir hatten uns für einen Rioja entschieden, die Flasche zu 12,80 Euro, jedenfalls stand es so auf dem Etikett am Regal. Die Flaschen waren nur mit dem Barcode ausgezeichnet. Zusammen machten sie also 25,60 Euro. Dann hätten die übrigen Sachen 102,70 Euro gekostet, doppelt so viel wie sonst. Unmöglich. Wieder zur Kasse, die Weinflaschen zuerst. Großes Erstaunen, auf dem Display erscheint ein ganz anderer Betrag: 24,80 Euro pro Flasche. Wir protestieren.

Die Kassiererin, offensichtlich überfordert, steht auf und holt den Geschäftsführer. Murren in der Schlange hinter uns. Der Geschäftsführer kommt, wir erklären, gehen zusammen zum Regal. Er mustert das Etikett: »Da haben Sie etwas verwechselt – dieser Preis gilt für den Wein darunter.« Aber da ist kein Wein. »Der ist schon ausverkauft – wegen des günstigen Preises.« Aha, und wie sollen wir wissen, welches Etikett für welche Ware gilt? Gibt es keine Preisauszeichnungsvorschrift? Der Geschäftsführer: »Wo kämen wir hin, wenn wir jeden Artikel zweimal auszeichnen würden – der Barcode muss genügen.« Uns genügte es auch. Wir ließen den voll gepackten Einkaufswagen stehen und verschwanden.

Natürlich könnte man den kleinen Vorfall schnell vergessen und zur Tagesordnung übergehen. Vielleicht war es wirklich nur ein Versehen. Doch dann hätte man wohl erwarten können, dass sich der Geschäftsführer entschuldigt und das Missgeschick mit einer kleinen Zugabe aus der Welt schafft; so wie wir das mehrfach in Italien erlebt hatten. Seine Reaktion aber ließ darauf schließen, dass er sich ertappt fühlte, denn in seinem Supermarkt waren viele Artikel, wie es sich gehörte, zweifach gekennzeichnet, mit dem für Maschinen lesbaren Barcode und Ziffern für den Verbraucher. Beim gewinnträchtigen Wein aber hatte man dies irgendwie »übersehen«.

Eine Arena voller Faul- und Falschspieler

In einem fairen Wirtschaftssystem käme wohl niemand auf den Gedanken, dem Geschäftsführer nach einer solchen Panne wissentlichen Betrug zu unterstellen. Im Deutschland des Jahres 2003 aber ist Misstrauen angebracht. Denn beinahe täglich macht man als Kunde Erfahrungen, die einem zu denken geben. So als wir unsere Wohnung renovieren ließen. Schon bei der Vergabe der Malerarbeiten mussten wir feststellen, dass die eigentliche Kunst der Handwerker darin besteht, Angebote zu verfassen. Trotz ihrer hohen Endpreise schafften es die deutschen Meister des Pinsels nämlich, kostenträchtige Positionen wie die Entfernung der alten Farbe schlicht zu vergessen, was dann hinterher mit Sicherheit zu erheblichen Überschreitungen der Angebote geführt hätte. Wir entschieden uns schließlich für ein rumänisches Unternehmen, das als einziges einen Festpreis garantierte und schließlich auch gute Arbeit leistete.

Problematischer gestaltete sich die Renovierung des Badezimmers. Nachdem wir zuerst die »Berater« zweier renommierter Fachgeschäfte aus der Innenstadt konsultiert hatten, sahen wir uns gezwungen, die Sache selbst in die Hand zu nehmen. Denn auch diese Herrschaften weigerten sich trotz astronomischer Preisvorstellungen, sich auf irgendeine Summe festlegen zu lassen. Also machten wir uns auf den Weg zu Bau- und Sanitärgroßmärkten, um Badewannen, Duschkabinen und Armaturen zu besichtigen. Die Auswahl war beachtlich, und die Preise waren es auch. Nachdem wir uns für das passende Equipment entschieden hatten und in die Preisverhandlungen eintreten wollten, erfuhren wir zu unserem Erstaunen, dass wir keines der Ausstellungsstücke kaufen konnten. Wir durften sie lediglich aussuchen, bestellen aber können bei den bedeutendsten Fachgroßhändlern der Stadt München nur »autorisierte« Installateure. So war es auch nicht möglich, über Rabatte zu verhandeln, denn den Rabatt kassiert bei diesem System ausschließlich der Handwerker.

An jedem Stück für unser Bad wollten also eine Menge Leute mitverdienen: der Hersteller, der Großhändler, der Installateur. So hatten wir nicht gewettet. Wir riefen den Hersteller der Duschkabine an, in der Hoffnung, Großhändler und Installateur ausschalten zu können. Der Geschäftsführer des mittelständischen Betriebes wand sich: »Sie müssen verstehen, dass wir uns die Vertriebskanäle nicht kaputt machen dürfen.« Immerhin gab er zu, dass es sich hier um ein – eigentlich verbotenes – Preiskartell handle, doch er sei bereit, uns einen zehnprozentigen Rabatt auf den Endpreis einzuräumen.

Wir verzichteten und begannen nach einem Installateur zu suchen, der erstens reelle Arbeit leisten und zweitens darauf verzichten sollte, auch noch beim Bezug der benötigten Badezimmerartikel kräftig abzusahnen. Mithilfe eines Netzwerkes aus Freunden und Bekannten wurden wir schließlich in der niederbayerischen Provinz fündig. Der Klempnermeister, dessen Adresse bei uns ins Zeugenschutzprogramm aufgenommen wurde, gab die 20 Prozent Rabatt, die ihm der Großhändler einräumte, an uns weiter und begnügte sich mit den DM 70,– Stundenlohn, die wir ihm für seine handwerklichen Tätigkeiten bezahlten. Da wir die benötigten Artikel zum Großhandelspreis bezogen und die Leistungen unseres Installateurs stundenweise bezahlten, kamen wir auf einen Endpreis, der etwa halb so hoch war wie die Summe, die uns die Fachgeschäfte aus der Innenstadt in Rechnung stellen wollten.

Die Betrüger-Ökonomie hat viele Gesichter. Sie versteckt

sich harmlos hinter kleinen Beträgen beim täglichen Einkauf, erscheint als überflüssige »Anfahrtpauschale« auf der Rechnung des Handwerkers, begegnet uns beim Arztbesuch, wo sich ein harmloser Schnupfen schnell zur kostenträchtigen Behandlung einer lebensbedrohlichen Krankheit auswächst und endet noch lange nicht am Banktresen, wo uns ein eifriger »Berater« hauseigene Schrottfonds andrehen möchte.

Nicht nur die Verbraucher leiden unter dem täglichen Beschiss, sondern in immer stärkerem Maße auch die Wirtschaft selber. Weil jeder versucht, jeden irgendwie hereinzulegen, hat am Ende keiner mehr etwas davon. Quer durch alle Branchen klagen Unternehmer, Handwerker und Freiberufler über eine »rapide nachlassende Zahlungsmoral« – so der Bundesverband deutscher Inkassounternehmen. Auch die von Jahr zu Jahr anschwellende Zahl der Pleitefälle kündet von den Gebrechen eines Wirtschaftssystems, das dabei ist, sich selber zu ruinieren. Über 40 000 Firmen machten allein im Jahr 2002 dicht, darunter Medienkonzerne wie die Kirch-Gruppe und die Kinowelt AG, der Flugzeugbauer Fairchild Dornier, der Bauriese Philipp Holzmann, der Papierhersteller Herlitz, die Schneider-Rundfunkwerke, der Stahlkocher Maxhütte und der Anlagenbauer Babcock Borsig. Die Folgen sind verheerend: 650 000 Arbeitsplätze weniger – und Zahlungsausfälle in Milliardenhöhe, viele vernichtete Lebensentwürfe, Kettenreaktionen bei den Aktionären, Banken, Lieferanten.

Die Wirtschaft merkt offenbar nicht, dass sie auf dem Holzweg fährt. Anstatt abzurüsten, um das verloren gegangene Vertrauen ihrer Kunden und Mitarbeiter zurückzugewinnen, satteln die vielen tausend Westentaschen-Machiavellis in den Chefbüros immer noch eins drauf.

Natürlich ist nicht jeder, der in der »Wirtschaft« tätig ist, kriminell, und noch weniger ist jeder Deutsche (oder Italiener, Franzose, Brite etc.) ein Betrüger. Aber der Druck auf jeden Einzelnen nimmt unaufhörlich zu. Vorstände und Geschäftsführer müssen trotz flauer Konjunktur, gesättigter Märkte und ständig steigender Kosten wachsende Erträge abliefern, also geben sie den Druck der Investoren an ihre Mitarbeiter, Tochtergesellschaften und Zulieferer weiter. Weil aber der Wettbewerb zu immer teureren Marketing-Maßnahmen zwingt, bekommt der Kunde am Ende immer weniger für sein Geld. Also wird er auch weniger kaufen und so den Druck auf die Unternehmen weiter erhöhen. Ein Teufelskreis, der häufig nur noch mit illegalen Mitteln aufzulösen ist.

Eigenartigerweise aber gilt Skrupellosigkeit in der Wirtschaft nicht als Makel, sondern sogar als Ausweis von Tüchtigkeit. Wie in einer Fußballmannschaft, wo der Foulspieler so lange geschützt wird, bis er vom Platz muss, zählen auch im Unternehmen nur die Ergebnisse. Wie sie erzielt werden, will niemand so genau wissen. Was die Foulspieler in den Chefetagen aber übersehen, ist der Wiederholungseffekt. Nicht nur sie selbst sind so schlau oder so skrupellos – alle anderen sind es auch. Wenn der Schiedsrichter nicht aufpasst, verwandelt sich erst der Betrieb, dann die Branche und schließlich das ganze System »Wirtschaft« in eine Arena voller Foul- und Falschspieler. Der Schiedsrichter aber, in unserem Fall der Staat, ist offensichtlich nicht an einem fairen Spiel, sondern nur an hohen Einnahmen (Steuern) interessiert.

Das Wertesystem gleicht einem Otto-Katalog

Bekennende Sozialdarwinisten und ideologisch gefestigte Marktliberale werden hier einwenden, es schade nichts, wenn der wirtschaftliche Erfolg mit harten Bandagen erkämpft werden müsse. Schließlich lebten wir in einer Wettbewerbsgesellschaft, die den Tüchtigen belohnt und den Schwachen mit Konkurs bestraft. Die Frage ist nur, wie lange die Menschen sich noch wohlfühlen in einer Gesellschaft, die von Betrügern dominiert wird. Wenn »die Wirtschaft« auf Fairness und Anstand verzichtet, nur um den Shareholder Value, also den Börsenwert ihrer Unternehmen, steigern zu können, werden die Menschen vielleicht eines Tages auf die Wirtschaft verzichten.

Jedenfalls auf Unternehmen und Manager, die vorgeben, »die Wirtschaft« zu repräsentieren.

Fatal ist der Einfluss, den das wirtschaftliche Geschehen auf alle Lebensbereiche hat, obwohl »die Wirtschaft« in Deutschland auf den ersten Blick gar nicht so bedeutsam erscheint.

Die Deutschen steigen – im Durchschnitt – später ins Berufsleben ein als etwa die Schweizer, Italiener oder gar Amerikaner – und sie hören früher damit auf. Außerdem machen sie zwischendurch auch wesentlich mehr Urlaub. Sogar die deutschen Frauen sind seltener berufstätig als Britinnen, Skandinavierinnen oder Amerikanerinnen, und die Zahl der Selbstständigen ist hierzulande geringer als in den meisten anderen EU-Staaten. Rechnen sich in Frankreich etwa 15 Prozent der erwerbstätigen Bevölkerung zu den »Unternehmern«, so liegt die Selbstständigen-Quote in Deutschland bei nur neun Prozent. Es gäbe also genug Gründe zu der Annahme, dass wirtschaftliches Handeln im Land der Dichter und Denker, selbst wenn es etwas rüde betrieben wird, kein besonderes gesellschaftliches Problem darstellte.

Und doch ist diese Annahme falsch. Denn in kaum einem anderen Land der Erde, ausgenommen vielleicht die Vereinigten Staaten von Amerika, ist das Selbstwertgefühl der Menschen so sehr von ihrem wirtschaftlichen Erfolg abhängig wie im Daimler-Land. Die materielle Ausstattung kennzeichnet den gesellschaftlichen Status des Bürgers, ob er nun aktiv im Berufsleben steht oder als Student, Beamter und Pensionär bloß zu den Randfiguren des Produktionsprozesses zählt. »Geld, Einkommen und Vermögen bestimmen die soziale Stellung, jedenfalls mehr als früher, als Titel oder Ämter viel wichtiger für das Sozialprestige waren als heute« – das sagt einer, der es wissen muss: Ex-Bundesbank-Chef Karl Otto Pöhl, der nach dem Abschied von der Notenbank sein Einkommen als Gesellschafter bei der Kölner Privatbank Oppenheim selbst kräftig aufbessern konnte.

Sogar Topmanager, die über Riesenkonzerne gebieten, neiden kleineren Mittelständlern das Familienvermögen, denn sie wissen: Der Posten kann morgen weg sein, das Geld aber bleibt – wenn es nicht am Neuen Markt in den Sand gesetzt wurde. Deshalb nutzen sie verstärkt jede Gelegenheit, sich an den ihnen anvertrauten Unternehmen zu bereichern.

Man darf fast alles sein in dieser Gesellschaft: angeberisch und ausländerfeindlich, draufgängerisch und dreist, lästig und langweilig – nur arm sein ist verboten. Fast 60 Jahre nach der »Stunde Null« gleicht das gesellschaftliche Wertesystem mehr und mehr einem Otto-Katalog. Immaterielles steht nicht im Angebot, der Schein bestimmt das Sein.

Weil weder christliche noch humanistische Werte Konjunktur haben, regelt der Gott der kleinen Diebe das Zusammenleben der Deutschen, auf dass, vom Puma zum Porsche, alles seine Ordnung hat. Begünstigte das gesellschaftliche Klima schon immer jene robusten Naturen, die beim Streben nach Geld und Geltung wenig Rücksicht auf Anstandsregeln oder auch Gesetze nahmen, so ruhen jetzt sogar die Hoffnungen der schweigenden Mehrheit auf jenen skrupellosen Geschäftemachern, die den im Sumpf des Wohlfahrtsstaates versackten Wirtschaftskarren wieder flott machen sollen.

Nach 16 Kohl- und mehr als vier Schröder-Jahren sehnt sich das Volk nach mehr Dynamik, mehr Arbeitsplätzen, mehr Wohlstand und übersieht, dass dies zusammen nur zu einem Preis zu haben ist, den am Ende keiner bezahlen möchte. Verhängnisvoll an der Betrüger-Ökonomie ist ja nicht, dass sie die Regeln verletzt, sondern dass die Regelverletzung als normal empfunden wird.

Das Land der 1000 Kartelle

Nehmen wir als einen der häufigsten Regelverstöße das, was wir bei der Renovierung unseres Badezimmers erlebt hatten: Märkte, die keine mehr sind. Aus gutem Grund ist es den Anbietern von Waren und Dienstleistungen strikt untersagt, Preise und Liefermengen miteinander abzusprechen, um so den Wettbewerb auszuhebeln. Die Geschichte hat nämlich gelehrt, dass Kartelle und Oligopole schädlich für die Wirtschaftsentwicklung sind. Bei den Anbietern führen sie zu nachlassender Effizienz und Verschwendungssucht, bei den Abnehmern zu überhöhten Kosten. So weit die Theorie.

In der Praxis freilich ist die Kartellierung der Märkte schon viel weiter fortgeschritten, als es der Staat erlauben dürfte. Obwohl mit dem Bundeskartellamt und der Monopolkommission zwei staatliche und mit der Zentrale zur Bekämpfung des unlauteren Wettbewerbs eine privatwirtschaftliche Institution für offene Märkte und freien Wettbewerb sorgen sollen, verringert sich die Zahl der Anbieter von Jahr zu Jahr mit dem Ergebnis, dass die Sieger des Ausleseprozesses die Geschäftsbedingungen diktieren können. Da sich das Wirtschaftsministerium in der Vergangenheit wenig Mühe gab, Kartellsündern und Monopolisten auf die Schliche zu kommen, herrschen zu Beginn des 21. Jahrhunderts in der deutschen Wirtschaft bereits wieder ähnliche Zustände wie in der Weimarer Republik, in der Deutschland gern als »das Land der 1000 Kartelle« verspottet wurde.

»Ausdruck einer Verachtung der Verbraucher«

Kartelle werden heutzutage allerdings nicht mehr offiziell angemeldet, sondern so heimlich still und leise errichtet, dass weder der Staat noch die Verbraucher davon erfahren. Man trifft sich konspirativ an verschwiegenen Orten und hinterlegt, wenn es gar nicht anders geht, die geheimen Absprachen im Tresor eines ausländischen Notars. Zum Austausch der Daten verwendet man raffinierteste Verschlüsselungs-Software, und eingeweiht werden nur wenige »Zugangsberechtigte«, die für ihre Verschwiegenheit einen Extrabonus erhalten.

Im Fall unseres Duschkabinen-Herstellers mussten wir zum Beispiel damit drohen, die skandalöse Preisgestaltung an die Öffentlichkeit zu bringen, ehe uns der Hersteller gestand, dass er sich dem Preisdiktat eines Kartells aus Großhändlern und Installateuren unterworfen habe, um die für seine Produktionsanlagen benötigten Stückzahlen absetzen zu können.

Wie bei Duschkabinen und Badezimmerarmaturen funktioniert die Preisgestaltung auf vielen Märkten: Hersteller und Händler sorgen dafür, dass der Kunde immer zu viel bezahlen muss. Weil die deutschen Automobilhersteller den KFZ-Handel voll im Würgegriff haben, sind Autos in Deutschland noch immer teurer als in allen anderen EU-Staaten, kosten Ersatzteile bei den »autorisierten« Werkstätten weit mehr als im freien Handel. Auch die Mineralölhersteller nutzen ihre Marktmacht zum Abkassieren, etwa wenn sie Benzinpreise stets im Gleichschritt erhöhen und an ihren Tankstellen das Motorenöl zu prohibitiven Preisen verkaufen.

Unverständlich auch, warum die Deutsche Lufthansa ihre Monopolstellung dazu benutzen darf, die Passagiere auf innerdeutschen Strecken gnadenlos abzukassieren, während sie auf der wettbewerbsintensiven Nordatlantikroute zu zivilen Preisen fliegt. So kostet ein Flug von München nach Dortmund fast genauso viel wie der gut zehnmal so lange Trip nach New York. Nicht der Aufwand, den ein Anbieter treiben muss, bestimmt also den Preis, sondern der Grad des Wettbewerbs, der auf den verschiedenen Märkten herrscht. Sämtliche Bundesregierungen der vergangenen Jahrzehnte müssen sich deshalb den Vorwurf gefallen lassen, dass sie zu wenig unternahmen, um Monopole zu beseitigen, Kartelle zu schleifen und Oligopole aufzubrechen. Noch immer ist auf vielen Märkten die Macht einseitig zu Gunsten der Anbieter verteilt, so bei der Energie- und Wasserversorgung, bei Post, Bahn und Telekommunikation, beim Flugverkehr wie im Gesundheitswesen.

Wie tief die Wirtschaft noch immer im Würgegriff mächtiger Kartelle steckt und wie wenig die nationalen Regierungen dagegen unternehmen, erfährt die europäische Öffentlichkeit erst nach und nach durch die Erfolge einer Institution, die bei uns gern als »arroganter Bürokratenverein« oder auch als »teurer Beamtenladen« geschmäht wird: die EU-Kommission in der Brüsseler Rue de la Loi. Tatsächlich aber haben die Eurokraten mit Wettbewerbskommissar Mario Monti an der Spitze bereits mehr zur Liberalisierung der Märkte beigetragen als die meisten Regierungen der EU-Staaten.

Angst und Schrecken im Kreis der Marktregulierer verbreitet vor allem die EU-Generaldirektion Wettbewerb unter dem deutschen Spitzenbeamten Alexander Schaub, die Kartellsünder mit polizeilichen Ermittlungsmethoden verfolgt und bei erwiesenen Verstößen gegen die Wettbewerbsordnung mit Strafen nicht zimperlich ist. Anfang 2000 gelang es der Schaub-Truppe mithilfe der Kollegen vom US-Justizministerium in Washington, ein weltweit operierendes Kartell aus Chemie- und Pharma-Firmen zu zerschlagen.

Über zehn Jahre lang hatten Konzerne wie BASF (Ludwigshafen), Merck (Darmstadt), Degussa (Düsseldorf) unter Führung von Hoffmann LaRoche (Basel) den Weltmarkt für Vitamine und andere Zusatzstoffe, die Getränken, Nahrungsmitteln und Tierfutter beigegeben werden, unter sich aufgeteilt und von den Abnehmern weit überhöhte Preise kassiert. Nachdem die Kartellsünder zuerst in den USA ertappt wurden und dort über eine Milliarde Dollar Buße zahlen mussten, räumten die Brüsseler Beamten auch in Europa auf. Als Schwachstelle des Kartells erwiesen sich die Vitaminverkäufer des gerade neu gegründeten Aventis-Konzerns in Straßburg.

Aus Furcht vor weiteren drakonischen Strafen stellte sich der aus dem Zusammenschluss der Farbwerke Hoechst mit dem französischen Unternehmen Rhone-Poulenc hervorgegangene Aventis-Konzern als Kronzeuge zur Verfügung und verriet Schaubs Beamten nicht nur die Methoden, mit denen die Kartellbrüder die Preise künstlich hoch hielten, sondern auch die Gewinne, die auf diese Weise in Europa erzielt wurden. Adäquat zu deren Höhe verdonnerte die EU-Kommission allein die Vitaminhersteller zur Zahlung von 885 Millionen Euro, davon entfielen auf den Schweizer Roche-Konzern 462, auf die BASF 296, auf Merck gut neun Millionen Euro. Nach den saftigen Bußen hatten die Schweizer genug vom Vitamingeschäft und verkauften es für 2,25 Milliarden Euro an den niederländischen DSM-Konzern.

Im Zuge ihrer Recherchen aber stießen die Fahnder aus Brüssel auf immer neue Spuren, die auf verbotene Preisabsprachen bei allen möglichen Substanzen hinwiesen. Dem Roche-Konzern konnten sie nachweisen, dass er zusammen mit der US-Firma Archer Daniels Midland und der bis 2002 zum Leverkusener Bayer-Konzern gehörenden Gesellschaft Haarmann & Reimer auch den Markt für Zitronensäure manipuliert hatte, und den Düsseldorfer Degussa-Konzern ertappten sie bei Preisabsprachen für die Aminosäure Methionin, die vor allem dem Tierfutter beigemischt wird.

Roche musste diesmal, weil der Zitronensäuremarkt offenbar nicht so viel hergab, nur 63,5 Millionen, die Degussa aber stramme 118 Millionen Euro nach Brüssel überweisen. Schaubs Chef Mario Monti wertete die Chemie-Kartelle als »Ausdruck einer Verachtung der Abnehmer und letzten Endes der Verbraucher, die für die betroffenen Produkte wesentlich weniger hätten zahlen müssen«.

»Von Unrechtbewusstsein keine Spur«

Nicht nur in der Chemie- und Pharmabranche sind die Sitten verdorben. Kartelle und Preisabsprachen zu Lasten der Kunden gibt es in fast allen Bereichen der Wirtschaft. Montis Mannen wurden fündig bei Aluminium-Produzenten und Autohändlern, Banken und Bierbrauern, bei den Herstellern von Graphitelektroden und bei der Post in Belgien. Allein im Jahr 2001 knackten sie 26 Kartelle und verhängten Strafen in Höhe von 1,5 Milliarden Euro. Gut 100 Millionen steuerten fünf deutsche Geldhäuser bei (Commerzbank, Dresdner Bank, HypoVereinsbank, Deutsche Verkehrsbank, Vereins- und Westbank), denen die EU-Kommission nachweisen konnte, dass sie seit 1997 systematisch die Gebühren für die

Umwechslung der damals gültigen europäischen Währungen miteinander abgesprochen hatten.

Noch dreister ging im Nachbarland Österreich der so genannte Lombardclub ans Werk. Jeden Monat trafen sich die Generaldirektoren der acht größten Banken im Wiener Nobelhotel Bristol am Inneren Ring, um bei Wein und Bier nicht nur die Gebühren, die die Kunden zu zahlen hatten, sondern auch gleich noch die Zinsen für Einlagen und Kredite miteinander abzustimmen. So konnten sie praktisch die Höhe ihrer Gewinne selbst festlegen und brauchten sich nicht den Niederungen eines leistungszehrenden Wettbewerbs auszusetzen. Satte Gewinne fuhren auch die vier Baustoffhersteller ein, über die die EU-Kommission im November 2002 die bisher zweithöchste Kartellstrafe verhängte. Insgesamt 478,3 Millionen Euro müssen die Firmen Lafarge (Frankreich), BPB (Großbritannien), Gyproc (Belgien) und Knauf (Deutschland) dafür berappen, dass sie seit 1992 den Wettbewerb beim Verkauf von Gipsplatten nahezu ausgeschaltet hatten. Auf Deutschlands größten Gips-Hersteller, die von den Vettern Baldwin und Nikolaus geleitete Knauf-Gruppe in Iphofen bei Würzburg, entfallen 85,8 Millionen Euro.

So spektakulär die Erfolge der Brüsseler Kartellwächter auch sein mögen, sie können nicht darüber hinwegtäuschen, dass sie allenfalls die Wirkung von Mückenstichen haben. Denn je größer der Druck wird, den die Finanzmärkte auf die Wirtschaft ausüben, desto williger schließen sich die Anbieter zu Bündnissen gegen die Abnehmer zusammen. Selbst bei den ertappten Sündern ist wenig Reue zu spüren. Kartellwächter Alexander Schaub: »Noch immer tragen manche Manager ein Kartellverfahren so stolz wie eine Kriegsverletzung vor sich her. Von Unrechtsbewusstsein keine Spur.«

Die Erfolge der Eurokraten machte auch das Bundeskartellamt in Bonn munter. Früher als »zahnloser Tiger« geschmäht, zeigt die Bonner Behörde unter ihrem Präsidenten Ulf Böge in letzter Zeit häufiger die Zähne. Erst sprengten Böges Beamte ein Preiskartell der Papiergroßhändler, dann mahnten sie die Lufthansa ab, weil sie auf der Strecke Frankfurt–Berlin den Wettbewerber Germania unzulässig behindert habe, und knöpften sich schließlich die Versicherungsbranche vor. Im Juli 2002 fuhren bei Allianz, Axa, Gerling, Gothaer und neun weiteren Assekuranz-Gesellschaften Polizei-Einsatzkommandos vor und begehrten Zugriff auf Büros und Aktenschränke. Die Fahnder suchten nach Belegen für Absprachen im Industriegeschäft, wo die Versicherer nach dem 11. September 2001 ihre Prämien im Gleichklang kräftig erhöht hatten.

Erfolge verbuchen die Bonner Wettbewerbshüter auch in der Zementbranche. Nach einer Razzia bei 30 Herstellern, darunter den Branchenführern Heidelberg Cement, Dyckerhoff und Readymix, stellten sie ebenfalls im Juli 2002 Unterlagen sicher, aus denen hervorging, dass die Preise für das wichtige Baumaterial seit Jahrzehnten systematisch manipuliert worden waren. Bußgelder von einer Milliarde Euro sollen die hartleibigen Mörtelmauschler zur Räson bringen.

Einsatz konspirativer Methoden

Anstatt auf den Preisbetrug zu verzichten und ihre Firmen auf größtmögliche Effizienz zu trimmen, um im offenen Wettbewerb bestehen zu können, sinnen die Manager lieber darüber nach, wie sie ihre Kartelle unangreifbarer machen können. Schon haben sich Rechtsanwälte, EDV-Experten und Sicherheitsberater darauf spezialisiert, Unternehmen bei der Abwehr der Kartelljäger zu helfen. Wichtigste Grundsätze: keine schriftlichen Unterlagen in der Firma aufbewahren, keine Spuren im elektronischen Datenbestand hinterlassen, das Personal darauf trimmen, beim Auftauchen der Fahnder sofort die Geschäftsleitung zu alarmieren, Auskünfte nur im Beisein von Anwälten geben und auf keinen Fall von ungesicherten Leitungen aus telefonieren. Der Einsatz konspirativer Methoden gehört für die Akteure in der Betrüger-Ökonomie längst zum Alltag, wie man auf den Fachtagungen zu Themen wie »Das

Verhalten im Kartellverfahren« oder »Neue Aspekte in der EU-Wettbewerbspolitik« leicht erfahren kann.

Alle Mühe ist freilich vergebens, wenn ein Insider aus dem Nähkästchen plaudert. Deshalb fürchten die Räuber in Nadelstreifen nichts so sehr wie den Verrat aus den eigenen Reihen. Ein solcher Verrat brachte den Betrug auf einem Markt ans Licht, der meilenweit entrückt schien von den Hässlichkeiten dieser Welt: einem Jahrmarkt der Eitelkeiten, auf dem ein nicht unerheblicher Teil der Früchte der Betrüger-Ökonomie zu landen pflegt – der Handel mit kostbaren Kunstwerken. Wie sehr auch dieses Geschäft mit der Schönheit von Niedertracht durchsetzt ist, kam Ende 2001 in einem New Yorker Gerichtssaal ans Licht. Verhandelt wurde der Fall Alfred Taubmann.

Der schwergewichtige Angeklagte, von Herkunft und Habitus ein Selfmademan der groben Sorte, wurde beschuldigt, er habe als Chef des Auktionshauses Sotheby's zusammen mit seinem Konkurrenten Sir Anthony Tennant von Christie's jahrelang Preise und Konditionen abgesprochen, Versteigerungen manipuliert und Kunden geschädigt. Unterm Hammer der beiden nobelsten Auktionatoren der Welt wechseln etwa 90 Prozent aller wirklich teuren Kunstwerke den Besitzer, und alles, was Rang und Namen hat im internationalen Jetset wie in der Geschäftswelt, steht in ihren Bieter- und Einliefererlisten.

Der schöne Schein, die tolle »story«

Fassungslos erfuhr die erlesene Klientel, wie die exorbitanten Preise zustande kamen, die sie für Gemälde, Skulpturen, Schmuck, Uhren, Möbel, Teppiche oder auch Oldtimer zu berappen hatte. Denn die Anklage präsentierte eine Kronzeugin, die genau Bescheid wusste. Taubmans ehemalige Topmanagerin Diana Brooks schilderte detailliert, wo und wie oft sich die beiden Paten des internationalen Kunsthandels trafen, wie sie sich auf Aufruf- und Rücknahmepreise, Gebühren, Provisionen und Versicherungsprämien einigten. Der Prozess versetzte nicht nur Sammler und Händler rund um den Globus in helle Aufregung, sondern weckte auch Zweifel an der Werthaltigkeit vieler Kunstwerke.

Ist schon Skepsis angebracht, wenn der Hammer für einen Picasso, Renoir oder Rubens fällt, so kann auch der Ersteigerer einer 50-Euro-Puppe nie ganz sicher sein, ob er für sein Geld das bekommt, was er habe möchte. Das gilt vor allem dann, wenn er das gute Stück per Internet ersteigert hat, denn auch im Netz lauern die Betrüger auf Beute. Per Interpol gesucht wird zum Beispiel der Amerikaner Steward Richardson, der beim Internet-Auktionshaus eBay für eine Viertelmillion Dollar Porzellanfiguren versteigerte und mit dem Erlös spurlos verschwand, die Figuren aber nie auslieferte.

In Deutschland blieb ein Augsburger eBay-Kunde Handys, CD-Brenner, DVD-Laufwerke und Modems im Wert von 160 000 Mark schuldig, die er unter dem Absendernamen »Innovationstrading« übers Netz versteigern ließ. Wie Richardson räumte er sein Konto leer, ohne die Waren abzusenden, und verschwand auf Nimmerwiedersehen. Da deutsche eBay-Kunden nur bis zu 200 Euro gegen Betrug versichert sind, rät das Auktionshaus zur Vorsicht: Bei teuren Käufen nicht im Voraus bezahlen und eventuell einen Treuhänder einschalten.

Wie kaum ein anderer Markt begünstigt der Handel mit den schönen Dingen des Lebens Tricks und Täuschungsmanöver. Da die Ware, um die es geht, nur selten von praktischem Nutzen ist, unterliegen ihre Preise Trends und Moden, vor allem aber der Deutungsmacht von Sachverständigen. Ob alte Meister, Barock, Jugendstil oder moderne Kunst – stets ist der Kunde auf das Urteil so genannter Experten angewiesen. Die Hohenpriester des Kunstgeschäfts entscheiden über echt oder falsch, Kunst oder Kitsch, wichtig oder bedeutungslos. Nirgendwo sind die Spannen der Preise so groß, nirgendwo die Angebote so unübersehbar, der Nutzen für den Käufer so schwer greifbar wie auf dem Marktplatz der schönen Künste.

So oft die Moden und Stile wechselten, so beständig entwickelte sich der Betrug am Kunstkäufer zur einzig dauerhaften Kunstform. Grabräuber versorgten bereits die alten Ägypter mit gestohlenem Schmuck, und im antiken Rom erblühte das Fälscherhandwerk, doch zum Multimilliardengeschäft entwickelte sich der Handel mit Kunstgegenständen zweifelhafter Herkunft erst in der Neuzeit. Nicht nur private Sammler wie Altkanzler Konrad Adenauer fielen auf die Tricks betrügerischer Händler herein; selbst in berühmten Museen hängen reihenweise falsche Rembrandts, Miros oder Dalís. Fälscherwerkstätten aus Rumänien und anderen Ostblockstaaten überschwemmten den westeuropäischen Markt mit Tiffany-Lampen, Daum-, und Gallee-Vasen, und italienische Kunsttischler fertigten garantiert echte Barockschränke im Akkord.

Das große Geld aber wurde dank Christie's und Sotheby's mehr oder weniger legal gemacht. Indem sie die Konkurrenz niederbügelten und den Wettbewerb untereinander ausschalteten, gelang es den beiden britischen Auktionshäusern, die Preise für Spitzenwerke in solch abenteuerliche Höhen zu treiben, dass davon der Kunsthandel in der ganzen Welt profitierte. War ein erstklassiger Cezanne noch in den 70er-Jahren mit einer Million Mark gut bezahlt, so kostete ein solches Bild 30 Jahre später zwischen 50 und 100 Millionen, und das blieb nicht ohne Folgen für den Markt.

Wie fragwürdig der Wert solcher Werke ist, zeigte sich im Sommer 2002, als bei Sotheby's ein neu aufgetauchtes Bild des holländischen Malers Peter Paul Rubens für sagenhafte 77 Millionen Euro zugeschlagen wurde. Das Bild, das den Kindermord von Bethlehem zeigt, hing jahrelang unbeachtet im oberösterreichischen Stift Reichersberg; es war auf Holz gemalt und galt als Kopie eines Leinwandbildes von Rubens im Königlichen Museum von Brüssel. Erst als Sotheby's das Holzbild zum »echten Rubens« erklärte und damit das Brüsseler Museum düpierte, gewann es an Wert. Mit drei Millionen Pfund wurde es am 10. Juli aufgerufen – und für den 15-fachen Preis schließlich über den Kunsthändler Fogg an den kanadischen Milliardär David Thomson verkauft. Noch nie wurde für einen Rubens so viel bezahlt, und das könnte, vermuten Fachleute, dem seit Jahren darniederliegenden Altmeister-Markt neuen Auftrieb geben. Käufer Thomson, einer der reichsten Männer der Welt, ist übrigens weniger für Kennerschaft als vielmehr für Gerissenheit bekannt.

Exemplarisch führt die Kunstbranche vor, worauf es in den Zeiten der Betrüger-Ökonomie ankommt: auf den schönen Schein, die fantasievolle »Story«, das noble Ambiente, das soziale Prestige und das Versprechen hoher Wertsteigerung. Die Ware spielt nur noch eine untergeordnete Rolle.

Subventionen beschleunigen den Niedergang

Der Kunde hat auf kartellierten Märkten schlechte Karten. Haben sich alle Anbieter einer bestimmten Ware oder Dienstleistung auf ähnlich hohe Preise geeinigt, hilft nur der Verzicht. Bei lebenswichtigen Gütern wie Elektrizität, Gas oder Heizöl ist man dem Kartell auf Gedeih und Verderb ausgeliefert, hier ist möglichst sparsamer Umgang mit den überteuerten Ressourcen angesagt. Zum Glück sind die meisten Kartelle nicht wirklich »wasserdicht«, das heißt, es finden sich immer irgendwelche Nischenanbieter, die am Kartell vorbei ihr Geschäft zu machen versuchen.

In den USA bildeten sich bereits Käuferringe, die via Internet Informationen über Anbieterkartelle, überteuerte Produkte und günstige Einkaufsquellen austauschen. Gewitzte Kunden kaufen auch hierzulande ihre Notebooks, Camcorder, Fahrräder oder Armbanduhren günstig bei ebay oder letsbuyit.com und unterlaufen so die hoch angesetzten Preisbarrieren des Fachhandels.

So konsequent sich die Preistreiber gegen den Staat wehren, wenn er ihre Kreise stört, so gierig greifen sie nach ihm, wenn es dort etwas zu holen gibt. Obwohl Deutschlands Unternehmer keine Gelegenheit auslassen, die Rücknahme sozialer Leistungen zu verlangen, gehören sie selbst zu den fettesten

Kostgängern der Steuerzahler. Zwar weiß niemand so ganz genau, wie viel Geld vom Staat in Form von Zuschüssen, verbilligten Darlehen oder Steuervergünstigungen in die Taschen der Unternehmer zurückfließt, doch schon der Subventionsbericht der Bundesregierung führt Transferleistungen von mehr als 20 Milliarden Euro an, während das Kieler Institut für Weltwirtschaft die Summe aller staatlichen Subventionen auf rund 150 Milliarden Euro beziffert.

Was wird nicht alles vom Staat gestützt und gefördert, wenn nur genug Wählerstimmen oder Parteispenden dabei herausspringen: Dem konkursreifen Baukonzern Philipp Holzmann versprach der Kanzler höchstselbst über 120 Millionen Euro Sanierungshilfe; die durch Korruption, Missmanagement und Betrug ruinierte Bankgesellschaft Berlin kostete den Steuerzahler bisher schon über vier Milliarden Euro, und für weitere 21 Milliarden muss er in Zukunft über Bürgschaften geradestehen. Kurz vor der Kanzlerwahl im September 2002 versprachen die Berliner Regenten, zusammen mit dem Land Schleswig Holstein, auch dem überschuldeten Telefonkonzern MobilCom Bürgschaften über 400 Millionen Euro.

Subventionen gab es für die Versicherungskonzerne nach dem Attentat auf das World Trade Center in New York, Bürgschaften für die ohnehin reichlich privilegierte Lufthansa, und sogar für den schienengebundenen Nahverkehr zahlen die Bürger doppelt: erstens für das Ticket, zweitens für die rund 6,5 Milliarden Euro, die die Bahn pro Jahr von den Bundesländern dafür erhält, dass auf ihren Schienen die Züge der Nahverkehrsverbundsysteme fahren dürfen. Da spielt es auch schon fast keine Rolle mehr, dass der Beinahe-Monopolist Bahn gesetzwidrig einen erheblichen Teil der Nahverkehrssubventionen für seine Fernzüge abzweigt, wie das Verkehrsministerium von Rheinland Pfalz herausfand.

Sogar schwerreiche Konzerne, die ein staatliches Almosen wirklich nicht nötig hätten, zapfen die öffentlichen Haushalte an. So flossen

- eine Milliarde Euro an den Luft- und Raumfahrtkonzern

EADS, der mehrheitlich zu DaimlerChrysler gehört, für den Großraum-Airbus A3XX;

- 456 Millionen Euro an den Autobauer BMW für dessen neues Werk in Leipzig;
- 219 Millionen Euro an den Halbleiter-Hersteller Infinion für eine Chip-Fabrik in Dresden;
- 180 Millionen Euro an den französischen Mineralölkonzern Elf-Aquitaine für die Raffinerie in Leuna;
- 63,8 Millionen Euro an den DaimlerChrysler-Konzern für ein Motorenwerk bei Erfurt.

Dass es auch anders geht, bewies der kleinste unter Deutschlands Autoherstellern: Demonstrativ verzichtete Porsche-Chef Wendelin Wiedeking auf Staatsknete für sein neues Werk in Leipzig, in dem der Geländewagen Cayenne gefertigt wird. »Aus innerster Überzeugung halte ich Subventionen für einen Irrweg der Wirtschaftspolitik«, las Porsches Chefpilot Vorstandskollegen und Politikern die Leviten.

In der Tat: Wenn der Staat seinen den Steuerzahlern abgepressten Reichtum nicht mehr dazu verwendet, die Bedürftigen zu unterstützen, sondern die Reichen für ihre Dreistigkeit belohnt, dann hat er ein Problem mit seiner Glaubwürdigkeit. Wenn er sich von milliardenschweren Konzernen nach Belieben erpressen lässt und nicht mal mehr vorgibt, den Wettbewerb zu fördern, sondern wie im Fusionsfall Eon/Ruhrgas die Bildung neuer, marktbeherrschender Anbieter fördert, dann beschleunigt er den Niedergang der Marktwirtschaft.

Jeder dritte Täter geht straffrei aus

Die Behauptung machtgieriger Konzernmanager, sie bräuchten mehr Umsatz, um im internationalen Wettbewerb besser bestehen zu können, verdeckt ihre wahren Motive, denn längst ist erwiesen, dass die meisten Fusionen und Übernahmen nicht zur Stärkung der Unternehmen, sondern zu ihrer

Schwächung führen. Paradebeispiele sind der Zusammenschluss von Daimler-Benz und Chrysler, Allianz und Dresdner Bank, Thyssen und Krupp, BWM und Rover – stets schrumpften die Gewinne, sanken die Aktienkurse.

Tatsächlich geht es den Managern weniger um die Verbesserung ihrer Wettbewerbsposition als vielmehr um ihre Stärke gegenüber Staat und Gesellschaft. Je größer die Konzerne werden, je mehr Kapital, Mitarbeiter und Geschäftsvolumen sie bündeln, desto leichter können sie den Ordnungsmächten, von der Heimatgemeinde bis zur EU-Kommission, die Spielregeln diktieren. Auf der Strecke bleibt dabei nicht nur der Wettbewerb: Wenn in einer Wirtschaft nicht Ideenreichtum, Marktgespür, Risikobereitschaft und die Fähigkeit zur Innovation den Erfolg versprechen, sondern das Erpressungspotenzial den Ausschlag gibt, dann trägt dieses System bereits ein Verfallsdatum.

Offene und verdeckte Kartelle, die den beteiligten Firmen Gewinne durch überhöhte Preise bescheren, sind für eine gesunde Wirtschaftsordnung ebenso schädlich wie staatliche Subventionen. In diesem Klima des unredlich verdienten Geldes wächst die Neigung zu kriminellen Geschäften.

Etwa 100 000-mal im Jahr müssen sich die Strafverfolgungsbehörden in Deutschland mit Delikten beschäftigen, die in der Kriminalstatistik »Wirtschaftsverbrechen« genannt werden. Das sind zwar nur 1,7 Prozent aller registrierten Straftaten, doch sie verursachen über 60 Prozent des durch sämtliche Verbrechen entstandenen Schadens. Auf den ersten Blick wirkt eine Verbrechensquote von nur 1,7 Prozent nicht Besorgnis erregend, auf den zweiten freilich gewinnt sie an Brisanz. Denn anders als bei Gewaltverbrechen, Sittlichkeitsdelikten oder Diebstählen laufen längst nicht alle Opfer der Wirtschaftsganoven zur Polizei. Manche sind selbst in zweifelhafte Geschäfte verstrickt, wollen auf keinen Fall das Interesse der Steuerfahndung auf sich lenken oder fürchten ihre Kreditwürdigkeit zu verlieren, wenn sie Verluste anzeigen.

Fachleute wie Erich Jung, Leiter der Zentralstelle für Wirtschaftsdelikte in Koblenz, rechnen deshalb mit einer hohen Dunkelziffer nicht aktenkundiger Straftaten. Mehr als die Hälfte aller Wirtschaftsverbrechen werden nur durch Zufall entdeckt. Vor allem Firmen zeigen wenig Interesse, kriminelle Mitarbeiter der Polizei auszuliefern. Jeder dritte Täter geht straffrei aus. Und wenn mal ein Wirtschaftsganove im Gerichtssaal landet, stehen seine Chancen, dass er ihn auch wieder verlassen darf, nicht schlecht: 80 Prozent der Verfahren enden mit einer Geldbuße, Freiheitsstrafen werden meist auf Bewährung ausgesetzt. Zu Recht befand der Literat Hans Magnus Enzensberger: »Wenn schon kriminell, finde ich, dann ist die Wirtschaftskriminalität die einzig lohnende Branche. Schon allein, weil hier das Verhältnis zwischen Ertrag und Risiko sehr viel besser ist als bei jeder anderen Form des Verbrechens.« Das hat sich herumgesprochen. Während die Zahl der in Deutschland begangenen Straftaten seit 1993 bis Ende 2002 um etwa neun Prozent abnahm, legten die Wirtschaftsdelikte sprunghaft um über 50 Prozent zu. Die Hälfte davon entfielen auf den Betrug. »Anlass zu großer Sorge«, gab Innenminister Otto Schily bei einem Treffen der Fachleute im Bundeskriminalamt zu und versprach »einen verstärkten Kampf« gegen die Täter mit weißem Kragen und dunkler Weste.

Deutschland krimineller als Resteuropa

Ein detailliertes Bild der Betrüger-Ökonomie zeichnet die Studie der Wirtschaftsprüfergesellschaft Price Waterhouse Cooper (PWC) aus dem Jahr 2001. Nachdem sie 3400 Firmen in ganz Europa befragt hatten, kamen die Prüfer zu dem Schluss, dass das Wirtschaftsleben in Deutschland noch ein wenig krimineller ist als im Rest des Kontinents. Drei Viertel der heimischen Unternehmen mit mehr als 5000 Beschäftigten wurden demnach in den vergangenen zwei Jahren Opfer von Wirtschaftsverbrechen – im übrigen Europa aber waren es nur

43 Prozent. Den Schaden bezifferten die betroffenen Firmen auf insgesamt 3,6 Milliarden Euro, der statistische Einzelfall schlägt mit rund 15 Millionen Euro zu Buche.

Die wenigsten Täter kommen von außen; nahezu zwei Drittel der registrierten Straftaten wurden nämlich von Mitarbeitern der geschädigten Unternehmen begangen – die meisten sitzen auf höheren Rängen. Bestechung, Bereicherung, Untreue, Verrat, Bilanzfälschung und Kreditbetrug sind die häufigsten Delikte im Firmenalltag. Geschädigt werden, neben den Eigentümern, die kreditgebenden Banken ebenso wie der Fiskus, Mitarbeiter und Kunden. Nutznießer sind für gewöhnlich leitende Angestellte, die sich auf Kosten ihres Arbeitgebers bereichern und damit Statussymbole wie Yachten, Flugzeuge und Luxusautos finanzieren oder aber, über diskrete Briefkasten-Firmen in irgendeiner Steueroase, verborgene Schätze anhäufen.

Je größer das Unternehmen, desto leichter haben es offenbar die Räuber in Nadelstreifen, denn die meisten Straftaten ereignen sich in Banken, Versicherungen und verwandten Finanzdienstleistungsunternehmen, und kaum geringer ist die Gier in den Konzernen der Konsumgüterindustrie, bei Energieversorgern sowie der Telekom- und Pharmabranche. Auch bei der Deutschen Bahn AG hat die Selbstbedienung Konjunktur: Rund 150 Korruptionsfälle müssen pro Jahr bewältigt werden.

Symptom eines schleichenden Verfalls

Der Scherbenhaufen, den die Firmenfledderer hinterlassen, kann sich sehen lassen. Zwischen 30 000 und 40 000 Unternehmen gehen jedes Jahr Pleite, und hinter jeder zweiten Insolvenz vermutet Dieter John, Leiter der Abteilung Integrity Services bei der Wirtschaftsprüfergesellschaft KPMG, ein Wirtschaftsdelikt, das den Untergang entweder herbeigeführt oder wenigstens beschleunigt hat. Was der Fachmann verschweigt: Die Wirtschaftsprüfer, die sich Vorständen und Aufsichtsräten gern als Helfer im Kampf gegen die hausinternen Betrüger andienen, sind mittlerweile selbst zum Problem geworden. Ohne tätige Mithilfe oder wenigstens stillschweigende Duldung der Prüfer wäre mancher spektakuläre Raubzug der letzten Jahre gar nicht möglich gewesen. Prüfungsgesellschaften wie KPMG, die in beinahe jeden bedeutenden Wirtschaftsskandal der letzten Jahre verwickelt waren, fehlt deshalb ein wenig die Kompetenz, um beim Abwehrkampf gegen die Gauner in den Chefetagen eine tragende Rolle zu übernehmen.

Dass das Firmensterben in Deutschland nicht nur auf die flaue Konjunkturlage zurückzuführen ist, lässt sich an vielen Einzelfällen dingfest machen. Es war ja nicht nur schieres Unvermögen des Führungspersonals, das Großunternehmen wie die Bankgesellschaft Berlin, den Bremer Vulkan, den Sportbodenhersteller Balsam, den Handelskonzern Coop, die Bohrfirma Flowtex, den Anlagenbauer Babcock Borsig oder auch die Fluggesellschaften Swissair und Sabena zum Absturz brachten. Überall stießen die Nachlassverwalter auf Spuren krimineller Machenschaften, manchmal gar auf einen ganzen Sumpf von Betrügereien.

Mit Sorge beobachten Notare und Handelsrichter die rapide Zunahme von Konkursdelikten. Systematisch werden Firmen ausgeplündert und völlig überschuldet in die Pleite gejagt. Kurz vor dem Exitus verlässt der betrügerische Geschäftsführer das sinkende Schiff und übergibt die leere Hülse entweder einem naiven Nachfolger oder aber einem professionellen Totengräber, der sich den Gang zum Amtsgericht teuer bezahlen lässt.

Im Herbst 2001 packte ein Profi des Beerdigungsgewerbes vor der Wirtschaftsstrafkammer des Landgerichts Dessau aus, nachdem ihm die Staatsanwälte auf die Schliche gekommen waren. Zeitweilig stand er über 50 Firmen vor, vornehmlich aus der Baubranche, alle zahlungsunfähig und mit einem Berg von Schulden belastet. Seine Aufgabe bestand lediglich darin, den Insolvenzantrag zu unterschreiben, und dafür ließ er sich von den Vorbesitzern ein Beerdigungshonorar von DM 10 000 bis DM 20 000 pro Fall auszahlen, natürlich bar auf die Hand, ohne Quittung. »Die diskrete Beerdigung von Pleitefirmen hat sich vor allem im Osten Deutschlands zum boomenden Geschäftszweig entwickelt«, klagte der »Spiegel« und folgerte: »Kaum eine Staatsanwaltschaft zwischen Anklamm und Zittau, die keine derartigen Fälle in den Akten hat.«

So beklagenswert die hohen Zuwachsraten bei den kriminellen Geschäften auch sind, wirklich gefährdet wird unsere Wirtschaftsordnung eher durch das, was mitten in den Zentren der Finanzbranche geschieht. Kein anderer Wirtschaftszweig wurde in den letzten Jahren so häufig von Skandalen heimgesucht wie das einst so diskrete Kreditgewerbe, keiner verursachte größere Vermögensschäden, und keiner trug so viel zur Entwicklung der Betrüger-Ökonomie bei. Ob sie das Geld der Sparer in Pleitefirmen steckten wie jene des betrügerischen Baulöwen Jürgen Schneider, ob sie gemeinsame Sache mit kriminellen Strukturvertrieben machten, um ahnungslosen Bundesbürgern Schrottimmobilien zu Mondpreisen zu verhökern, ob sie zahllose Kreditkunden ruinierten, um sich deren Vermögenswerte preiswert unter den Nagel zu reißen, oder ob sie Kapitalanlegern hemmungslos überteuerte Aktien- und Investmentfonds andrehten – Deutschlands Banker haben sich wahrlich nicht mit Ruhm bekleckert.

Als Herz der Wirtschaft, das auf der einen Seite das Spar- und Anlagekapital anzieht und es auf der anderen in den Produktionsprozess pumpt, bestimmt der Finanzsektor den Blutdruck und die Gemütslage der Volkswirtschaft wie niemand sonst, und deswegen ist er mehr als jeder andere verantwortlich für ihren heutigen Zustand.

Zwar leiden mittlerweile auch die Banken unter den Kursverlusten an der Börse wie am Werteverfall in der Gesellschaft, doch letzten Endes haben sie sich das alles selbst eingebrockt. Gier und Geltungsdrang ihrer Vorstände machte aus einst grundsoliden Instituten Zockerbuden, die das Geld der Kunden mit waghalsigen Geschäften aufs Spiel setzten und den Aktionären gewaltige Verluste bescherten. Die DG-Bank zum Beispiel, ehemaliges Spitzeninstitut sämtlicher Volksbanken und Raiffeisenkassen im Lande, musste nach Kreditverlusten von mehr als 1,7 Milliarden Euro im Herbst 2001 von der GZ-Bank gerettet werden. Aus Großmannssucht drängten die DG-Banker um die früheren Vorsitzenden Helmut Guthardt und Bernd Thiemann, koste es was es wolle, ins Börsen- und Firmengeschäft, früher eine Domäne der Geschäftsbanken. Als der Münchner Filmhändler Leo Kirch schon reichlich überschuldet war, gaben sie ihm weitere Kredite, und nicht immer waren diese gut gesichert. Übertrumpfen ließen sie sich auch nicht, als der Neue Markt die Pforten öffnete. Kein anderes Institut brachte mehr Firmen an die Frankfurter Pleitebörse als die einst so biederen Genossenschaftsbanker, und bei keinem verloren die Aktionäre so viel Geld.

Von der traditionsreichen Gontard- und Metallbank über die Bayerische Hypotheken- und Wechselbank bis hin zur ehemals mächtigen Dresdner Bank reicht das Spektrum der Geldhäuser, die ihren Vorständen existenzbedrohende Schieflagen zu verdanken haben. Gontard wird wohl, weil das Geschäft mit Börsengängen darniederliegt, sich kaum mehr erholen, die Bayernhyp ging in der Vereinsbank auf, und die Dresdner flüchtete sich in die Arme des Allianz-Konzerns. Was wie ein normaler Ausleseprozess aussieht, war in Wahrheit freilich etwas ganz anderes: Symptom eines schleichenden Verfalls.

Betrügern das Geld hinterher geworfen

Die gestrauchelten Institute waren nämlich nicht nur bilanztechnisch am Ende, sondern auch moralisch. In der DG-Bank herrschte zuletzt nach den Aussagen mehrerer Mitarbeiter »ein Klima der Angst und der Missgunst«. Gontard war verstrickt in dubiose Geschäfte mit dem Emissionshaus Goldzack und dessen Inhaber Dietrich Walther. Die Bayern-Bank litt unter den Folgen milliardenteurer Fehlgriffe raffgieriger Vorstände, und an der Spitze der Dresdner regierte das Chaos.

Seit der langjährige Vorsitzende Wolfgang Röller sowie seine Vorstandskollegen Hans-Günther Adenauer und Hansgeorg Hoffmann als Steuerhinterzieher entlarvt worden waren, kam das Lenkungsgremium der zweitgrößten Geschäftsbank Deutschlands nicht mehr zur Ruhe. Die Chefs wechselten schneller als die Werbespots im Fernsehen (vom »grünen Band der Sympathie« zur »Beraterbank«), und am Ende blieb nur noch die Aufgabe der Selbstständigkeit.

Wenn sich die Herren des Geldes gern als Opfer der Betrüger-Ökonomie ausgeben, weil sie auf notleidende Kredite so hohe Summen abschreiben müssen, so verfängt das allenfalls bei Leuten, die noch nie einen Kreditantrag gestellt haben

Während sie von ihren Privat- und kleinen Firmenkunden einen finanziellen Striptease bis aufs Unterhemd verlangen, ehe sie auch nur einen einzigen Euro herausrücken, warfen sie in den vergangenen Jahren Großbetrügern das Geld mit beiden Armen hinterher. Gelegentlich mussten sich die angeblich getäuschten Banker gegen den Verdacht wehren, dass bei solchen verlustreichen Kreditgeschäften auch etwas für sie selbst dabei abgefallen ist.

Großzügig finanzierten Institute wie die Bayerische Hypotheken- und Wechselbank, Deutsche, Dresdner und Commerzbank in den 90er-Jahren Billig-Wohnungen, die von Strukturvertrieben zu weit überhöhten Preisen verkauft wurden. Darlehen in Höhe von 160 oder gar 180 Prozent des Verkehrswerts waren keine Seltenheit. So brauchten die Kunden, die von den Verkäufern wie den Bauträgern, Notaren und Banken über den wahren Wert der Immobilien getäuscht wurden, kein Eigenkapital einzusetzen – aber über den Mondpreis bezahlten sie üppige Provisionen mit. Im Preis eines 33 Quadratmeter großen Appartements in Oldenburg zum Beispiel, das einem Angestellten aus Pinneberg für 158 751 Mark verkauft wurde, waren nicht weniger als 66 917 Mark an Provisionen und Gebühren enthalten – mehr als die Immobilie heute wert ist.

Ohne Überfinanzierung und das Zauberwort »bankgeprüft«, argumentieren Anwälte wie der Göttinger Reiner Füllmich, der etwa 3000 Geschädigte vertritt, wären die Wucherpreise nicht zu erzielen gewesen. Stellten sich die Gerichte anfangs meist hinter die Banken, so wachsen die Chancen der rund 300 000 betrogenen Käufer, wenigstens einen Teil der abgezockten Milliarden wieder zu bekommen, seit der Bundesgerichtshof höchstrichterlich entschied, dass es sich bei diesen Wohnungskäufen um »verbundene Geschäfte« gehandelt habe, was heißen soll: Die Banken haften für den Schaden mit.

»Berlin ist pleite, ich bin schuld«

Kein Institut aber ruinierte das Ansehen des Geldgewerbes so nachhaltig wie die Bankgesellschaft Berlin. Der Niedergang des größten Berliner Geldhauses ist nicht nur eine Geschichte von Filz und Korruption zwischen politischen Mandatsträgern, hochbezahlten Bankmanagern und dubiosen Baulöwen, sondern wohl auch typisch dafür, wie die Betrüger-Ökonomie von einem Unternehmen Besitz ergreift.

Waren es erst einzelne zwielichtige Immobiliengeschäfte, die der Bank Verluste, manchem Vorstand und Aufsichtsrat aber ordentliche Provisionen einbrachten, so geriet am Ende nahezu die gesamte Führungscrew des Geldhauses in Generalverdacht. Ein Jahr, nachdem die Bankenaffäre zum Bruch der großen Koalition in Berlin geführt hatte, durchsuchten Staatsanwälte und Kripobeamte im Februar 2002 Wohnungen und Büros von 14 ehemaligen Topmanagern nach Beweisen für den Vorwurf der Untreue, des Betrugs und der Bestechung. Der Untersuchungsausschuss des Abgeordnetenhauses in Berlin wähnte gar eine »kriminelle Kerntruppe« am Werk, die sich mit dem Geld der Bank die Taschen vollstopfte.

Offenbar waren nicht nur ehemalige Vorstandsmitglieder und Aufsichtsräte in dubiose Immobilien- und Kreditgeschäfte verwickelt, sondern auch das Führungspersonal von Tochtergesellschaften, Bauträgern und Immobilienfonds. So soll die Immobilienfirma Aubis reichlich mit Krediten versorgt worden sein, wofür sich die beiden Gesellschafter Klaus-Hermann Wienhold und Christian Neuling großzügig mit Provisionen und einer 40 000-Mark-Spende an die graue Eminenz der Berliner CDU, Klaus Landowsky, der auch der Banktochter Berlin-Hyp vorstand, revanchierten. Für sich selbst sollen die beiden Aubis-Manager mindestens 4,1 Millionen Mark abgezweigt haben, die in den Büchern als Provisionszahlungen an die nicht existente Firma Andechs deklariert wurden.

Von der dubiosen Aubis-Gruppe kaufte die Berlin-Hyp annähernd 5000 Plattenwohnungen im Osten der Stadt zu weit überhöhten Preisen an und schob die minderwertigen Objekte, damit die notwendigen Wertberichtigungen nicht die Bilanz verunzierten, gegen den Willen fachkundiger Mitarbeiter unters Dach des Immobilienfonds LBB 12, der heute zu den größten Verlustbringern der Bank gehört. Obwohl viele der Fondsobjekte als nahezu unvermietbar gelten oder nur kärgliche Mieteinnahmen erzielen, garantiert die Bank Privatanlegern, die solche Fondsanteile erworben hatten, eine stattliche Rendite von acht Prozent, und das 30 Jahre lang.

Kein Wunder, dass sich unter den Zeichnern dieser höchst lukrativen Investmentfonds neben der Berliner Schickeria auffällig viele Politiker sowie Freunde und Familienmitglieder von ranghöheren Bankmanagern einfanden. »Für die Gewinne weniger müssen alle bluten«, empörte sich eine flugs gegründete »Initiative Berliner Bankenskandal« und veröffentlichte die Liste der privilegierten Anleger. Die Hauptversammlung der Bank geriet zum Tribunal, als Initiative-Mitglieder den Saal erstürmten, sich auszogen und die Kleider aufs Podium warfen, wo der neue Vorstandschef Hans-Jörg Vetter von angeblichen Sanierungsfolgen sprach. Auf ihren Transparenten stand geschrieben: »Berlin ist pleite, ich bin schuld.« Die Geschädigten wehren sich, den Abstaubern geht es an den Kragen. Berlin als Zukunftsmodell der Betrüger-Ökonomie?

Die Schuld an dem Debakel, das wesentlich zur desolaten

Finanzsituation der deutschen Hauptstadt beigetragen hat, verteilt sich auf viele Köpfe. Neben den ehemaligen Vorstandssprechern Wolfgang Steinriede und Hubertus Moser muss sich auch der langjährige Aufsichtsratsvorsitzende Edzard Reuter, der sein Unvermögen schon als Herr über den Daimler-Benz-Konzern unter Beweis gestellt hatte, den Vorwurf gefallen lassen, dass sie nichts oder zu wenig unternahmen, dem Treiben krimineller Kräfte in ihrem Haus Einhalt zu gebieten. Gegen Klaus Landowsky, den ehemaligen Chef der Berlin-Hyp, ermittelt die Staatsanwaltschaft wegen Untreue, und auch Steinriedes Nachfolger Wolfgang Rupf steht im Fadenkreuz der Fahnder, ebenso wie die ehemaligen Vorstände Thomas Kurze und Lothar Wackerbeck. Von elf ehemaligen Topmanagern fordert die Bank mittlerweile rund 25 Millionen Euro zurück – Peanuts eben.

Warum die Sicherungssysteme versagen

Obwohl Banken gegen innere und äußere Feinde besser geschützt sind als alle anderen Unternehmen, werden sie zunehmend zu einem Risikofaktor für die Volkswirtschaft. Wenn die Leute an der Spitze eines Geldhauses krumme Geschäfte machen, versagen sämtliche Sicherheitssysteme. Zwar kann in einer Bank kein einzelner Cent das Haus unkontrolliert verlassen, aber ein paar hundert Millionen Euro sind schnell verschwunden, wie die folgenden Beispiele zeigen:

- **Depfa**: Wegen dubioser Kreditgeschäfte mit dem Mannheimer Baulöwen Wilfried Gaul (Wesbau Baubetreuungs-GmbH) erhielt die Deutsche Pfandbriefbank (Depfa) in Wiesbaden im Dezember 2000 Besuch vom Staatsanwalt. Das in der Branche angesehene Institut hatte dem Mannheimer Unternehmer im Jahr 1991 einen Kredit über 104,5 Millionen Mark zum Bau eines Bürohauses in Frankfurt bewilligt. Das Objekt erwies sich jedoch als schwer vermietbar, und dem Unternehmer ging das Geld aus. Ein schein-

bar normales Bankrisiko also. Was die Staatsanwälte auf den Plan rief, war die besondere Fürsorge des Depfa-Vorstands für Gaul, der sich 1996 für zahlungsunfähig erklärte.
Erregte schon die schiere Höhe des Kredits für einen mittelständischen Bauunternehmer Verdacht, so schien der sich durch den Fortgang der Geschäftsbeziehung zwischen Bank und Kreditkunde zu bestätigen. Denn anstatt den Kredit fällig zu stellen, wie es üblich ist, wenn ein Kunde in Zahlungsverzug gerät, gewährte die Bank dem säumigen Schuldner ein neues Darlehen über knapp sechs Millionen Mark, und schließlich half sie ihm ganz aus der Patsche, indem die Depfa-Tochter GEV die leer stehende Immobilie, deren Verkehrswert auf gut 70 Millionen Mark geschätzt wurde, für stolze 108,3 Millionen ankaufte. Da die GEV-Manager den überhöhten Preis nicht aus ihrer Kasse zahlen wollten, erhielten sie von der Mutterbank einen »Kaufpreiszuschuss« über 30,5 Millionen Mark.
Immobiliengeschäfte hatten der Wiesbadener Bank schon mehrfach Verluste eingetragen – so beim Kauf der Interhotels in der ehemaligen DDR wie bei der Finanzierung des Großpleitiers Jürgen Schneider. Vorstandschef Tilo Köpfler, privat in wenig erfolgreiche Geschäfte mit dem zu einer Gefängnisstrafe verurteilten Großbetrüger Karl Fütterer verwickelt, kam im Gegensatz zu seiner Bank ungeschoren davon und wechselte vom Vorstand in den Aufsichtsrat des mittlerweile in zwei Banken aufgeteilten Instituts.

- **Sparkasse Mannheim:** Rund eine Milliarde Mark verschwanden im Laufe der Jahre bei diesem öffentlichrechtlichen Institut, das inzwischen, nach dem Zusammenschluss mit der Sparkasse Weinheim, als »Sparkasse Rhein-Neckar Nord« firmiert. Auch hier führten Kredite, die an Bauträger, oft unter seltsamen Umständen, vergeben wurden, zu hohen Verlusten. So erhielt der Baulöwe Rolf Ramsteiner für das Speyrer Hotel Binshof & Ressorts in

mehreren Raten Kredite von mehr als 110 Millionen Mark, die zum Teil über Strohmänner vergeben wurden, weil der Kreditausschuss Einwände gegen eine weitere Finanzierung des unrentablen Projekts erhoben hatte.
Am Ende musste die großzügig finanzierte Immobilie zwangsversteigert werden, für bescheidene 16,8 Millionen Mark. Der Prozess gegen die Pleitebanker aber endete mit drei Freisprüchen und nur einer Verurteilung. Der ehemalige Kreditvorstand Fridolin Hörner musste den Kopf hinhalten für die verlustreichen Geschäfte der Sparkasse, doch auch er kam mit einer Bewährungsstrafe davon. Richter Joachim Plass großzügig: »Die Kammer hat bei allen Angeklagten keine ausreichenden Indizien für eine billigende Inkaufnahme von großen Risiken erkennen können.« Schöner kann man das Verschwinden von einer runden Milliarde kaum entschuldigen.

- **Bayerische Landesbank:** Großzügig ging auch das halbstaatliche Institut, dessen Kreditausschuss zur Hälfte aus Ministern und Staatssekretären besteht, mit dem Geld der Steuerzahler um. Erst mussten die Landesbanker ihren Expansionsdrang nach Südostasien mit einem Verlust von 400 Millionen Euro bezahlen, der entstanden war, weil ein paar Angestellte in der Filiale Singapur gemeinsame Sache mit Kreditbetrügern machten, dann retteten sie auf Geheiß von Landesvater Edmund Stoiber die mit 270 Millionen Euro überschuldete Wohnungsgesellschaft LWS vor dem Bankrott, und schließlich warfen sie dem längst hoch überschuldeten Medienmogul Leo Kirch zwei Milliarden Euro Kredite in den Rachen und ließen sich dafür mit höchst dürftigen Sicherheiten abspeisen. Da fielen die 80 Millionen, die sie beim Kauf der kroatischen Rijeka-Bank in den Sand setzten, kaum mehr ins Gewicht. Niemand wurde bis heute für die beispiellose Geldvernichtung zur Verantwortung gezogen, auch wenn die Staatsanwälte bereits das Büro des Bankchefs Alfred Lehner durchsuchen durften.

- **WestLB**: Auf etwa 200 Millionen Dollar taxieren Fachleute die Summe, die die Westdeutsche Landesbank an den indischen Großbetrüger Virendra Rastogi und seine Firmengruppe RBG Resources und Allied Deals verlor. Der in London ansässige Geschäftsmann, angeblich einer der reichsten Menschen auf der britischen Insel, hatte sich offenbar mit gefälschten Dokumenten bei Banken in der ganzen Welt Kredite für Metallhandelsgeschäfte erschlichen, die lediglich auf dem Papier stattfanden. Inwieweit einzelne Banker davon profitierten, ist noch nicht geklärt.
- **AIB:** 691 Millionen Dollar vergeigte der Devisenhändler John Rusnak aus Baltimore in der US-Filiale der Allied Irish Banks (AIB). Drei Jahre lang merkte die in Dublin beheimatete größte irische Bank nicht, dass da einer ihrer Angestellten ein großes Rad an den Devisenmärkten drehte und dabei immer tiefer in die Verlustzone geriet. Wo das Geld geblieben ist, wissen die irischen Bankbosse offenbar bis heute nicht so ganz genau. Klar ist nur, dass Rusnak seine verlustreichen Geschäfte mit mindestens fünf Großbanken machte, darunter auch die Deutsche Bank. Hier dürfte der größte Teil jener Dollars angekommen sein, die die Iren-Bank als Verluste abschreiben musste. Selbstverständlich sprachen sich die ranghöchsten Bosse von jeder Schuld frei und ließen dafür ein paar ihrer Untergebenen für den sechstgrößten Bankbetrug der Nachkriegszeit büßen.
- **Schmidt-Bank:** Als die in fünfter Generation geführte Privatbank im fränkischen Hof am 19. November 2001 praktisch zahlungsunfähig war und von vier Großbanken unter der Beteiligung der Bayerischen Landesbank übernommen wurde, galt der gesundheitlich angeschlagene Inhaber Karl Gerhardt Schmidt noch als ein Ehrenmann, dem man allenfalls vorwerfen konnte, er habe zu leichtgläubig Kredite an die mittelständischen Unternehmer in der strukturschwachen Region vergeben. Doch bald kamen Zweifel auf

am Geschäftsgebaren des Ex-Bankiers, der nicht nur private Rückschläge (Unfalltod seines ältesten Sohnes) verkraften musste, sondern praktisch sein ganzes Vermögen verlor. Seit einiger Zeit ermitteln Staatsanwälte in Sachen Bilanzfälschung, Kapitalanlagebetrug und Konkursverschleppung. Um Wertberichtigungen auszugleichen, die durch Kreditausfälle notwendig geworden waren, soll Schmidt im Dezember 2000 Aktien der Tochtergesellschaft Consors zum Schein an eine andere Bank verkauft und den dabei anfallenden Buchgewinn seinen Einnahmen gutgeschrieben haben, obwohl er die Aktien später wieder zurückkaufen musste und deshalb eigentlich gar keinen Gewinn erzielt hatte. Verübelt wird dem gestrauchelten Banker aber auch, dass er noch im Lauf des Jahres 2001, als ihm die Überschuldung seines Instituts längst klar gewesen sein muss, Aktien, Kapitalzertifikate und Genussscheine im Gesamtwert von mehr als 70 Millionen Euro an gutgläubige Kunden verkaufte, die nach der Pleite der Schmidt-Bank den größten Teil ihrer Einsätze abschreiben mussten.

- **Sparkasse Tettenheim-Schindlar:** Um rund 593 Millionen Mark erleichterte der ehemalige Vorsitzende des Vorstandes das kleine Institut in der Nähe von Passau, ehe man ihm auf die Schliche kam. Anton Lorenz wurde der Untreue in 85 Fällen überführt und zu zehn Jahren Gefängnis verurteilt.
- **HSBC Republic:** Auf Promis wie Formel-1-Champion Michael Schumacher, den Rallyefahrer Armin Schwarz oder die französische Chansonettte Liane Foley hatte es ein Vermögensverwalter bei der monegassischen Filiale der britischen Großbank HSBC abgesehen. Von deren Konten zweigte er im Lauf der Zeit rund 23 Millionen Euro für sich selbst ab, um seinen Lebensstil dem der Kunden anzupassen. So legte er sich mit dem unterschlagenen Geld zwei Villen und teure Autos zu, ehe ihm die Revision auf die Schliche kam.

Ob fränkische Provinzbank, badische Sparkasse oder internationale Hochfinanz – in der Geldbranche ist, so scheint es, die Betrüger-Ökonomie allgegenwärtig. Banken, die ihren Kunden erst zur Steuerflucht raten und dabei auch noch kräftig mithelfen, aber ihre Hände schnell in Unschuld waschen, wenn es brenzlig wird, haben jeden Kredit verspielt. Banken, die ihren Kunden erst die windigsten Aktien aufschwatzen und sie, nachdem die Kurse abstürzten, im Regen stehen lassen, verdienen Missachtung. Da sie ihren Vorsprung an Wissen und Erfahrung dazu gebrauchen, Kredit- wie Anlage-Kunden über den Tisch zu ziehen, darf man ihnen schlicht keine Gelegenheit mehr dazu geben.

Die Methode der Megaschuldner

Wer allerdings die Absicht hat, die Herren des Geldes um selbiges zu erleichtern, sollte sich mal mit den großen Verlustfällen der letzten Jahre beschäftigen. Schnell wird klar, wer die besten Chancen hat: nicht der Tresorknacker, der nächtens mit Thermolanze oder Semtex anrückt, und auch nicht der Maskierte, der nach geglücktem Überfall ein paar Scheine mitnimmt, sondern zwei gänzlich andere Typen:

- **Typ A** ist vom Fach und hat das Zeug zu einer ordentlichen Karriere. Die 150 000 Euro pro Jahr aber, die er in der Bank bestenfalls verdienen kann, erscheinen ihm lächerlich angesichts der Beträge, die täglich über seinen Schreibtisch wandern. Sitzt er in der Kreditabteilung, wird er bald versuchen, seine Kunden zu melken. Das ist ziemlich einfach: Er muss nur klarstellen, dass von seinem Urteil die Bewilligung abhängt, dann fließt die Knete beinahe automatisch auf das Konto einer schnell gegründeten Stiftung in Liechtenstein. Nun braucht er nur noch darauf zu achten, dass er lang genug auf seinem Posten bleibt, bis der Schatz in den Bergen ausreicht für ein sorgenfreies Leben.

Anlage-Spezialisten haben es schwerer: Sie müssen für ihre Kunden anfangs richtig Geld verdienen, ehe diese zutraulich werden und ihnen größere Beträge überlassen. Dürfen sie dann endlich mit Millionen jonglieren, brauchen sie Freunde. Zum Beispiel einen Broker in den USA, der ihnen hilft, das viele Geld, das sie in völlig wertlose Pfennig-Aktien investieren, sauber auf die Cayman Islands abfließen zu lassen, wo sie zuvor anonym einen Trust gegründet haben.

- **Typ B** ist eine Mischung aus Dr. Leo Kirch, Dr. Jürgen Schneider und Manfred Schmider. Anders als die drei größten Kreditkünstler der letzten Jahre aber weiß er, wann der Topf voll ist. Bevor ihm die Banken den Hahn zudrehen, verkauft er sein Schuldenreich mit kunstvoll frisierten Bilanzen an einen Konzern und prozessiert danach so lange, bis seine düpierten Gegner die Lust verlieren. Wie aber kriegt man Geldhäuser dazu, einem ziemlich mittellosen Unternehmer erst Millionen, dann Milliarden nachzuwerfen? Die Drei von der Bankstelle machten es vor. Man nehme eine verblüffende Geschäftsidee, verkünde stürmisches Wachstum, zelebriere einen dreisten Auftritt und erkaufe sich politische Rückendeckung. Dann braucht man nur noch eine völlig undurchsichtige Buchhaltung – und schon hat man eine rotierende Geldmaschine.

Der Medienmogul aus München, der Baulöwe aus Frankfurt und der Horizontalbohrer (Flowtex) aus Karlsruhe wussten, was Bankern am meisten imponiert: Geld und Macht. Also traten sie auf, als hätten sie beides im Überfluss. Kredite ließen sie sich so lange förmlich aufdrängen, bis ihr Schuldenberg groß genug war, eine ganze Bank darunter zu begraben, nach dem Motto: Hat man eine Million Schulden, hat man ein Problem; hat man eine Milliarde Schulden, hat die Bank ein Problem.

Wer mit Schneider ins Geschäft kommen wollte, musste anreisen. In seinem feudalen Taunus-Schloss ließ der Blender

Vorstände oft eine halbe Stunde warten, ehe er geruhte, seine Geldgeber zu empfangen. »Big Manni« Manfred Schmider, umgeben von baden-württembergischer Politprominenz, hielt Hof in seiner 17 Millionen-Villa mit Hubschrauber-Landeplatz, wenn er nicht gerade im Chalet von Sankt Moritz, auf der Farm in Uruguay oder auf der 55-Meter-Hochseeyacht »Maalana« weilte. Leo Kirch hingegen gab den Mächtigen. Wer es sich mit ihm verdarb, ließ er durchblicken, hatte es sich auch mit Helmut Kohl, Edmund Stoiber samt den Freunden aus dem Geldadel, von Beisheim bis Burda, verdorben.

Die Geldbeschaffungs-Methoden der Megaschuldner entlarven die Triebkräfte der Betrüger-Ökonomie mehr als tiefgründige Analysen. Nicht mehr die Wirklichkeit zählt, sondern der schöne Schein; nicht der bodenständige Unternehmer wird mit Kapital versorgt, sondern die Blender und Bluffer werden es, wenn sie der Bank nur genug Gewinn versprechen. Vielleicht gibt es zwischen den Verwaltern und den Vernichtern des Geldes eine Art Seelenverwandtschaft, eine gegenseitige Bewunderung von Menschen, die sich für cleverer halten als den Rest der Welt. Mit einfachen Bittstellern ist man schnell fertig, von den Milliardenmännern aber kann man profitieren.

Die Magie der Schuldenzauberer indes währt, ähnlich wie der Börsenschwindel, nur bis zu jenem Punkt, an dem die Gier umschlägt in Panik. Sind die Gespenster aus dem Dieseits, die von Überschuldung und Insolvenz künden, nicht mehr zu vertreiben, ist Rücksicht fehl am Platz. Der »liebe Leo« verwandelt sich blitzschnell wieder in den einfachen Kreditnehmer »Dr. Kirch«, den man nicht mehr »bittet«, sondern »auffordert«, bis spätestens übermorgen ein paar hundert Millionen rüberwachsen zu lassen. Ist die Blase erst mal geplatzt, kennt man nicht mal mehr den Namen jenes Verbrechers, bei dem man gestern zur Taufe geladen war.

Das alles ist nicht neu; nur die Brutalität und Geschwindigkeit, mit der solche Geschäftsbeziehungen ihren Charakter verändern, überraschen immer wieder. Wer auf die Verliererstraße gerät, riecht nach Aas – nichts wie weg. Kirch, Schneider und Schmider begingen den unverzeihlichen Fehler, die Gesellschaft der Raffzähne bloßzustellen. Weil sie das Spiel nicht »anständig« beenden konnten, gelten sie jetzt bei den Leuten, denen sie zuvor zu Millionen verholfen haben, als Tölpel. Man muss nicht nur Beute machen, sondern sie auch behalten können.

Die wirklichen Meister ihres Fachs tauchen in keiner Gerichtsakte und keinem Insolvenzregister auf. In der Zeitung stehen sie als Mäzene und Ordensträger, so wie jener Tennispräsident, dem in München ganze Straßenzüge gehören. In seinen Besitz gerieten sie, als er noch im Vorstand einer Großbank saß. An dem Versuch, ihm Untreue oder gar Betrug nachzuweisen, bissen sich mehrere Staatsanwälte die Zähne aus. Auf die Straße traut er sich allerdings nur in Begleitung seiner Bodyguards.

Wir lernen: Auch Banker sind nur Menschen, der Umgang mit ihnen ist deswegen nicht sehr kompliziert. Wer folgende Regeln befolgt, kann bei Bankgeschäften nicht viel verkehrt machen:

1. Nur das Schlechteste erwarten, also den Verlust seines Vermögens, Ansehens, vielleicht gar seiner Freiheit. Tritt nur eines davon nicht ein, darf man sich als Sieger fühlen.
2. Nie auf den Rat eines Bankers hören, denn der wäre ja bescheuert, wenn er Kunden zu guten Geschäften verhelfen würde, die er selbst machen könnte. Rät die Bank zu Aktien, kauft man Anleihen, rät sie zu Anleihen, wählt man Festgeld. Auf keine Fall der Bank sein Vermögen zur Verwaltung übergeben – die Versuchung ist zu groß.

3. Nie von der Bank abhängig werden. Lieber auf ein Geschäft und eine Anschaffung verzichten, als sich Würgeeisen in Form von Krediten um den Hals legen lassen.
4. Wenn schon Kredite, dann so hohe, dass sie die Bank würgen.
5. Kredite nicht erbetteln, sondern sich aufdrängen lassen. Mit der Eitelkeit des Bankers spielen, ihm kleine Gefälligkeiten erweisen. Opernkarten, Einladungen oder neue Kredite vermitteln.
6. Nie das Hemd ausziehen. Auch wenn das Kreditwesengesetz vorschreibt, dass Schuldner die Bank »unverzüglich und vollständig« über ihre Einkommens- und Vermögensverhältnisse zu informieren hätten, ist es zweckmäßig, stets noch einen Trumpf im Ärmel zu behalten.
7. Das Heft nicht aus der Hand geben. Vor Kreditverhandlungen mit Fachleuten (Rechtsanwalt, Steuerberater etc.) das Finanzierungskonzept bis ins Detail durchrechnen und der Bank nur noch die Chance lassen, Ja oder Nein zu sagen.
8. Nie auf ein einziges Pferd setzen. Vermögen und Schulden stets auf mehrere Institute verteilen und keinem vollen Einblick gewähren.
9. Banken gegeneinander ausspielen. Öffentlich-rechtliche und private Institute stehen im Wettbewerb, das lässt Spielraum für Verhandlungen. Immer aus der Position der Stärke heraus verhandeln und sich nie in die Enge treiben lassen.
10. Stets die Regeln einhalten. Keine Termine vergessen, vereinbarte Raten in voller Höhe bezahlen, auf makellosen Ruf achten. So hat die Bank keinen Angriffspunkt und kann sich neuen Wünschen kaum verschließen.

Hat sich der Adrenalinspiegel im grünen Bereich eingependelt, wenn der Kunde die Bank in der Hoffnung verlässt, draußen wieder sicheren Boden unter den Füßen zu haben, kommt die Entwarnung auf jeden Fall zu früh. Wohin er seinen Schritt auch wendet, wohin das Auge blickt – kriminalitätsfreie Zonen sind in der heutigen Wirtschaft kaum mehr auszumachen. Selbst in jenen entlegenen Winkeln der Ökonomie, wo Gottesfurcht und selbstloser Dienst am Nächsten die Geschäftsgrundlage bilden, geht mittlerweile raffgieriger Ungeist um.

Im katholischen Bayern zum Beispiel verstanden es zwei geschäftstüchtige Ordensleute, Gott und die Welt vom Segen wirtschaftlicher Dynamik so sehr zu überzeugen, dass ihnen allenthalben Hilfe zuteil wurde. Landesvater Edmund Stoiber gewährte den Abgesandten des 800 Jahre alten Deutschen Ordens den Status einer steuerbegünstigten »Körperschaft des Öffentlichen Rechts« für eine GmbH, die nichts Geringeres werden sollte als der größte deutsche Konzern in Sachen Nächstenliebe.

Die Banken honorierten die Visionen des Priors Gottfried Keindl und seines kaufmännisch versierten Mitstreiters Werner Conrad mit Krediten in Kirchturmhöhe, und so kauften die beiden frommen Gotteskrieger mit grimmiger Entschlossenheit Krankenhäuser, Kliniken und Pflegestationen in der ganzen Republik zusammen, ohne auf so profane Dinge wie angemessenen Preis, Auslastung der Betten, Höhe der Erlöse zu achten. Am Ende hatten sie einen Sozialkonzern gezimmert, der zwar rund 5500 Mitarbeiter beschäftigte, aber zahlungsunfähig war. Neben den Angestellten des christlichen Konzerns, der die Gehälter monatelang schuldig blieb, büßten die Banken für ihren Glauben an Keindl den Allmächtigen. Natürlich waren sich weder die bayerische Staatsregierung noch die Ordensoberen im fernen Wien irgendeiner Schuld bewusst.

Selbstbedienung bayerischer Samariter

Das Rackern und Raffen, Lügen und Betrügen macht weder vor Kirche und Caritas noch vor Krankenhäusern und Rotem Kreuz halt. In Dresden ließ der Geschäftsführer des Kolping-

Bildungswerkes Sachsen seinem Expansionsdrang so lange freien Lauf, bis bei allerlei seltsamen Immobiliengeschäften rund 200 Millionen Mark versickert und der eingetragene Verein pleite waren. Der Insolvenzverwalter erstattete Anzeige wegen des Verdachts auf Betrug und Untreue, 80 Kripobeamte durchsuchten Büros und Wohnungen im gesamten Bundesgebiet.

Der Caritas-Trägergesellschaft Trier (CTT) kamen durch die Transaktionen ihres zu zehneinhalb Jahren Gefängnis verurteilten Ex-Geschäftsführers Hans-Joachim Doerfert zwischen 20 und 40 Millionen Euro abhanden, und der Blutspendedienst des Bayerischen Roten Kreuzes (BRK) bezifferte seine Verluste durch die Geschäfte der der Korruption überführten Ex-Manager Heinrich Hiedl und Adolf Voigt auf runde 17 Millionen.

Auch bei den Rettungsdiensten geht es offenbar nicht immer mit rechten Dingen zu. Münchner Staatsanwälte ermittelten gegen 21 BRK-Kreisgeschäftsführer wegen des Verdachts auf Abrechnungsbetrug und Untreue. Da wurden Blaulichteinsätze abgerechnet, bei den es nichts zu retten gab. Damit die geschädigten Krankenkassen auf eine Strafanzeige verzichteten, überwies die Samariter-Organisation vorsorglich schon mal 1,25 Millionen Euro »zur Abwicklung möglicher Ansprüche«. Die dreiste Selbstbedienung der bayerischen Samariter war niemandem aufgefallen, weil sich das einzige Kontrollorgan, die »Zentrale Abrechnungsstelle«, seit 30 Jahren fest im Griff der Rotkreuzler befand.

Als im Haushaltsplan des Münchner Kirchengemeindeamts der evangelischen Kirche im Jahr 2000 plötzlich ein Fehlbetrag von 22 Millionen Mark entdeckt wurde, stießen die Rechnungsprüfer auf ein abenteuerliches Finanzgebaren. Der Pfarrer Christian W., der die so genannte »Gabenkasse« zu verwalten hatte, griff mit beiden Händen hinein und finanzierte mit den Spenden der Gläubigen seine Leidenschaft fürs Hochsee-Segeln. Für einen Törn zur Südseeinsel Bora-Bora gab er insgesamt 234 000 Mark aus, davon stammten 55 000 Mark aus der Gabenkasse. Um Zuschüsse von der Landeskirche abzugreifen, meldete er häufig »Jugendreisen« zu den Segelrevieren an Nord- und Ostsee an, an denen kein einziger Jugendlicher teilnahm.

Raffen ist die erste Bürgerpflicht

Der Gott der kleinen (und großen) Diebe scheint sein Auge mit Vorliebe auf jene Institutionen zu richten, deren guter Name für ein schlechtes Rechnungswesen bürgt. Je edler die Aufgaben, desto übler die Geschäfte: das gilt nicht nur für die immer wieder von Skandalen um bestochene Ärzte, betrügerische Labors und schludrige Krankenhausverwaltungen heimgesuchte Gesundheitsbranche, sondern auch fürs Riesengeschäft mit den Alten und Arbeitslosen.

In München beschuldigte der Sozialexperte Claus Fussek die Betreiber von Alten- und Pflegeheimen der systematischen Dokumentenfälschung. Auf dem Papier würden die Heimbewohner bestens betreut, in der Wirklichkeit jedoch mit Sedativen ruhig gestellt und vergessen, um hohe Pflegesätze ohne Gegenleistung abrechnen zu können.

In Nürnberg musste Bernhard Jagoda den Sessel an der Spitze der Bundesanstalt für Arbeit räumen, nachdem der Bundesrechnungshof dem wohl größten Statistik-Schwindel der Nachkriegszeit auf die Schliche gekommen war: Die 90 000-Mann-Behörde hatte seit Jahren Erfolge gemeldet, die keine waren – rund 70 Prozent der behaupteten Stellenvermittlungen sind nie zustande gekommen. Auf einen Filz von Korruption stießen die Prüfer auch bei den von der BfA mit jährlich 2,2 Milliarden Euro geförderten Weiterbildungsmaßnahmen – Sanktionen stehen hier noch aus.

Noch Zweifel am Zustand der Wirtschaft? Wir empfehlen folgendes Experiment:

Man nehme eine überregionale Tageszeitung und schneide eine Woche lang jeden Artikel aus, der von Betrug, Korruption und Untreue kündet, klebe sie auf ein großes Tableau und erbaue sich jeden Abend daran. Die Top Ten in der keineswegs besonders aufregenden Woche vom 8. bis 13. Juli des Jahres 2002 (Sommerloch!) lauteten:

- Aktionärsschützer klagen gegen den früheren Babcock-Borsig-Chef Klaus Lederer wegen Untreue, Kursmanipulation und Konkursverschleppung;
- Kripo durchsucht das Softwarehaus SER Systems nach Beweisen für die Ausplünderung durch den Vorsitzenden Gert Reinhardt;
- Boris Becker muss mit Anklage wegen Steuerhinterziehung von über zehn Millionen Euro rechnen;
- Wahl des Oberbürgermeisters wie des Stadtrats von Dachau ist wegen Stimmbetrugs ungültig;
- UN-Tribunal in Den Haag entdeckt Betrug bei der Abrechnung der Verteidigerkosten angeklagter Serbenführer;
- Staatsanwalt erhebt Anklage gegen den früheren Geschäftsführer der Entwicklungs- und Sanierungsgesellschaft Saarbrücken, der die Stadt um 700 000 Euro betrogen haben soll;
- Landwirt Peter K. im bayerischen Neuendettelsau wird beschuldigt, auf seinen Feldern tausende Tonnen Giftmüll entsorgt zu haben;
- in Luxemburg wird der schweizerische Botschafter Peter Friederich wegen des Verdachts auf Geldwäsche verhaftet;
- 100 Kripobeamte durchsuchen in Niedersachsen 19 Arztpraxen nach Beweisen für fortgesetzten Abrechnungsbetrug;
- US-Präsident George W. Bush und sein Vize Dick Cheney stehen im Verdacht, durch verbotene Insidergeschäfte mit Aktien der Ölfirmen Harken und Halliburton Millionen verdient zu haben.

Die ganze Welt, so scheint es, macht krumme Geschäfte, und wer sich nicht daran beteiligt, ist ein armer Tor. Anstatt sittlich gefestigte Bürger abzuschrecken, reizen die Nachrichten aus der Welt der Leistungsträger den Nachahmungstrieb. Solange die Automarke den sozialen Status bestimmt und das Bankkonto den Seelenfrieden garantieren soll, gehört Schummeln wohl zur zivilisatorischen Grundausstattung. Raffen ist erste Bürgerpflicht, und die Kunst besteht darin, sich nicht erwischen zu lassen.

Klar, Wirtschaft war noch nie eine Veranstaltung für Klosterschüler, doch je schneller wir auf die 20:80-Prozent-Gesellschaft zusteuern (in der es einigen wenigen bestens geht, während der große Rest sehen muss, wie er über die Runden kommt), desto dichter wird das Gedränge um die vorderen Plätze. Mit Anstand und moralischen Prinzipien ist im Deutschland des 21. Jahrhunderts wahrlich kein Blumentopf zu gewinnen.

Den Unternehmen brechen die Gewinne weg, aber die Konkurrenz zwingt zu Investitionen. Die Aktienkurse sind im Keller, aber die Analysten fordern höhere Renditen. Seit Jahren stagnieren die Einkommen, doch das Leben wird immer teurer: Steuern, Mieten, Versicherungsprämien, die Ausgaben für Wasser, Heizung, Müllabfuhr fressen einen wachsenden Teil des Haushaltsbudgets weg, und sogar der Friseur will mehr Geld.

Mobilisierte schon die angespannte Ertragslage den Erwerbstrieb der Deutschen, so half ihnen die Angst um die wirtschaftliche Zukunft über die letzten Skrupel hinweg. Je mehr Firmen von der Bildfläche verschwinden, desto verbissener wird im Restbetrieb der Wirtschaft ums Überleben gekämpft. Manager wie einfache Angestellte entwickeln, den drohenden Jobverlust vor Augen, ein Verhalten, das die Psychologen als »Rette-sich-wer-kann«-Syndrom bezeichnen. Da sie von der Zukunft nichts Gutes erwarten, bedienen sie sich in der Gegenwart, so gut sie können.

Peu a peu verwandelte sich das gesetzestreue Volk der Deutschen in einen Haufen kleiner Gauner, und weil beinahe alle mitmachten, begannen die Konturen des Rechtsstaates zu verschwimmen. So ziemlich jeder erwachsene Bürger dürfte, sofern er nicht durch Unzurechnungsfähigkeit daran gehindert wurde, irgendwann in seinem Leben bei seiner Steuererklärung gemogelt, die Versicherung übers Ohr gehauen, zu viel Spesen abgerechnet, schwarz gearbeitet, Raubkopien angefertigt oder den Handwerker ohne Mehrwertsteuer bezahlt haben. »Ich kenne niemand«, bestätigte zum Beispiel die Bonner Lohnsteuerdozentin Ulrike Behr dem Wirtschaftsmagazin »Capital«, »der die (abzugsfähigen) Fahrten zum Arbeitsplatz um die Krankheitstage mindert.«

Die als drückend empfundene Abgabenlast, erhoben nach weitgehend unverständlichen Gesetzen, trieb das Volk der Steuerzahler ebenso in die Illegalität wie die Verschwendungssucht der öffentlichen Hände. Wenn die Regierungen in Berlin und anderswo Luxusbauten errichten lassen und nach Belieben Wahlgeschenke verteilen, wenn Minister und hohe Beamte von Lobbyisten Gefälligkeiten und Abgeordnete hochdotierte Nebenjobs annehmen, gerät der gutwilligste Steuerzahler ins Grübeln. Hört er dann noch von Korruptionsverfahren wie im Fall der Kölner Müllverbrennungsanlage, schwindet die Bereitschaft, seiner staatsbürgerlichen Pflicht buchstabengetreu nachzukommen, von Tag zu Tag.

Geschummelt wird, indem man die abzugsfähigen Kosten so hoch, die Einkünfte so niedrig wie möglich angibt. Die besten Chancen, nicht erwischt zu werden, haben Arbeitnehmer – 85 Prozent ihrer Steuererklärungen bleiben unbeanstandet –, doch sind ihre Möglichkeiten, den Fiskus auszutricksen, naturgemäß begrenzt. Richtig zäh wird der Kampf ums Eingemachte erst bei den Selbstständigen.

In keinem anderen Land treibt der Fiskus mit so viel Aufwand Steuern ein, und nirgendwo wehren sich die Bürger so verbissen dagegen wie in der Berliner Republik. Unterm Vorwand der Terroristenbekämpfung rüsteten die Finanzbehörden mächtig auf mit dem Ziel, die Steuerflucht der Wohlhabenden zu unterbinden. Nach Schätzungen der Deutschen Steuergewerkschaft haben deutsche Steuerbürger etwa 400 Milliarden Euro in Oasen wie Luxemburg, Liechtenstein oder der Schweiz gebunkert, doch seit dem Attentat auf das World Trade Center in New York sind die Grenzen für Schwarzgeldbesitzer schwerer passierbar geworden. Umso heftiger wird jetzt an der Heimatfront gekämpft.

Rund 70 Prozent der weltweit veröffentlichten Steuerliteratur erscheinen auf Deutsch, und über 60 000 Steuerberater helfen den Abgabepflichtigen beim Ringen mit den Finanzbehörden. Anstatt den gefräßigen Staat zu bedienen, stecken sie ihr Geld lieber brutto für netto in unrentable Ost-Immobilien wie Showmaster Thomas Gottschalk, bringen es trickreich ins Ausland wie Springreiter Paul Schockemühle, oder sie verschwinden steuertechnisch ganz aus Deutschland wie Fußballgott Franz Beckenbauer.

Interessanter als die jeweiligen Flucht- und Vermeidungskonzepte der Großverdiener sind die Reaktionen der Öffentlichkeit. Während sich ertappte Steuersünder über Häme und Neid nicht beklagen können, dürfen die Champions mit Anerkennung rechnen. Boris Beckers Fanclub zum Beispiel leidet an Auszehrung, seit der Wimbledonsieger das Match gegen den Fiskus verlor. Michael Schumacher hingegen ist als Sympathieträger unerreicht, obwohl der Formel-1-Weltmeister weder seiner Heimatgemeinde Kerpen noch dem deutschen Staat je einen Euro ablieferte. Steuerflüchtige Milliardäre wie Curt Engelhorn (Boehringer Ingelheim) oder Otto Beisheim (Metro) gelten als gerissene Vorbilder, ein Gregor von Opel hingegen, der sich an der deutsch-schweizerischen Grenze mit Unterlagen über millionenschwere Stiftungen in Liechtenstein (»Carina« und »Luzius«) erwischen ließ, gilt als ein Versager. Die Ethik der Betrüger-Ökonomie kennt kein Erbarmen.

Nicht die Frage, ob man die Regeln verletzen darf, beschäftigt die Leute, sondern die Überlegung, wie man ungeschoren davonkommt. »Wer keine Angst vor Kontrollen haben muss, der hat auch keinen Grund, ehrlich zu sein«, charakterisierte Dieter Ondracek, Chef der Deutschen Steuergewerkschaft, die moralfreie Grundstimmung im Volk. Der Volkssport »Betrug« entwickelte sich denn auch zu einer Mehrkampfdisziplin mit höchst unterschiedlichem Leistungsspektrum. In der Amateurliga finden wir ganz unten die kleinen Feierabendschwindler, die schon Herzklopfen bekommen, wenn sie in der Steuererklärung für 20 Euro »Fachliteratur« absetzen, obwohl sie sich dafür den neuesten Roman von John Grisham gekauft haben. Bei den Profis haben wir es, am anderen Ende, mit Leuten zu tun, die an der Börse ein paar Milliarden absahnen oder schwerreiche Konzerne ausplündern.

Im Einzelfall eher harmlos, in der Masse aber beeindruckend sind zum Beispiel die Versicherungsbetrüger. Zu dieser Spezies zählen biedere Familienväter, die nach der Urlaubsreise ihre Kamera als gestohlen melden, obwohl sie diese für ein neues Modell in Zahlung gaben ebenso wie die gewerbsmäßigen »Autobumser«. Ein Münchner Arzt übertrieb dieses in Mode gekommene Spiel mit der Haftpflicht. Um seine teuren Hobbys – Golfen, Fliegen, Segeln – zu finanzieren, bretterte er mit 21 verschiedenen Schrottlauben durch die Stadt, immer auf der Suche nach einem potenziellen Unfallopfer. Gelang es ihm, einen Blechschaden zu provozieren, erhielten die Versicherungen gesalzene Reparaturrechnungen, obwohl seine verbeulten Vehikel nur notdürftig fahrbereit gemacht wurden. Nach 38 Karambolagen hatte das Geschäftsmodell des Mediziners einen Gewinn von mehr als 90 000 Euro abgeworfen, ehe ihn die Polizei aus dem Verkehr zog. Abzocker dieses Schlages kosten die Versicherer etwa vier Millionen Euro im Jahr.

Eine andere Variante entwickelte sich in der Berliner Gesundheitsszene. Patienten ließen sich von verschiedenen Ärzten jede Menge Medikamente verschreiben, die sie gar nicht benötigten, marschierten zur nächsten Apotheke und wählten dort auf Kosten ihrer Krankenkasse andere Güter des täglichen Bedarfs aus. Die Medizinläden hielten, vom Kinderwagen bis zum Kosmetikartikel, alles feil, was die Kundschaft begehrte, und keinem kam das merkwürdig vor. Erst als die Sonderermittlungsgruppe »Medicus« der Berliner Kripo dem prämienschädlichen Treiben ein Ende machte, beschränkten sich die Apotheker wieder auf ihr Kerngeschäft.

Die Schadensregulierer der Assekuranz bringt mittlerweile kaum mehr ein Kunde aus der Ruhe. Was haben sie nicht alles schon erlebt: den Landwirt, der sich den kleinen Finger abhackt, um seine Unfallversicherung zu schröpfen; den Pleitier, der auf der Autobahn gegen einen Brückenpfeiler rast, um seiner Familie wenigstens die Lebensversicherung zu hinterlassen; den Milliardär, der regelmäßig seine Yacht zu versenken pflegt, wenn der Nachbar ein noch größeres Schiff auf Kiel gelegt hat; den Pauschalurlauber, der stets eine Kakerlake mit in die Ferien nimmt, um hinterher mithilfe eines beweiskräftigen Polaroidfotos die Hälfte der Hotelkosten zurückzufordern. Etwa ein Viertel aller Versicherungsnehmer geben zu, mindestens einmal geschummelt zu haben, ermittelte das Kölner Marktforschungsinstitut Psychonomics.

Weil die Versicherer den Betrugsschaden in die Prämien einkalkulieren, zahlt jeder versicherte Haushalt im Jahr, nach Schätzungen des Gerling-Konzerns, etwa 100 Euro zu viel. Hier wird deutlich, wie die Betrüger-Ökonomie funktioniert: Wer sich an die Regeln hält, haftet für die Untaten der anderen mit; die Gauner indes bezahlen ihren Vorteil lediglich mit dem Risiko, erwischt zu werden.

Gefahrloses Klauen im Internet

Je geringer das Risiko, desto zahlreicher die Delikte. Nirgendwo zeigt sich das Grundgesetz der neuen Wirtschaftsunordnung so deutlich wie im Internet. Weil die Anbieter, um Kunden anzulocken, anfangs ihre Inhalte kostenlos zur Verfügung stellten, gilt das Netz bis heute als Schnorrerparadies. Niemand findet etwas dabei, Computerprogramme, Musikstücke oder ganze Spielfilme gratis herunterzuladen und sich so an fremdem Eigentum zu vergreifen. Unter der Web-Adresse www.movie-trade.com zum Beispiel tauschen deutsche Freaks seit Jahren Musikvideos, TV-Serien oder Kinofilme zu Nulltarif. Kaum ein Computerkid, das nicht weiß, wie man die aus dem Netz geholten Musikstücke, Spiele oder Programme mithilfe eines »Brenners« sofort auf eine silberne CD überträgt und mit Gewinn verhökert. Selbst in den Firmen laufen die Rechner mit Programmen, die nach Recherchen der »Business Software Alliance« (BSA) zu 28 Prozent illegal erworben wurden. Medienkonzerne und Software-Firmen beklagen Verluste in Milliardenhöhe.

Alle Versuche, den Raubkopierern das Handwerk zu legen, scheiterten bisher kläglich am anarchischen Charakter der Netzgemeinde. Kaum gelingt es den Anbietern, eine Tauschbörse wie »Napster« auszutrocknen, entsteht am nächsten Tag sofort ein neuer Schwarzmarkt im Netz. Ohne das geringste Unrechtsbewusstsein vervielfältigen zum Beispiel die Anhänger des Programmierers Linus Thorvaldsen dessen »Linux-Betriebssystem« samt den dazu gehörenden Anwendungen, um zu demonstrieren,was sie von der Kommerzialisierung des Internets halten.

Die kommunistische Grundhaltung vieler User aber verträgt sich nicht mit dem kapitalistischen Wirtschaftssystem, das unerbittlich den Anspruch auf Bezahlung erhebt. Seit dem Börsencrash reduzieren die von der Pleite bedrohten Anbieter den gratis gelieferten »Content«, und im Auftrag der Medien-

und Software-Konzerne macht die Gesellschaft zur Verfolgung von Urheberrechtsverletzungen (GUV) Jagd auf Datenräuber. Wer erwischt wird, muss mit empfindlichen Strafen rechnen wie jener Dresdner, der eine schwarz gebrannte Version des Spiels »Silent Hill« über ein Internet-Auktionshaus feilbot und einem GUV-Ermittler ins Netz ging. Urteil: 20 Tagessätze zu je 35,79 Euro = 715,80 Euro.

Gilt das Klauen im Netz noch als ziemlich gefahrlos, müssen konventionelle Ladendiebe schon eher damit rechnen, ertappt zu werden. Die Chancen stehen etwa eins zu zehn, meint Joshua Bamfield, Direktor des Zentrums für Einzelhandelsforschung im britischen Nottingham. Da im Jahr 2001 in Deutschland so viel Diebe erwischt wurden, wie Frankfurt Einwohner hat, nämlich 670 000, dürften annähernd sieben Millionen Bundesbürger schon mal lange Finger gemacht haben. Beliebteste Mitnahmeartikel sind nach der bisher umfassendsten Studie über Ladendiebstähle in Europa Nahrungsmittel, Kosmetika, Textilien, Elektronikgeräte und Heimwerkerartikel. Allein aus den Regalen des deutschen Einzelhandels verschwanden im Jahr 2001 Waren im Wert von rund 5,5 Milliarden Euro, ohne dass die Kassen klingelten – innerhalb der EU waren es fast 30 Milliarden.

Notorische Kleptomaninnen wie mancher Hollywood-Star haben Seltenheitswert in der Schar der Ladendiebe. Nach den Erkenntnissen der Kaufhausdetektive werden etwa 30 Prozent der geklauten Waren von den Angestellten des Hauses mitgenommen. Bei den zahlungsunwilligen Kunden handelt es sich meistens um durchaus solvente Leute, die einfach ihre Brieftaschen schonen wollten. Von Schuldgefühlen wurden die wenigsten geplagt. Im Gegenteil: Die Fülle und Präsentation des Angebots ließ in manchen der Täter den Gedanken reifen, sie hätten geradezu die Pflicht, sich nach Kräften zu bedienen. Die Supermarktkasse bietet so ein getreues Abbild der postmodernen Wirtschaftsordnung: Wenn es ans Zahlen geht, sind die Ängstlichen und Anständigen unter sich.

Jeder ist des anderen Feind

Gesetzestreue Bürger und Straftäter bilden seit jeher ein seltsames Paar. Der eine braucht den anderen, um sich zu definieren, und jeder ist vom jeweils anderen fasziniert. Die Weltliteratur erzählt seit Jahrhunderten von Schuld und Sühne, vom Auf- und Abstieg ehrgeiziger Männer und Frauen, und die Traumfabrik Hollywood fand bis heute kein dankbareres Motiv als das Verbrechen in allen seinen Variationen. Vor dem Fernseher ergötzen sich Ehrbare und Ruchlose am Schicksal der Gestrauchelten und ahnen nicht, wie eng sie schon beieinander sitzen. Das Leben in der Betrüger-Ökonomie macht alle zu Tätern und Opfern.

Im Feierabend-Krimi bekommen die Bösen fast immer ihr Fett weg; im richtigen Leben ist kaum mehr auszumachen, wer zu welcher Kategorie zählt. Beim kleinen Bürger stehen die Erfolgreichen unter Generalverdacht, denn es kann ja nicht mit rechten Dingen zugehen, wenn es einer aus eigener Kraft zu einem Millionenvermögen bringt. Doch auch der Biedermann mit Eigentumswohnung und dem Golf in der Garage gilt dem, der weniger hat, als Raffke. In der Neidgesellschaft ist jeder des anderen Feind, und der Drang zum Vorwärtskommen schaltet nach und nach die Warnlampen aus. Wieso Rücksicht nehmen, warum verzichten, was kümmert mich das Ganze, wenn ich mir einen Vorteil verschaffen kann?

Schummeln lernt man in der Schule

Doch es gibt Unterschiede: Amateure handeln meistens spontan; sie wollen etwas haben, das in ihrer Reichweite liegt, und sind entweder zu geizig oder zu arm, um es sich auf ordentliche Weise zu besorgen. Eigentlich sind sie mehr Opfer als Täter, verführt von der Glitzerwelt der Marktwirtschaft, ohne Rückhalt in sozialen Konventionen und unfähig, den Erfolg systematisch zu planen. Ganz anders die Profis: Sie wollen dauerhaften Reichtum und richten ihr ganzes Leben darauf aus.

Zwischen den Extremen finden die Darsteller der postmodernen Leistungsgesellschaft ihren Platz. Auf der Besetzungsliste finden wir den ungetreuen Angestellten ebenso wie den bestechlichen Beamten, den käuflichen Politiker wie den schlitzohrigen Unternehmer. Der Anlageberater, der einer 70-jährigen Kundin ohne jeden Skrupel eine weitere Lebensversicherung aufschwatzt, gehört genauso dazu wie der Fernsehtechniker, der uns ein Neugerät andreht, obwohl er eigentlich nur eine durchgebrannte Sicherung ersetzen sollte.

Zur Zunft zählen auch Wohnungsschnorrer wie jenes Münchner Paar, das es fertig brachte, in der Stadt der höchsten Wohnungsmieten drei Jahre lang komfortabel zu hausen, ohne auch nur einen Cent dafür auszugeben. Erst mieteten die beiden ein nettes Reihenhaus an, blieben aber vom ersten Tag an die Miete schuldig. Dank des großzügigen Mieterschutzes in Deutschland dauerte es fast zwei Jahre, bis der Vermieter, ein Pfarrer, die Zwangsräumung durchsetzen konnte. Sein – heruntergewirtschaftetes – Reihenhaus hatte er damit zwar wieder, aber noch lange nicht die ausstehende Miete von rund 17 000 Euro.

Ihr nächstes Domizil besorgten sich die Gratisbewohner auf dem Immobilienmarkt. Für 426 000 Euro erwarben sie ein schmuckes Eigenheim und beeindruckten den Verkäufer durch ihren seriösen Auftritt so sehr, dass er ihnen die Schlüssel aushändigte, noch bevor das Geld auf seinem Konto gelandet war. Dort kam es natürlich auch nie an, dafür nahmen die Interessenten umgehend vom Haus Besitz und gaben es so schnell nicht wieder her. Als der Eigentümer, mittlerweile selbst in finanziellen Nöten, den fälligen Kaufpreis eintreiben wollte, hetzten sie ihre Hunde auf ihn. Bis zum Auszug der Hausbesetzer vergingen diesmal zwar nur etwa acht Monate, doch die Immobilie sah danach aus, als hätten die Hunnen darin gehaust. Die Renovierung kostete über 50 000 Euro, die Täter aber kamen mit einer Bewährungsstrafe davon.

Den verdienten Kräften der Betrüger-Ökonomie verdankt die deutsche Wirtschaft einen stattlichen, wenngleich nicht genau bezifferbaren Umsatzanteil. Kein Forschungsinstitut hat ausgerechnet, wie viele Geschäfte nie zustande gekommen wären, wenn die Kunden den Betrug geahnt hätten. Vom saudischen Königshaus, das für Thyssens Fuchs-Spähpanzer gut den doppelten Preis bezahlen musste, über die Steuerzahler, die für nahezu alle öffentlichen Bauten zu viel berappen müssen, bis hin zu den drei Millionen Telekom-Aktionären reicht die Liste der geprellten Käufer; aber selbstverständlich möchte niemand auf den Betrugsbonus verzichten, der uns alle ein wenig reicher gemacht hat, als wir es eigentlich verdienen.

Viele laben sich am unredlich verdienten Geld, und kaum einen plagt das schlechte Gewissen. Nur wenige aber schaffen es, auch in den Zeiten der Bilanzfälscher und Anlagebetrüger so viel abzusahnen, dass sie für den Rest ihrer Tage ausgesorgt haben. Ein ungetreuer Buchhalter mag vielleicht ein paar hunderttausend Euro beiseite schaffen, eventuell auch eine Million, aber was ist das schon? Irgendwann kommt man ihm auf die Schliche, er wird gefeuert – aus der Traum. Die wahren Gewinner mussten sich bis in den Vorstand vorkämpfen, ehe sie ihren großen Coup landen konnten. Nur von der Spitze aus lässt sich ein Unternehmen ausplündern, die Bank um Großkredite erleichtern, das Aktionärsvolk über den Tisch ziehen.

Der Weg ist lang, aber nicht immer beschwerlich. Spätestens an der Uni zeigt sich, wer das Zeug zum Chef hat. Abgesehen von den wenigen natürlichen Begabungen erkennt man die künftigen Stars der »Swindle Economics« sofort an ihrer Cleverness. Wo andere büffeln bis zum Umfallen, schütteln sie die Scheine aus dem Ärmel. Muss ja nicht jeder erfahren, dass die Arbeiten ein Kommilitone geschrieben hat. Für ein paar Euro kann man alles haben: Den ersten Hauptsatz der Wirtschaftsdynamik haben sie spätestens im zweiten Semester kapiert. Also kommt es nur darauf an, allezeit flüssig oder wenigstens kreditfähig zu sein. Statt im Hörsaal verbringen sie ihre Tage deshalb lieber mit Geschäften. Der eine dealt mit

Handys, Autos oder Computern, der andere schreibt Software, macht Musik, organisiert Partys, verleiht Geld. Und wenn es ans Diplom geht, hilft wieder ein bedürftiger Studienfreund oder auch das Internet. Gymnasiasten bedienen sich bei www.hausarbeiten.de aus einem Fundus von über 17 000 Referaten, und Studenten finden unter www.diplom.de oder www.fundus.org Arbeiten zu fast jedem gefragten Thema.

Wer Kohle hat, kann sich nicht nur bei den Recherchen assistieren, sondern gleich die ganze Arbeit schreiben lassen. Der grassierende Ideenklau brachte bereits den deutschen Hochschulverband (DHV) auf die Palme. DHV-Präsident Hartmut Schiedermaier, der 18 000 Professoren vertritt, warnt seine Kollegen: »Es mehren sich die Hinweise, dass ein kleiner, aber wachsender Teil der Studierenden Plagiate vorlegt, also Texte Dritter ganz oder teilweise übernimmt und als eigene wissenschaftliche Leistung ausgibt.«

An der amerikanischen Eliteuniversität Berkeley sind, dies ergab die Untersuchung durch eine unabhängige Kommission, 25 bis 30 Prozent aller eingereichten Arbeiten gefälscht. »Ich glaube nicht, dass deutsche Studenten ehrlicher sind als amerikanische«, sorgt sich der Münchner BWL-Professor Manuel Theisen. Mit spezieller Computersoftware, die Texte nach gleichen Ausdrücken und Satzstellungen untersucht, wollen die Professoren den Schwindlern auf die Spur kommen. Doch die Betrüger-Ökonomie hat längst auch den Lehrkörper infiziert.

Kaum war die DHV-Resolution gegen die Plagiate der Studenten veröffentlicht, meldete sich der Tübinger Diplomphysiker Thomas Riessler zu Wort und schilderte, wie seine Diplomarbeit an der Heidelberger Uni von seinem damaligen Professor schamlos abgekupfert wurde. Ähnliches widerfuhr der Münchner Biologin Ilse Engelmaier und zwei Sportwissenschaftlern an der Uni Freiburg. »Der Sündenfall – Betrug und Fälschung in der deutschen Wissenschaft« nannten die Autoren Marco Finetti und Armin Himmelrath ihren Streifzug durch die akademische Welt.

Professoren-Gier nach Ruhm und Geld

Bis in die lichten Höhen der experimentellen Physik reicht der Schwindel. So musste der deutsche Starphysiker Jan Hendrik Schön seinen Arbeitsplatz an den berühmten Bell Laboratories räumen, als der Verdacht aufkam, die viel beachteten Forschungsarbeiten des 30-Jährigen seien gefälscht. In den renommierten Wissenschaftszeitschriften »Nature« und »Science« hatte Schön Beiträge zur Entwicklung winzigster Schaltkreise aus organischen Molekülen veröffentlicht – und beide Male dasselbe Diagramm verwendet. Misstrauisch geworden, beschäftigten sich nun die Koryphäen der Zunft mit früheren Arbeiten des Deutschen, der schon als Kandidat für den Nobelpreis gehandelt wurde, und entdeckten weitere Ungereimtheiten. Die von Bell eingesetzte Untersuchungskommision unter Leitung des Physikers Malcolm Beasley wirft dem Deutschen »wissenschaftliches Fehlverhalten« vor, also schlichten Betrug.

Die Gier nach Ruhm und Geld vernebelte auch dem Münchner BWL-Professor Gerhard Steinmetz ein wenig das Gehirn. Mit dem so genannten »Warenstreckhandel« glaubte er ein neues Geschäftsmodell erfunden zu haben, das ohne jedes Risiko zweistellige Renditen abwerfen sollte. Mit dem Geld privater Anleger wollte Steinmetz Warenkäufe mittelständischer Unternehmen, die gerade nicht liquide waren, finanzieren und die Rechnungen sofort mit drei Prozent Skonto bezahlen. Die Bezieher der Waren sollten ihm dann mit einiger Verspätung die Rechnung ohne Abzug erstatten. Also gründete er eine Firma namens Cunis GmbH und sammelte bei 150 Anlegern rund zehn Millionen Euro ein. Pech für den Professor, dass einige seiner Kunden zwar die Waren entgegennahmen, aber die Rechnung nicht mehr zahlen konnten, weil sie inzwischen pleite waren. Als er sah, dass er den Anlegern nicht nur die versprochenen zwölf Prozent Rendite, sondern auch ihre Einlagen schuldig bleiben musste, täuschte er seine Entführung vor und verschwand in die Karibik. Zielfahnder des BKA spürten ihn im Oktober 2002 auf seinem 100 000 Euro teuren Katamaran »Marivent« auf, der im Hafen der Antillen-Insel Martinique vor Anker lag.

Jede dritte Bewerbung ist geschönt

Jahr für Jahr verlassen Zehntausende von Betriebs- und Volkswirtschaftlern, Juristen und Wirtschaftsingenieuren die Hochschulen mit dem festen Vorsatz, sich einen Platz an der Sonne zu erkämpfen. Da die Zahl namhafter Unternehmen infolge der Konzentrations- und Pleitewelle schrumpft, gewinnt der Ausleseprozess stetig an Härte. Kaum verwunderlich, dass am Ende meist jene Schlaumeier in der ersten Reihe sitzen, die ihrem Glück ein wenig nachgeholfen haben: hier die Biografie geschönt, dort die Erfolgszahlen angespitzt, zwischendurch die Rivalen angeschwärzt, Schuld auf andere abgewälzt, dem Chef Honig ums Maul geschmiert. Die Karrieren der weniger gerissenen Kollegen hingegen pflegen häufig im Mittelmaß zu enden.

Jede dritte Bewerbung ist geschönt, behauptet zum Beispiel das Detektiv-Institut Kocks in Düsseldorf, das im Oktober 2000 rund 5000 Einsendungen im Auftrag des Wirtschaftsmagazins BIZZ auf ihren Wahrheitsgehalt hin untersuchte. Ungeniert werden Urlaubsreisen zu »Studienaufenthalten« aufgewertet, Ferienjobs zu »Praktika« veredelt, Lücken in den Lebensläufen kunstvoll geschlossen. Manche Aspiranten schrecken nicht mal davor zurück, Zeugnisse zu fälschen, mit erfundenen Referenzen zu prahlen oder sich gar mit falschen Titeln zu schmücken. Die fehlenden Diplome oder Promotions-Urkunden ersetzt man durch »Versicherungen an Eides statt«: Auf einem Blatt Papier erklärt der Bewerber, dass er seine Bildungs-Nachweise leider verloren habe. Fliegt der Schwindel auf, hat er nicht viel zu befürchten, denn falsche eidesstattliche Versicherungen sind nur strafbar, wenn sie gegenüber Gerichten oder Behörden abgegeben werden.

Wundern braucht einen der zunehmende Bewerbungs-Bluff nicht, findet die Münchner Diplom-Psychologin und Buchautorin Bärbel Schwertfeger (»Die Bluff-Gesellschaft«), denn »schließlich leben Heerscharen von Buchautoren und Beratern von der Schummelei bei der Jobsuche«.

Längst hat die Bildungs-Branche aus dem Darstellungsbedürfnis lernschwacher Möchtegern-Manager ein Milliardengeschäft gemacht. In den Seminaren zweifelhafter »Trainer« lernen die Kandidaten das kleine Einmaleins der Hochstapelei, mit Hilfe des »ultimativen Testknackers« von Tom Ullrich und Jan Dietrich hoffen sie, die Einstellungs-Hürden der Unternehmen zu überwinden, und wenn das alles nicht hilft, dann muss der MBA her. Noch immer gilt der Titel eines »Masters of Business Administration« als Zugangsberechtigung zu den Chefetagen, und deshalb wimmelt es nur so von seltsamen Schulen und Universitäten, die mit den begehrten drei Buchstaben locken. Zu Preisen zwischen 10 000 und 30 000 Euro bieten nicht weniger als 80 Bildungseinrichtungen Studiengänge an, die mit dem MBA abschließen, doch nur wenige sind seriös.

Manche dieser angeblichen Business-Schulen nehmen sogar Nichtabiturienten auf, obwohl der »echte« MBA einen Hochschul-Abschluß voraussetzt. Die Titel, die von solchen Institutionen verliehen werden, sind deshalb nichts wert, werden aber gleichwohl mit Stolz und Freude vorgezeigt. In Verruf geraten sind zum Beispiel die MBA-Programme der »International Business School« (IBS) in Lippstadt oder der »Allfinanz Akademie« (AA) in Hamburg. Um ihr ramponiertes Image aufzumöbeln, werben dubiose Privat-Unis gerne mit irgendwelchen »Gütesiegeln« oder Zertifikaten von Hochschul-Organisationen wie der FIBAA (Foundation for International Business Administration Accreditation), doch auch diese Auszeichnungen sind von eher zweifelhaftem Wert. Nicht zufällig erinnern die Namen vieler Schein-Universitäten an berühmte Vorbilder wie die 1999 geschlossene Columbia State University, die allzu gerne mit der New Yorker Columbia University verwechselt werden wollte.

Niemand weiß, wie viele falsche Doktoren in den deutschen Unternehmen herumlaufen, wie viele Manager sich mit Titel, Orden und Ehrenzeichen schmücken, die sie auf zweifelhafte Weise erworben haben. Tatsache ist jedoch, dass die Bluffer und Blender erheblichen Schaden anrichten können, wenn sie über das Schicksal vieler Mitarbeiter und das Geld von Aktionären und Gesellschaftern bestimmen dürfen. Wer schon bei der Bewerbung schummelt, das fand Manfred Lotze, Geschäftsführer der Wirtschaftsdetektei Kocks heraus, ist auch anfällig für Delikte wie Betrug, Unterschlagung oder Untreue.

Das mag damit zusammenhängen, dass in der deutschen Wirtschaft viel über »Unternehmenskultur« geredet, aber ziemlich barbarisch gehandelt wird. Den wenigsten Unternehmern und Managern fällt auf die Frage nach ihrem Daseinszweck mehr ein als »den Profit maximieren«, und allenfalls in ihren Jubiläumsreden finden sich Hinweise auf den kulturellen Wert ihres Schaffens. Nur wenn Menschenrechtsorganisationen oder die Umweltschützer von »Greenpeace« Sturm laufen gegen Firmen, die ihre Profite mit Kinderarbeit erzielen oder ihren Giftmüll in die Nordsee kippen, schwadronieren die Presseabteilungen von Ethik und Moral.

Interessant ist in diesem Zusammenhang auch die Selbstdarstellung des Führungspersonals. In den Porträts der Wirtschaftsblätter wie in ihren Interviews stellen sich die Konzernchefs gern als »Pragmatiker« dar. Damit wollen sie wohl andeuten, dass sie keiner Ideologie verhaftet sind, sondern allein das tun, was erstens ihnen selbst, zweitens eventuell der Firma nutzt. Kaum einer hält es für notwendig, Wesenszüge wie Charakterstärke oder Prinzipientreue zu betonen.

Ausnahmen wie der ehemalige BMW-Boss Eberhard von Kuenheim oder Bertelsmann-Patriarch Reinhard Mohn bestätigen die Regel. Beim bayerischen Autobauer durfte sich ein Topmanager, solange von Kuenheim das Sagen hatte, schon mal einen Fehler leisten; verletzte er aber den Ehrenkodex des Vorsitzenden, war sein Schicksal besiegelt. Ähnlich beim Gütersloher Medienriesen: Selbst ein so erfolgsorientierter

Macher wie Thomas Middelhoff musste gehen, als Zweifel an der Solidität seiner Pläne wie an der Treue zu den Mohnschen Unternehmensgrundsätzen aufkamen.

Bei den meisten Großunternehmen aber werden Manager nicht an ihren Verhaltensweisen, sondern an ihren Ergebnissen gemessen. Ob die Erfolge echt, die Zahlen richtig, die Argumente logisch sind, interessiert den Pragmatiker an der Spitze erst, wenn seine eigene Position zu wackeln beginnt. Solange der Laden läuft, will er sich nicht die Laune verderben lassen. Wie die Ergebnisse erzielt werden, will allenfalls die Rechtsabteilung wissen. Solange Regressforderungen niedergebügelt und Schadenersatzprozesse gewonnen werden, ist alles in Butter.

Im kalten Klima der von pragmatischen Zahlenmenschen geleiteten Gesellschaften lernen die aufstiegsorientierten Nachwuchskräfte schnell, worauf es ankommt. Wenn sie merken, dass ihre Chefs Umsätze und Gewinne künstlich aufblähen, um höhere Boni oder Prämien zu kassieren, werden auch sie zu tricksen beginnen. Und wenn sie mitbekommen, dass Blender und Bluffer befördert, anständige Kollegen aber gemobbt werden, brauchen sie nicht lange für die Überlegung, welche ihrer Talente trainiert werden müssen. Bald haben auch sie begriffen, dass die scheinbar so rationale Vorstandswelt von den gleichen elementaren Triebkräften beherrscht wird wie ein Steinzeitstamm. Auch die Rituale in den Konferenzräumen unterscheiden sich nur unwesentlich von den Prozeduren im Ältestenrat einer Sippe von Höhlenmenschen.

Für die aufstiegswilligen Nachwuchskräfte kommt es vor allem darauf an, den Zeitgeist richtig zu deuten. Denn die Pragmatiker im Vorstand haben, mangels eigener Wertvorstellungen, stets ein offenes Ohr für die jeweils neueste Managementmode. Ob Benchmarking oder Re-Engineering, Shareholder Value- oder Portfolio-Management – nirgendwo werden die Maschen und Mätzchen amerikanischer Unternehmensberater so bereitwillig aufgenommen wie in der Heimat von Krupp und Siemens. Als ob ihre Firmen gerade dem Tauschhandel entronnen wären, nehmen die deutschen Wirtschaftslenker auch noch den größten Schwachsinn für bare Münze, sofern er nur in elitärem Business-Englisch über den Atlantik schwappt.

Assistenten, die die modischen Vokabeln flüssig herunterbeten und dem Chef die trendigsten Vorlagen für die nächste Vorstandssitzung liefern, haben die besten Beförderungschancen. Auch die »Swindle Economics« sind eine amerikanische Erfindung. Betrügerische Banker und Manager gab es zwar in der alten Geschäftswelt lange zuvor, doch erst die an der Wall Street geborene Idee vom »kapitalmarktgetriebenen« Unternehmen machte aus einzelnen Unglücksfällen einen Systemfehler.

Ein sanktioniertes Schneeballsystem

Nicht ein »offener Markt« mit vielen gleichberechtigten Partnern übernahm nun das Kommando, sondern eine Clique räuberischer Finanzbarone. Die schöne Vokabel von den »Finanzmärkten« verdeckt nämlich nur die Tatsache, dass in Wahrheit ein paar Dutzend Investmentbanken, Vermögensverwalter und Großinvestoren das Heft in der Hand halten. Solange er ihnen Profit bringt, ist jeder Schwindel gedeckt. Das geht inzwischen selbst manchem Wasserträger der Managerkaste zu weit: »Wir müssen die in den 90er-Jahren praktizierte einseitige Gewinnmaximierung ersetzen durch soziales Wirtschaften«, warnte Klaus Schwab, Gründer des World Economic Forum in Davos, seine Klientel und flüchtete sich ins Allgemeine: »Es ist wichtig, dass Unternehmensentscheidungen vermehrt unter Berücksichtigung von grundlegenden ethischen Werten getroffen werden.«

Schön wär's, doch in Wahrheit gleicht die neue Wirtschaftsordnung bei Licht besehen einem gesellschaftlich sanktionierten Schneeballsystem: Die Ersten sahnen ab, die Letzten beißen die Hunde. Weil die hervorragend trainierten, unter den Besten ihres Jahrgangs ausgesiebten »high potentials« auf keinen Fall zu den Letzten zählen wollen, werden sie alles versuchen, ihre Vorbilder an Perfidie noch zu übertreffen. So dreht sich das Rad immer schneller, der Schwindel wird größer, der Betrug dreister, das Überleben in der Wirtschaft aber mühsamer.

3 | Die Bananenrepublik

Die Mär vom preußisch korrekten Rechtsstaat glaubt schon lange niemand mehr. Spätestens seit der Flick-Affäre gilt unser Land als »gekaufte Republik« und die politische Klasse als empfänglich für »Zuwendungen« von Landschaftspflegern mit vollen Kassen. Seltsam nur, dass sich seither so wenig verändert hat. Obwohl inzwischen die Enkel von Brandt, Strauß und Kohl das Land regieren, wurde die Republik nicht sauberer. In immer neuen Korruptions- und Parteispendenskandalen droht sie, im Gegenteil, zu ersticken.

Dennoch ist heute alles ein wenig anders. Ging vor 20 Jahren ein Aufschrei durch das Land, als herauskam, dass Flicks »Herrenausstatter« nahezu alle Parteien mit Geld versorgten, um Milliardengewinne aus dem Verkauf von Daimler-Aktien steuerfrei kassieren zu können, so haben die Affären unserer Tage nur noch eine kurze Verfallsdauer. Für gewöhnlich werden sie auch nicht mehr von ehrenhaften Steuerfahndern und hellhörigen Journalisten aufgedeckt, sondern den Medien frei Haus geliefert. Im politischen Geschäft wie in der Geschäftspolitik ist die Affäre zur Waffe verkommen.

Ihre Wirksamkeit bezieht diese Waffe aus der Doppelmoral in der Betrüger-Ökonomie. Solange dem Wahl- und Aktionärsvolk Gerechtigkeit und Demokratie vorgespielt werden, gleicht die Affäre der roten Karte im Fußballmatch. Der Sünder muss den Platz verlassen, obwohl jeder weiß, dass jeder foul spielt. Typisch für den Ablauf moderner Affären war die Geschichte mit dem PR-Berater Moritz Hunzinger, die schließlich in die Bonus-Meilen-Affäre unserer ungetreuen Volksvertreter mündete. Sie fing, wie mancher der großen

Skandale der letzten Jahre, ganz unspektakulär mit einem Rausschmiss an. Kurz bevor ein Spezialist für Informationstechnologie seinen Arbeitsplatz in der Frankfurter Semmeringstraße räumen musste, fanden die in den Computern der einschlägig bekannten PR-Agentur Moritz Hunzinger gespeicherten Daten über Geschäftsbeziehungen zu wichtigen Kunden den Weg nach draußen.

Panik im politischen Berlin

Ein so genannter freier Journalist bot im Sommer 2002 der Hamburger »Spiegel«-Redaktion Unterlagen zum Kauf an, aus denen hervorging, dass der damalige Bundesverteidigungsminister Rudolf Scharping insgesamt 140 000 Mark angeblich für Vorträge und ein geplantes Buch erhalten hatte. Nachdem »Spiegel«-Redakteur Stefan Aust, dem das Material zu dürftig erschien, abgelehnt hatte, durften auch Redakteure anderer Blätter Blicke in die brisante Akte »Hunzinger« werfen, bis der Nachrichtenhändler schließlich mit dem »Stern« handelseinig wurde. Der Rest ist bekannt: Rudolf Scharping musste den Dienst am Vaterland quittieren und Moritz Hunzinger viele Interviews geben.

Unversehens umtoste den bis dato vor allem durch einen veritablen Börsenflop bekannt gewordenen Beziehungspfleger ein heftiger Sturm aus dem Blätterwald, der immer neue Details über das segensreiche Zusammenwirken von Wirtschaftslobbyisten und politischen Entscheidungsträgern unters Volks streute. Obwohl der gernegroße Moritz aus Frankfurt-Holzhausen keineswegs zu den wichtigsten Strippenziehern im Berliner Politzirkus zählte, reichte die mit seinem Namen verbundene Affäre aus, sämtliche Vorurteile über die Käuflichkeit der politischen Klasse aufs Schönste zu bestätigen.

Mit leisem Gruseln nahm das Wahlvolk zur Kenntnis, dass sich ein ausgewachsener Verteidigungsminister von einem höchst dubiosen PR-Fritzen nicht nur 140 000 Mark zustecken, sondern auch noch zu einem noblen Herrenausstatter schleppen ließ. Als ob es gelte, einen heruntergekommenen Penner gesellschaftsfähig zu machen, wurde Sozialdemokrat Scharping für 54 000 Mark in feinstes Tuch gehüllt und mit einem Konto bei der vornehmen Kölner Privatbank Sal. Oppenheim auf die Widrigkeiten des Ministerlebens vorbereitet.

Mit dem Abtritt des bedingt abwehrbereiten Ministers hätte das Politdramulett eigentlich das verdiente Happy End finden müssen. Doch der Klatsch aus Hunzingers 140-Mann-Agentur wollte nicht verstummen. Neben Scharping standen Politiker nahezu aller Parteien auf Hunzingers Payroll. Weder der damalige CDU-Fraktionschef Friedrich Merz noch sein CSU-Kollege Michael Glos verspürten Berührungsängste, und auch Verkehrsminister Kurt Bode, CDU-Schatzmeister Matthias Wissmann und FDP-Vorsteher Guido Westerwelle zählten, zusammen mit den Stars der Grünen, Rezzo Schlauch und Verbraucherministerin Renate Künast, zu den Gästen in Hunzingers »politischem Salon«. Doch obwohl der dankbare Rudi auf einer dieser seltsamen Veranstaltungen seine spätere Lebensgefährtin, die Rechtsanwältin Kristina Gräfin Pilati, kennenlernte, war längst nicht alles salonfähig, was bei Hunzinger geschah.

Der damalige Noch-Gatte der späteren Scharping-Gefährtin, Hendrik Borggreve, stand der Frankfurter Dependance der britischen Investmentbank Kleinwort Benson vor und wollte unbedingt beim Börsengang der Deutschen Telekom dabei sein – man schrieb das Jahr 1996 –, an dem für die beteiligten Banken Provisionen in dreistelliger Millionenhöhe abfielen. Obwohl der Bund als Verkäufer der Aktien eigentlich keinen Grund hatte, eine britische Bank am Geldsegen teilhaben zu lassen, durfte Kleinwort Benson schließlich, Hunzinger sei Dank, doch mitverdienen.

Auch andere Hunzinger-Kunden hatten, obwohl sie sich über dessen Honorarforderungen wunderten, wenig Grund zur Klage. Dem Microsoft-Gründer Bill Gates zum Beispiel, der in den USA gerade wegen verschiedener Verstöße gegen die Kartellgesetze unter Anklage stand, verhalf er zu publikumswirksamen Auftritten in der Talkshow von Sabine Christiansen wie bei Thomas Gottschalks Spielshow »Wetten dass ...?«, dem des Monopolmissbrauchs verdächtigten Unternehmen Microsoft hingegen zu verständnisvollen Artikeln im »Handelsblatt« wie in der »Frankfurter Allgemeinen«.

Da fiel es auch schon nicht mehr ins Gewicht, dass Hunzinger seine Finger offenbar auch in den Parteispenden-Affären um den ehemaligen Waffenhändler Karl-Heinz Schreiber und den anrüchigen Verkauf von 120 000 Eisenbahner-Wohnungen an den Hamburger Ex-Milliardär Karl Ehlerding stecken hatte. Eine beinahe belanglose Beziehung Hunzingers aber sorgte dann für die Fortsetzung der Politposse, die einmal mehr zeigte, wie das Beziehungsgeflecht zwischen der politischen Klasse, den Medien und der so genannten Öffentlichkeit funktioniert.

Da ist zunächst der Politiker, in diesem Fall ein grüner Abgeordneter namens Cem Özdemir aus dem schwäbischen Urach, der nicht nur als Fotomodell für Strellson-Anzüge, sondern auch in seiner Partei als Gutmensch Karriere machte. Wie so mancher Parlamentarier, den es aus kleinen Verhältnissen in die große Politik verschlagen hat, war der gelernte Erzieher eine leichte Beute für Menschenfänger wie Moritz Hunzinger. Schnell bekam der Beziehungskünstler heraus, dass der »anatolische Schwabe«, der so eloquent die Interessen zugewanderter Ausländer vertrat, Geldschwierigkeiten hatte.

Özdemir plagte eine Steuerschuld, und flugs war Hunzinger mit einem Darlehen über 80 000 Mark zur Stelle – und das auch noch zu Freundschaftszinsen von nur 5,5 Prozent. So entstehen Abhängigkeiten und manchmal vielleicht auch neue Gesetze.

Hoffte der Grüne zunächst noch, den schwarzen Fleck auf seiner Weste durch die schnelle Tilgung des Hunzinger-Kredits löschen zu können, so schlug seine Stimmung schnell in Resignation um, als ihn am 25. Juli 2002 ein Reporter der »Bild am Sonntag« am Telefon fragte, ob er die bei seinen kostenlosen Dienstflügen mit der Lufthansa angefallenen Bonus-

Meilen privat verwertet habe. Entnervt trat der Nachwuchsstar einen Tag später von seinem Amt als innenpolitischer Sprecher der Grünen-Fraktion zurück, denn er musste eingestehen, dass er auf Kosten der Steuerzahler mindestens sechs private Flüge gebucht hatte, darunter einen Nizza-Trip mit seiner Lebensgefährtin.

Interessant war die Reaktion seiner Parlamentarierkollegen. Obwohl sie damit rechnen mussten, ebenfalls beim Mogeln ertappt zu werden, blieben sie in Deckung, bis klar war, dass es »Bild« und »Bild am Sonntag« nicht allein auf den Grünen abgesehen hatten, für dessen Rücktritt sie nicht das geringste Verständnis aufbrachten. Erst als am darauffolgenden Montag sich der Berliner Wirtschaftssenator und langjährige PDS-Abgeordnete Gregor Gysi als Meilensünder outete und ebenfalls zurücktrat, brach Panik aus im politischen Berlin.

Wolfgang Thierse barmt um Milde

Die Meilen-Mission der Springer-Blätter entwickelte nun eine Eigendynamik, die bald die ganze Nation erfasste, obwohl es eigentlich nur um Peanuts ging. Nach immer neuen Vorwürfen wegen über privat genutzter Gratismeilen von Parlamentariern wie dem Berliner CDU-Fraktionsvize Günther Nooke, dem Staatsminister Ludger Vollmer aus Joschka Fischers Außenministerium, der CSU-Frau Renate Blank, dem SPD-Mann Klaus Lennartz und dem Grünen-Fraktionsvorsitzenden Rezzo Schlauch wähnten sich Kanzler Gerhard Schröder und SPD-Sekretär Franz Müntefering als Opfer einer gesteuerten Kampagne der Springer-Presse mit dem Ziel, sie aus der Regierung zu vertreiben. Müntefering stellte Strafantrag nicht nur gegen die Bild-Chefredaktion, sondern gleich auch noch gegen den Bund der Steuerzahler und dessen ehemaligen Mitarbeiter Axel Müller, den er verdächtigte, die Informationen über die Selbstbedienung der Abgeordneten mit illegalen Methoden beschafft zu haben.

Tatsächlich hatte Müller, der später zur FDP-Geschäftsstelle nach Düsseldorf wechselte, bereits im Herbst 2001 durch einen anonymen Anrufer von der privaten Gratisfliegerei einiger Abgeordneter erfahren und deshalb die Bundestagsverwaltung um eine Stellungnahme gebeten. Prompt antwortete die Reisestelle des Parlaments am 1. November 2001: »Es liegen keine konkreten Hinweise vor.« Erst danach begannen die Recherchen zu dem, was Franz Müntefering eine »Kampagne« nannte und das schließlich in ein Scharmützel um die Pressefreiheit mündete.

Elf Chefredakteure namhafter Medien wandten sich in seltener Einmütigkeit gegen den Vorstoß des SPD-Zuchtmeisters und unterstellten ihm die Absicht, Recherchen im parlamentarischen Raum künftig erschweren zu wollen. Die Wege, auf denen der Missbrauch ihrer Senatorkarten an die Öffentlichkeit gelangte, interessierte die Parlamentarier wesentlich mehr als die Frage, wie der Missbrauch verhindert werden könnte.

Es hatte schon etwas Rührendes, als der Bundestagspräsident Wolfgang Thierse (SPD) um Milde mit seinen Schäflein barmte, da Politiker nun mal nicht besser, aber auch nicht schlechter seien als die übrigen Mitglieder der bundesdeutschen Gesellschaft. Auch wenn er damit zweifellos Recht hatte, war die Frage noch nicht beantwortet, weshalb dann die dem Wähler gleichgestellten Volksvertreter über gewiss nicht geringe Privilegien verfügen und kostenlos in der Weltgeschichte herumgondeln dürfen, First Class mit der Bahn und als Very Important Persons mit der Lufthansa.

Die Nebengeschäfte der Abgeordneten

In diesem Spiel sind alle irgendwie Komplizen und Gegner zugleich. Jeder will auf Kosten des anderen sein Geschäft machen, und keiner schreckt dabei vor Mogeleien zurück. Journalisten wanzen sich, wie eine gewisse »Bild«-Reporterin im Fall des Jürgen Trittin, unter falscher Flagge an die Politiker heran, und die scheinbar in inniger Feindschaft verbundenen

Volksvertreter aus den verschiedenen Lagern sind sich ganz schnell einig, wenn es um ihre Besitzstände geht.

Das Theater auf politischer Bühne verkommt zur Schmiere, der Enthüllungsjournalismus zum kommerziell kalkulierten Medienspektakel. In der Betrüger-Ökonomie ist nichts und niemandem zu trauen – weder der Schlagzeile noch den Gesetzen, weder dem TV-Moderator noch dem Politiker. »Politik und Journalismus sind Teile eines Systems geworden, das vor allem sich selbst in Gang hält«, diagnostiziert der Kommunikationswissenschaftler Siegfried Weißenberg.

Der Eifer, mit dem die Abgeordneten ihre ohnehin üppige materielle Ausstattung zu verbessern trachten, steht in seltsamem Kontrast zu ihrem geringen Interesse am politischen Schlagabtausch im Plenum. Da selbst bei Debatten um wichtige Sachfragen die rhetorischen Künste der paar von den Fraktionen aufgebotenen Redner vor weitgehend leeren Stuhlreihen verhallen, liegt der Verdacht nahe, dass sich die Parlamentarier, statt sich mit den Angelegenheiten des Volkes zu beschäftigen, lieber ihren eigenen Geschäften widmen. Noch mehr als deren Umfang erregt die Geheimniskrämerei um die Nebeneinkünfte der Abgeordneten die Wähler. Obwohl in nahezu jeder Legislaturperiode über die Offenlegung ihrer Geschäftsbeziehungen diskutiert wurde, versteckten sich die deutschen Parlamentarier bis zuletzt hinter fadenscheinigen Argumenten.

Während selbst die geschäftstüchtigen Italiener sogar ihre Steuererklärungen zur Einsicht für jedermann offen auslegen müssen, mauscheln die Deutschen am liebsten hinter verschlossenen Türen. Zwar müssen die Berliner Parlamentarier Einkünfte über 15 000 Euro jährlich und Beteiligungen an Unternehmen dem Bundestagspräsidenten melden, sofern sie mehr als 25 Prozent des Gesellschaftskapitals besitzen, doch der zweithöchste Mann im Staat ist zur Verschwiegenheit verpflichtet.

Da sich schon in der ersten Ära Schröder mehr als zwei Drittel der Abgeordneten in allerlei Aufsichts- und Beiräten tummelten,

Beraterverträge mit Firmen und Verbänden abgeschlossen hatten und teilweise stattliche Honorare, Tantiemen oder Dividenden bezogen, wäre es für die Öffentlichkeit durchaus von Interesse, zu erfahren, welchen Herren die nach dem Grundgesetz nur ihrem Gewissen verpflichteten Volksvertreter in Wahrheit dienen. Auskunft könnte beispielsweise der Ex-CSU-Abgeordnete Josef Hollerith aus dem bayerischen Anzing geben, der nicht nur im Aufsichtsrat des Mühldorfer Autoteile-Herstellers HTC und der Neue-Markt-Firma MWG Biotech saß, sondern von ihr fürs Geschäftsjahr 2001 auch noch Provisionen von 204 517 Euro für die Vermittlung von staatlichen Fördermitteln und Krediten aufs Konto überwiesen bekam.

Obwohl nach einer Infratest-Umfrage vom Juli 2000 68 Prozent der Deutschen für eine Offenlegung der Nebeneinkünfte votierten, lehnten die Abgeordneten das Vorhaben ihres Präsidenten Wolfgang Thierse bis zuletzt ab. Die Vertreter der Legislative wollen sich also weder in die Karten blicken noch bei ihren einträglichen Nebengeschäften stören lassen. Offenbar sind die Sitten schon so verwahrlost, dass die politische Klasse nicht einmal mehr den Wähler fürchtet. Ungeniert schmetterten zum Beispiel die unionsregierten Länder im Bundesrat das von der rot-grünen Regierungskoalition geplante »Antikorruptionsregister« ab: Firmen, die sich der Korruption verdächtig machten, sollten in eine beim Bundesamt für Wirtschaft und Ausfuhrkontrolle geführte Liste aufgenommen und bis zu drei Jahre lang von sämtlichen öffentlichen Aufträgen ausgeschlossen werden. Das erschien nicht nur den Wirtschaftslobbyisten der Union zu hart, sondern auch dem SPD-Abgeordneten Uwe Jens, der sich vordergründig um die Arbeitsplätze in mittelständischen Betrieben Sorgen machte. Im Klartext: Korruption ist schlimm, aber noch schlimmer ist ein Auftragsverlust.

Wie gering die Parlamentarier das Legalitätsprinzip achten, zeigt sich an der Unlust, von der sie jedes Mal befallen werden, wenn sie über ihre eigene Strafbarkeit befinden sollen. Obwohl die Bundesrepublik Deutschland auf der Liste der am wenigsten korrupten Länder der internationalen Organisation Transparency International mittlerweile auf den 18. Platz zurückgefallen ist und damit noch hinter Chile und knapp vor Botswana rangiert, ist bisher noch kein einziger der über 100 000 Abgeordneten in den Rathäusern, Land- und Bundestagen jemals wegen Bestechung verurteilt worden.

Zwar gibt es im Strafgesetzbuch den Paragraphen 108e, aber der ist so abgefasst, dass er allenfalls grenzdebilen Politikern zum Verhängnis werden kann. Der Bestechlichkeit macht sich demnach ein Abgeordneter nur dann schuldig, wenn ihm konkret nachgewiesen werden kann, dass er *vor* einer Abstimmung gekauft wurde. In nahezu allen großen Korruptionsfällen der letzten Jahre aber ergaben die Ermittlungen der Staatsanwälte, dass die bestochenen Politiker erst *nach* den Abstimmungen über wirtschaftlich interessante Projekte zum Kassieren antrabten. Deshalb konnten sie allenfalls wegen Untreue und Steuerhinterziehung, nicht aber wegen Bestechlichkeit angeklagt werden.

Die politische Klasse schirmt sich ab

Manchen unter den Parlamentariern war diese Gesetzeslücke noch nicht groß genug, und so verständigten sich die Präsidenten der Länderparlamente nach einer Meldung des »Spiegels« im Sommer 2002 in Eisenach darauf, die Abgeordneten künftig noch besser vor Strafverfolgung zu schützen. Büros von Referenten und anderen Mitarbeitern der Fraktionen sollen demnach im Verdachtsfall künftig nur noch dann von Staatsanwälten durchsucht werden dürfen, wenn das Parlament zuvor die Immunität eines Abgeordneten ausdrücklich aufgehoben hat. In der Praxis heißt das: Der Verdächtige ist gewarnt und kann in aller Ruhe beweiskräftige Unterlagen beseitigen, ehe die Kripo anrücken darf.

Der Souverän, das Volk in Gestalt seiner gewählten Vertreter, steckt also offenbar mit beiden Beinen so tief im Sumpf der Korruption, dass er einen Notausgang nötig hat. Käuflich ist alles im Supermarkt der Betrüger-Ökonomie: Stimmen und Aufträge, Gesetze und Gesetzesmacher. Bakschisch ist kein orientalisches und kein balkanesisches, sondern mittlerweile ein typisch deutsches Prinzip geworden: Gibst du mir, geb ich dir.

Die ehrenwerte Gesellschaft der Bananenrepublik Deutschland verzeiht dem Altkanzler Helmut Kohl seine schwarzen Kassen und dem hessischen Ministerpräsidenten Roland Koch die Lügen mit den angeblichen Vermächtnissen jüdischer Parteifreunde, solange alle irgendwie etwas davon haben. Im öffentlichen Dienst wie in der privaten Wirtschaft gehört die Korruption längst zum täglichen Geschäft. Jeder siebte Unternehmer gab den Interviewern des Meinungsforschungsinstituts Forsa im Frühjahr 2002 zu Protokoll, dass er schon mal einen potenziellen Auftraggeber bestochen habe, und jeder zweite beklagte sich darüber, dass er nicht zum Zuge kam, weil er sich weigerte, Schmiergeld zu bezahlen. Britta Brannenberg, Strafrechts-Professorin an der Uni Bielefeld und Mitglied von Transparency International, vermutet unter den Konzernen sogar Formen der organisierten Kriminalität: »Das sind Unternehmen, die wir alle kennen, große Aushängeschilder der deutschen Wirtschaft, die eine Art Kartell bilden, um Aufträge zu bekommen.«

Dass ohne »Vitamin B« wenig läuft in der Wirtschaft, bestätigt der Frankfurter Oberstaatsanwalt Wolfgang Schaupensteiner. Deutschlands prominentester Schmiergeldjäger taxiert den Korruptionsschaden allein bei öffentlichen Bauten auf mindestens fünf Milliarden Euro im Jahr und verlangt mehr Kompetenzen für die Strafverfolger, obwohl er sich im klaren ist: »Mit dem Strafrecht allein kann man die Korruption nicht bekämpfen.«

Wohl wahr. Solange die Politiker ihre eigenen Reviere schützen und mit schlechtem Beispiel vorangehen, ist vom Rest der Gesellschaft kaum zu erwarten, dass er sich anders verhält. Und solange die Staatsanwälte den Justizministern und damit den Parteien unterstellt sind, sind ihnen überall da, wo das Interesse der politischen Kaste berührt wird, die Hände gebunden. Die geheimen Spender des Helmut Kohl dürfen sich deshalb ebenso in Sicherheit wiegen wie die Empfänger der Schmiergelder von Elf-Aquitaine. Der wohlfeile Ruf nach Moral und Anstand verhallt ungehört, solange es sich lohnt, unanständig zu sein. Da nach den Schätzungen der Strafverfolger nur etwa fünf Prozent der größeren Korruptionsfälle ans Licht kommen, ist die Versuchung, die Hand aufzuhalten, wo immer sich eine Gelegenheit dazu bietet, riesengroß.

Rivalen in die Korruptionsfalle gelockt

Die korrekten Deutschen, von den geschmeidigeren Südländern ob ihrer fantasielosen Staatstreue lange belächelt, haben im Zuge der Globalisierung einfach gelernt, dass der einzige Wert, auf den es ankommt, ein materieller ist. Mit dem gewohnten Hang zu perfekten Lösungen brachten sie in der öffentlichen Verwaltung wie im privaten Unternehmen das System des Gebens und Nehmens zu einem bemerkenswerten Reifegrad.

Da sich nach dem Strafrecht nur Personen, nicht aber Körperschaften der Korruptionen schuldig machen können, handelt man eben im Namen der Firma, wenn man das Bare von einem Zulieferer entgegennimmt, und lässt es sich mit kleinen Abstrichen als »Anerkennung« für besondere Leistungen zeitversetzt aufs Schweizer Konto überweisen. Das eigentliche Delikt ist dann die Steuerhinterziehung, und die lässt sich notfalls auch in den Griff bekommen. Das Geld wechselt dann entweder von vornherein in einem Drittland den Besitzer, sodass die Steuerbehörden weder vom Geben noch vom Nehmen erfahren, oder man kassiert es ganz offiziell und spendet es sofort einem gemeinnützigen Verein, den man zuvor selber gegründet hat. Der Vorsitzende darf dann das Bestechungsgeld mit dem Segen des Finanzamtes als »Aufwandsentschädigung«

verbraten. So einfach ist das, und darum gibt es so viele Vereine, Stiftungen und wohltätige Organisationen.

Wenn sich schon die Politiker die Taschen füllen und die Manager ihre Firmen plündern, vergraben logischerweise auch Beamte und Angestellte ihre Skrupel in der Ablage. Wer immer einen Auftrag vergeben darf, lässt sich den Zuschlag honorieren. Die Anständigen holen den Rabatt für ihren Arbeitgeber heraus, die anderen halten selbst die Hand auf. Zu befürchten haben sie wenig, solange die Mitwisser ebenfalls gut bedient werden. Das einzige Risiko geht von jenen armen Würstchen aus, die bei der Verteilung der Beute zu kurz kamen. Sie werden versuchen, die anderen zu erpressen, und wenn das nichts fruchtet, ihren Frust beim Staatsanwalt abladen. Damit aber haben sie sich zu Außenseitern gemacht, denen nicht der Beifall der Gesellschaft, sondern die Ächtung gewiss ist.

Die Hoffnung, dass die wachsende Zahl der Korruptionsaffären zu einer Rückbesinnung auf ethische Werte führen wird, dürfte sich als Illusion erweisen. Die Erfolge der Korruptionsermittler – das Bundeskriminalamt registrierte im Jahr 2000 genau 8512 Fälle von Wettbewerbs-, Korruptions- und Amtsdelikten – kündet eher von einem verschärften Wettbewerb um die fettesten Pfründen. Die Ermittler sind nicht besser, die Informanten nicht moralischer, sondern die gut geschmierten Aufträge im Zuge der Rezession spärlicher geworden. Ums knapper fließende »Vitamin B« wird jetzt nur härter gekämpft als zuvor, und davon profitieren die Staatsanwälte.

So wie in der Politik die Denunziation des Gegners zum Geschäft gehört – die Opfer heißen Scharping, Gysi, Özdemir, Glogowski, Klimt, Kremendahl –, ist es mittlerweile auch in der Wirtschaft üblich geworden, interne Rivalen wie externe Konkurrenten in Korruptionsfallen zu locken. Zum Schein bietet man dem verhassten Gegner ein Geschäft an, bei dem er privat absahnen darf, und überführt ihn dann mithilfe von Augenzeugen, Tonbändern oder Videoaufnahmen der Bestechlichkeit. Nur der Verlierer ist korrupt, und der ehrenwerte Denunziant sitzt allein an den Fleischtöpfen.

Zwar haben Organisationen wie Transparency International, 1993 von Peter Eigen in Berlin und Den Haag gegründet, dafür gesorgt, dass sich viele Staaten und Unternehmen des Themas offen annehmen, doch der Erfolg blieb bescheiden. Die Korruption nahm nicht ab, nur die Methoden wurden raffinierter. »Korruption führt zu Ineffizienzen und großen Schäden für die Volkswirtschaft«, versucht der frühere Weltbank-Direktor Eigen die Bosse und Politiker vom wirtschaftlichen Nutzen einer wirksamen Korruptionsbekämpfung zu überzeugen, und auch der Konstanzer Wirtschaftsethiker Joseph Wieland warnt: »Geschäftszweige, die in Korruptionen verwickelt sind, sind nach einer bestimmten Zeit nicht mehr rentabel.«

So klar der Befund, so schwierig ist er umzusetzen. Das von den Korruptionsbekämpfern beschworene Ethikmanagement bleibt eine schöne Phrase, wenn die Manager die Verhaltensregeln, die sie ihren Mitarbeitern verordnen, für sich selbst nicht gelten lassen wollen. Schön war das beim amerikanischen Energiehandelskonzern Enron zu beobachten, der für die Bestechung von Politikern sogar ein eigenes Computerprogramm namens Matrix schreiben ließ, damit die Angestellten auf Knopfdruck wussten, wie sie sich Protektion und Aufträge erkaufen konnten.

Lesotho dreht den Spieß um

Angesichts der Unsitten in ihren eigenen Unternehmen wirkt der Feldzug der reichen Industrienationen gegen die Bestechungspraxis in den Entwicklungsländern so glaubwürdig wie die Enron-Bilanz. Als die OECD im Februar 1999 ihre Mitgliedsstaaten dazu verpflichtete, die Bestechung von Amtsträgern und Staatsfirmen auch im Ausland hart zu bestrafen, waren weder die Waffenschiebereien des Karl-Heinz Schreiber noch die Durchstechereien des Enron-Konzerns mitsamt den Bilanzfälschungen bei Dutzenden anderer US-Unternehmen entdeckt.

Dafür drehten manche der angeblichen Schmiergeld-Staaten der Dritten Welt den Spieß um und stellten die Korruptis der Industrieländer an den Pranger. In der Hauptstadt Maseru des kleinen südafrikanischen Königreichs Lesotho musste sich neben dem schwedisch-schweizerischen ABB-Konzern auch die deutsche Firma Lahmeyer aus Bad Vilbel wegen aktiver Bestechung verantworten. Sie wurde beschuldigt, den Leiter des großen Staudammprojektes Lesotho Highland Waters bestochen und 400 000 Mark Schmiergeld auf dessen Schweizer Konten überwiesen zu haben.

Sündenregister der Tabak-Konzerne

Ähnlich wie die OECD-Konvention hat auch die Brüsseler Antikorruptionsbehörde Olaf eher den Charakter eines Feigenblattes, das die Blöße der europäischen Bestechungsunion bedecken soll. Die 300 Mann starke Sondereinheit unter ihrem deutschen Chef Franz-Hermann Brüner hat zwar ein paar Betrügereien bei der EU-Statistik-Behörde Eurostat und der Atomenergiebehörde Euratom aufgedeckt, doch die großen Fische wie der ehemalige deutsche Kommissar Martin Bangemann, der des Subventionsbetrugs verdächtige EU-Außenhandelskommissar Pascal Lamy oder David O'Sullivan, der frühere Kabinettschef von Kommissionspräsident Romano Prodi, blieben bisher unbehelligt. Kritiker werden gemobbt oder entlassen. Als die spanische Chefbuchhalterin Marta Andreasen auf schwer wiegende Mängel und allerlei Ungereimtheiten im Zahlenwerk der EU hinwies, wurde sie von ihrer deutschen Vorgesetzten, der für den 95-Milliarden-Euro-Haushalt der Mammutbehörde zuständigen Kommissarin Michaele Schreyer, kurzerhand gefeuert. Eine 95-seitige Schwachstellenanalyse des Europäischen Rechnungshofs bestätigt aber im Wesentlichen die Vorwürfe der Spanierin. Auch der niederländische EU-Controller Paul van Buitenen, der mit seinen Enthüllungen schon zum Sturz der letzten Kommission unter dem Luxemburger Jacques Santer beigetragen hatte, drang bei Kommissions-Präsident Romano Prodi nicht durch und verließ frustriert die Europa-Hauptstadt, um in der holländischen Provinz die Finanzen der Polizei zu überwachen.

Jedes Jahr versickern Milliardenbeträge aus dem EU-Haushalt in sinnlosen Projekten wie in den Taschen von Zigarettenschmugglern, Olivenölpanschern oder Flachsanbauern, und alle diese Fälle werden so wenig aufgeklärt wie die Affäre um die Raffinerie in Leuna, für deren Bau der französische Mineralölkonzern Elf-Aquitaine über 80 Millionen Mark Schmiergelder fließen ließ. Dennoch kann sich die Olaf-Truppe über mangelnde Arbeit nicht beklagen. Allein zwischen Juni 2001 und Juni 2002 legte sie um gut 30 Prozent mehr Ermittlungsakten an als im Jahr zuvor: 972 Betrugsfälle waren zu bearbeiten, davon immerhin 154 innerhalb der EU-Organisation. Aufsehen erregte zum Beispiel der Fall der Ende 2001 ausgeschiedenen griechischen Rechnungsprüferin Kalliopi Nikolau, die im Verdacht steht, Verwandten und Bekannten gut dotierte EU-Posten zugeschanzt zu haben.

Selbst die Schmiergelder von Elf-Aquitaine waren freilich nur Kleingeld, verglichen mit den Profiten, die internationale Tabakkonzerne mit illegalen Geschäften einfahren. Weil den EU-Staaten jährlich Milliardenbeträge entgehen, statutierte die Brüsseler Kommission am Zigarettenhersteller R. J. Reynolds ein Exempel. Nach jahrelangen verdeckten Recherchen der Olaf-Truppe verfassten EU-Anwälte eine 150 Seiten starke Anklageschrift, die sich wie eine exakte Beschreibung der Betrüger-Wirtschaft liest. Unter dem Deckmantel eines scheinbar seriösen Unternehmens, das mit seinem Werbebudget für Marken wie »Camel«, »Winston« oder »Salem« zum Wohlergehen von Zeitschriftenverlagen, TV-Sendern und Sportveranstaltern beiträgt, treibt der im US-Bundesstaat North Carolina beheimatete Tabak-Multi offenbar Schmuggel- und Geldwäsche-Geschäfte mit kolumbianischen Drogenbaronen wie mit der Russen-Mafia und sogar mit dem Clan des irakischen Staatschefs Saddam Hussein. Von der Schweiz aus, so steht es in der beim New Yorker Bezirksgericht unter dem Aktenzeichen 02CV 5771 registrierten Klage, hätten Reynolds-Manager Verträge mit Abgesandten der Verbrecherbanden geschlossen, die dem Ziel dienten, Drogengelder zu waschen und Steuern zu hinterziehen. Wörtlich heißt es: »Reynolds verkauft seine Zigaretten an Kriminelle, akzeptiert dafür Gelder aus verbrecherischen Geschäften und trifft Arrangements für die verdeckte Bezahlung.« Mit ihrer Zivilklage in New York will die Brüsseler Kommission Konzerne wie Reynolds und wohl auch Philipp Morris (»Marlboro«) zur Kasse bitten. Auf zehn bis 30 Milliarden Euro beziffern die EU-Staaten den jährlichen Steuerausfall durch den von den Tabakkonzernen geduldeten, vielleicht sogar mitorganisierten Zigarettenschmuggel. An der Bekämpfung der gesundheitlichen Schäden, die das Nikotingeschäft anrichtet, ist zumindest die Berliner Regierung wenig interessiert. Als einziges EU-Land will Deutschland auf ein generelles Werbeverbot für die gefährlichen Glimmstängel verzichten.

Der Empörungspegel des Publikums sinkt von Affäre zu Affäre wie die Einschaltquoten einer Soap Opera im Fernsehen. Obwohl er weiß, dass er die Zeche zahlen muss, regt das alles den Bürger immer weniger auf. Wie ein gelangweilter Fernsehzuschauer zappt er sich durchs Affärenprogramm und bleibt nur noch da hängen, wo ihm ein Name oder ein Tatort bekannt vorkommen. Interesse finden allenfalls noch die Details, etwa die Methodik von Preisabsprachen, die Ausschaltung des Wettbewerbs oder die Technik der Schwarzgeldtransfers. Fühlt er sich dann genügend gebildet, fängt er an, seinen eigenen Wirkungskreis nach Verdienstmöglichkeiten abzusuchen. Das Anschauungsmaterial zur Volksbildung in Sachen Korruption war ja in letzter Zeit sehr anregend.

Nehmen wir die Kölner Müllaffäre. Jeder Steuerzahler der Domstadt kann sie doch nur als Aufforderung verstehen, sofort in eine Partei einzutreten und sich mit Eifer um die kommunalen Belange zu bemühen. Nach den Erzählungen von Ulrich Eisermann, dem ehemaligen Leiter des Hauptamtes in der Kölner Stadtverwaltung und späteren Geschäftsführers der Abfallentsorgungs- und -verwertungsgesellschaft (AVG) muss man ja weder besonders begabt und auch nicht sehr tüchtig sein, um schnell mal ein paar Milliönchen abstauben zu können. Das Wissen, wann die Stadt mal wieder einen größeren Auftrag zu vergeben hat, genügt vollkommen.

Eigentlich wollten die Kölner ja nur ihren Müll verbrennen, der ihnen langsam über den Kopf wuchs. Dafür hätten Brennöfen mit einer Kapazität von 280 000 Tonnen pro Jahr durchaus genügt. Weil dabei aber für die Auftraggeber nur ein bisschen was abgefallen wäre, musste erst mal dafür gesorgt werden, dass ein richtig großer Batzen daraus wurde. Wie bringt man eine Stadtverwaltung dazu, viel mehr Geld auszugeben, als eigentlich nötig wäre? Klar: Man verspricht ihr ein tolles Geschäft.

Eisermann und seine Freunde aus der Müllbranche projektierten eine Anlage mit einer jährlichen Kapazität von 570 000 Tonnen und rechneten den Stadtvätern öffentlich vor, wie viel Geld man mit der Verbrennung der Abfälle sämtlicher umliegenden Gemeinden verdienen könne. Von der Aussicht geblendet, dass man den eigenen Müll am Ende beinahe umsonst entsorgen könnte, vergaßen die wackeren Räte der Domstadt freilich, die Kollegen ringsum zu fragen, mit wie viel Tonnen des kostbaren Unrats man eigentlich zu rechnen habe. Also wurde in großen Dimensionen geplant, und die Auftraggeber plagte die einzige Sorge, dass der Müllschlucker zu billig wurde.

Da eine öffentliche Ausschreibung unumgänglich war, musste zuvor dafür gesorgt werden, dass der teuerste Anbieter den Zuschlag bekam. Es fügte sich, dass an der AVG als Auftraggeber der als Betreiber der Anlage ausersehene Viersener Unternehmer Hellmut Trienekens beteiligt war und beste Beziehungen zu dem Gummersbacher Anlagenbauer L & C Steinmüller unterhielt, der an dem Kölner Auftrag brennend interessiert war, und so nahm die Geschichte ihren bekannten Verlauf. Obwohl Angebote vier verschiedener Anlagenbauer eingingen, erhielt Steinmüller den Zuschlag, und die Stadt Köln bekam für rund eine Milliarde Mark eine viel zu große und viel zu teure Müllverbrennungsanlage, die seitdem nur spärlich ausgelastet ist, obwohl das Schüttgut oft aus weiter Ferne, teilweise sogar bis aus Neapel, herangefahren wird. Unnötig zu erwähnen, dass die Kölner Bürger für die Entsorgung ihrer Abfälle mit die höchsten Gebühren in Deutschland zahlen müssen, die sich seit Inbetriebnahme ihrer schönen Anlage glatt verdreifacht haben.

Polit-Affäre von durchschlagender Wirkung

Natürlich ist keineswegs sicher, dass die nicht zum Zuge gekommenen Steinmüller-Konkurrenten billiger gebaut hätten, und vollends ungewiss ist, ob dann die mit dem Fall betrauten Staatsanwälte und Kripobeamten weniger Überstunden hätten machen müssen. Wenn es stimmt, was der in der Müllbranche bestens bekannte Anlagenplaner Hans Reimer den Redakteuren der »Zeit« zum Besten gab, durchweht die ganze Gilde der Anlagenbauer seit jeher der süße Geruch von Korruption.

Im Fall der MVA im Kölner Vorort Niehl sollen nach den Ermittlungen der Staatsanwälte rund 30 Millionen Mark Schmiergeld geflossen und schön ungleichmäßig an die Beteiligten verteilt worden sein. Drahtzieher Eisermann bekam mit rund 9,5 Millionen Mark den fettesten Batzen ab, der Diplomingenieur Sigfrid Michelfelder, ehemaliger Steinmüller-Geschäftsführer und Mitglied im Präsidium des Bundesverbandes der Deutschen Industrie, soll mit 2,4 Millionen, MVA-Betreiber Hellmut Trienekens mit guten zwei Millionen bedient worden sein. Der große Rest von rund 15 Millionen aber machte aus dem ganz normalen Korruptionsfall eine Politaffäre von durchschlagender Wirkung.

Denn am Schmiergeld aus Steinmüllers schwarzer Kasse in der Schweiz machte sich der Kölner SPD-Klüngel die Finger nass. Nicht nur einzelne Strippenzieher wie der ehemalige

Fraktionschef Norbert Rüther oder der alte Fahrensmann Karl Wienand sollen gut bedient worden sein – ein Betrag von angeblich mehr als 800 000 Mark landete, in unauffällige Kleinportionen zerstückelt, in der Spendenkasse der Partei, und das machte nicht nur den Genossen am Rhein zu schaffen. Als die Geschichte beim besten Willen nicht mehr zu vertuschen war, ekelte sich im nahen Düsseldorf SPD-Ministerpräsident Wolfgang Clement, und im fernen Berlin wurde es sogar dem Kanzler mulmig, der kurz zuvor noch getönt hatte: »Köln ist nicht Kohl«.

Den praktisch veranlagten Bürger aber interessierte mehr die Frage, warum die Geschichte aufflog. Schließlich hatten die Müllmänner professionell gearbeitet: Das Geld kam von Schweizer Konten und wurde auch jenseits der Grenze im Züricher Hilton Hotel verteilt. Was nach Deutschland zurückfloss, landete, ohne Spuren zu hinterlassen, auf gut Kölsch »cash in de täsch« von so vielen honorigen Leuten, dass man zu Recht annehmen konnte, keiner würde petzen. Dennoch kam der erste Hinweis wieder von einem Insider.

Der Brief an die Kölner Steuerfahndung, in dem von beträchtlichen Schmiergeldzahlungen durch die Firma Steinmüller die Rede ist, stammte von einem Ingenieur, der mit eben dieser Firma gelegentliche Geschäfte gemacht hatte. Den Beamten erschien der Hinweis jedoch zunächst nicht der Mühe wert. Erst nachdem in anderen Teilen der Republik Staatsanwälte begannen, sich mit überteuerten Müllöfen zu beschäftigen, nahmen die Kölner Strafverfolger Witterung auf. Nachdem mit dem früheren Steinmüller-Geschäftsführer Michelfelder und dem AVG-Chef Eisermann die ersten Verdächtigen in der U-Haft gelandet waren, ging alles recht schnell. In der Hoffnung auf ein mildes Urteil stellte sich Eisermann als Kronzeuge zur Verfügung und erklärte den Fahndern die Spielregeln im Geschäft mit kommunalen Großaufträgen.

Spielführer Hellmut Trienekens konnte sich nur mit einer Rekordkaution von 100 Millionen Euro freikaufen, und die

SPD legte plötzlich Wert auf Distanz zu ihren früheren Lokalmatadoren. Auch die Staatsanwälte waren nicht ganz zufrieden, denn sie wussten, dass sie nur einen kleinen Tümpel im europaweiten Korruptionssumpf trockengelegt und nicht einmal alle Millionen aus Steinmüllers schwarzen Kassen gefunden hatten.

Nach den Enthüllungen in der Kölner Müllaffäre und den Auslassungen des der Steuerhinterziehung beschuldigten Hamburger Maschinenbauingenieurs Hans Reimer darf getrost davon ausgegangen werden, dass bei jedem in Auftrag gegebenen Großprojekt im Anlagenbau, gleich ob Heizkraftwerk oder Müllverbrennungsanlage, das Schmiergeld in Strömen floss. Dabei dürften nicht nur Beamte, sondern auch die in den Kommunen regierenden Parteien reichlich Fett abgekommen haben.

Wie verbissen gut geschmierte Lokalpolitiker reagieren, wenn sich Journalisten mit ihren Machenschaften beschäftigen, zeigte sich im Fall des Bonner CDU-Fraktionschefs Reiner Schreiber. Durch hartnäckige Recherchen hatte der freie WDR-Mitarbeiter Jochen Hilgers herausgefunden, dass der einflussreiche Stadtrat vom Anlagenbauer ABB für die Vergabe des Auftrags zur Modernisierung des Heizkraftwerks Nord 1,2 Millionen Mark Schmiergeld erhalten haben soll. Nachdem er dies in mehreren Radio- und TV-Beiträgen veröffentlicht hatte, zogen Schreibers Anwälte mit Unterlassungsklagen, einstweiligen Verfügungen, Aufforderungen zur Gegendarstellung und Strafanzeigen gegen den Journalisten wie den Sender zu Felde. »Ohne Rückendeckung durch den WDR hätte ich das wohl nicht durchgestanden«, bekannte Hilgers, nachdem er den ersten Prozess verloren hatte und ihm eine Ordnungsstrafe von 500 000 Mark drohte.

Auch als bereits die Staatsanwälte ermittelten, ließen die Freunde und Anwälte des korrupten Stadtrats nicht locker. Über den Bonner Bürochef des Boulevardblatts »Express«, das den Fall aufgegriffen hatte, zirkulierten plötzlich Dossiers mit Details aus seinem Privatleben in der Stadt, und die Strafverfolger mussten sich gegen Dienstaufsichtsbeschwerden und Anzeigen zur Wehr setzen. Doch es half alles nichts. Im April 2002 wurde Reiner Schreiber wegen des Verdachts der Bestechlichkeit in einem besonders schweren Fall verhaftet und sein Konto in der Schweiz, das ein Guthaben von mehr als 1,5 Millionen Euro aufwies, blockiert.

ABB versackt im Korruptionssumpf

Wieder einmal führte die Spur zu dem schwedisch-schweizerischen Technologiekonzern ABB, den die Staatsanwaltschaft Mannheim schon lange im Verdacht hat, Zentrum eines Korruptionsnetzwerks zu sein, das bereits in den 90er-Jahren über schwarze Kassen mit rund 300 Millionen Mark verfügte und damit systematisch Auftraggeber aus dem In- und Ausland bestochen haben soll. Sogar die beiden Nummernkonten beim Züricher Bankhaus Julius Bär (18010 und 46391942) sind bekannt, von denen aus die Schmiergelder in die Taschen der Auftraggeber flossen; doch da die Schweizer Behörden mauerten, konnte der Fall ABB bisher nicht abgeschlossen werden. Auch die Mannheimer Staatsanwälte zeigen wenig Eile, die seit Jahren schmorende Affäre zu Ende zu bringen. Möglicherweise bremst die Furcht vor dem Verlust weiterer Arbeitsplätze ihren Tatendrang. ABB ist immerhin der größte Arbeitgeber der Stadt, und der Standort scheint arg gefährdet.

Gegen Michael Pohr, den ehemaligen Deutschlandchef des Anlagenbauers, ermittelten Staatsanwälte aus Gießen jahrelang in mehr als achtzehn Fällen wegen des Verdachts der Angestelltenbestechung, ehe Anklage erhoben werden konnte, und dem ehemaligen Chef der Konzerntochter ABB Oberflächenanlagen GmbH werfen sie vor, Schmiergelder von 16,3 Millionen Mark, die für Auftraggeber aus der Autoindustrie bestimmt waren, in die eigenen Taschen gelenkt zu haben.

So wird am Beispiel des affärengeplagten Technologiekonzerns deutlich, wie schnell sich die Vorteile, die gut gefüllte

Schmiergeldkassen im Konkurrenzkampf bringen, in Nachteile verwandeln können. Erst nehmen die Ansprüche der Auftraggeber zu, dann müssen immer mehr Mitwisser bedient werden, schließlich plündern einen die eigenen Angestellten aus. Derweil nimmt die Leistungsfähigkeit des Konzerns, der seine Aufträge dem Bakschisch zu verdanken hat, rapide ab, er wird zum Sanierungsfall.

Im Niedergang des Technologieunternehmens ABB, das einst zu den führenden Anlagenbauern der Welt zählte und heute ums Überleben kämpfen muss, spiegelt sich schicksalhaft die Zukunft der Betrüger-Ökonomie. Eine Gesellschaft, in der jeder jeden zu betrügen und zu korrumpieren versucht, hat wenig Chancen im Wettbewerb mit Nationen, die vielleicht technisch rückständiger, dafür moralisch integrer sind.

Warum die Bahn so teuer baut

Der Anti-Korruptionsbericht des Bundesverbandes der Deutschen Industrie, verfasst in Zusammenarbeit mit der Sicherheitsfirma Control Risks, zieht eine beschämende Bilanz. Heimische Firmen sind demnach in der Bekämpfung der Durchstechereien erheblich nachlässiger als ihre europäischen Nachbarn und auch die Amerikaner. Während rund 70 Prozent der Firmen in den USA wie in Großbritannien wenigstens formale Vereinbarungen treffen, keine Bestechungsgelder zu zahlen, hält nur jedes dritte deutsche Unternehmen eine derartige Schutzmaßnahme für erforderlich. Drei Viertel lehnen auch die laufende Überprüfung der Geschäftsprozesse ab; in Großbritannien hingegen bekennt sich jedes zweite Unternehmen dazu.

Wie tief die von den europäischen Nachbarn einst ob ihrer Tüchtigkeit gefürchteten Deutschen bereits im Schlamassel stecken, zeigt die rapide Zunahme der aufgedeckten Durchstechereien in Stadt und Land. Längst geht es nicht mehr um einzelne korrupte Politiker und gierige Unternehmer, sondern um den flächendeckenden Betrug zu Lasten der Allgemeinheit. Die Tickets der Bahn zum Beispiel könnten wesentlich preiswerter sein, wenn es Deutschlands größtem Verkehrsunternehmen gelänge, der Korruption Herr zu werden. Obwohl Bahnchef Hartmut Mehdorn nichts unversucht lässt, den Staatsbetrieb von bestechlichen Mitarbeitern zu säubern, fahren seine Züge weiterhin auf gut geschmierten Gleisen.

Kaum eine Woche vergeht, ohne dass das »Unternehmen Zukunft« nicht von seiner Vergangenheit eingeholt wird. Etwa 210 Verdachtsfälle stapeln sich auf den Schreibtischen der beiden Ombudsmänner, die auf Geheiß des Bahnchefs Korruptionshinweisen von Mitarbeitern nachgehen sollen. Eingesetzt wurden die Vertrauensleute, nachdem Mehdorn erfahren hatte, dass sich ein ehemaliger Einkaufsleiter der Bahn in Frankfurt von Bau- und Logistikfirmen mit 3,2 Millionen Mark schmieren ließ und einen Schaden von 32 Millionen Mark anrichtete. Sorgt sich Bahnjustitiarin Margrit Suckale: »Für viele Mitarbeiter ist das eine äußerst belastende Situation. Sie sind entweder selbst verwickelt oder wissen, dass in ihrem Umfeld etwas Unredliches passiert, und haben schlichtweg Angst, sich gegenüber ihrem Vorgesetzten zu offenbaren.«

Die Ombudsleute sollen die Informationen vertraulich behandeln und die Denunzianten vor Repressalien schützen. Ob damit der Korruptionssumpf bei der Bahn ausgetrocknet werden kann, erscheint fraglich angesichts der geradezu orientalischen Geschäftspraktiken in den vergangenen Jahren. »Für 11,5 Milliarden Euro hat das Unternehmen seit 1995 rollendes Material geordert – und dafür vorwiegend schlechte Produkte erhalten«, befand der »Spiegel« in einer Geschichte über die Pannenzüge der Bahn. Nicht nur beim Einkauf wurde tüchtig zugelangt, manchmal gab es auch beim Verkauf etwas zu verdienen. Da hielt es zum Beispiel ein hoher Bahnbeamter für angebracht, über 3000 Spezialwaggons an eine Leipziger Firma (Maschinenbau Kirow Leipzig Rail and Port) zu verkaufen, obwohl die Bahn diese Waggons dringend selbst benötigte und sie deshalb für 18 Millionen Mark wieder anmieten musste – im Jahr. Für das lukrative Geschäft ließ sich der Beamte von Kirow nach Angaben des Magazins »Focus« zu kostspieligen Urlaubsreisen nach Südafrika einladen. Nebenbei soll der tüchtige Eisenbahner als stiller Gesellschafter der Firma MTL Logistik- und Transportmanagement, die mit der Bahn glänzende Geschäfte machte, von 1996 bis 1999 3,2 Millionen Mark Gewinnbeteiligung erhalten haben.

Auch wenn der Raffzahn inzwischen verhaftet wurde und Mehdorns Presseabteilung unter Leitung des früheren »Stern«-Redakteurs Dieter Hünerkoch viel Geld ausgibt, um dem größten Dienstleistungsbetrieb der Nation ein modernes Image zu verpassen, gleicht das Unternehmen Bahn nach wie vor einem großen Selbstbedienungsladen. Bestes Beispiel dafür ist die Art, wie die Bahn ihre neuen Hochgeschwindigkeitsstrecken plant. Kostete bereits die neue ICE-Verbindung zwischen Frankfurt und Köln viel mehr als geplant, so gerät der Bau der Linie München–Nürnberg zum finanziellen Desaster.

Die ursprünglich kalkulierten Kosten von 2,4 Milliarden Mark haben sich nahezu verdreifacht, und inzwischen ermittelt bereits die Staatsanwaltschaft wegen des Verdachts der Korruption. Schon bei der Auswahl der Streckenführung, vermutet der Bund Naturschutz, ging es nicht mit rechten Dingen zu. Die günstigste Variante über Augsburg wurde nach Ansicht von Naturschützer Hubert Weiger verworfen, weil sie »brettleben« ist, keine teuren Tunnels notwendig machte und deshalb den am Bau interessierten Firmen ein zu geringes Auftragsvolumen bescherte.

Stattdessen entschieden sich die Bahnoberen, unterstützt von Bayerns Wirtschaftsminister Otto Wiesheu, für die etwa zwölf Minuten schnellere Linie über Ingolstadt. Die hatte den Vorzug, dass nicht nur extrem hohe Baukosten anfielen, sondern auch noch ein satter Zinsgewinn für die Bayerische Landesbank. Wegen der schwierigen geologischen Verhältnisse müssen 26 der insgesamt 171 Kilometer untertunnelt werden, und die Schienen verlaufen nicht im Schotterbett, sondern auf einem doppelt so teuren Betonband. »Mit Hochgeschwindigkeit in die Bahnpleite«, betitelte der Naturschützer Wolfgang Zängel eine 260 Seiten starke Dokumentation, in der er nachweist, wie die bayerischen Amigos die Bahn zur Kasse bitten.

Minister Wiesheu etwa, der stärkste Befürworter der Ingolstadt-Linie, sitzt im Verwaltungsrat der Bayerischen Landesbank, die an der Finanzierung der teuren Bahnstrecke im Lauf von 25 Jahren bis zu zehn Milliarden Mark Zinsen einnehmen dürfte, und der langjährige Landesbankchef Alfred Lehner gehörte gleichzeitig dem Aufsichtsrat des Augsburger Baukonzerns Walter an, der den Löwenanteil des Auftrags zugeschanzt bekam.

Wie es bei der Ausschreibung einzelner Teilaufträge zuging, untersucht seit Frühjahr 2002 eine Ermittlungsgruppe der Staatsanwaltschaft Hannover. Die hatte schon lange den niedersächsischen Bauunternehmer Günther Papenburg im Visier, weil sie ihn verdächtigt, bereits beim Ausbau der ICE-Strecke Hannover–Berlin Aufträge mit Bestechungsgeldern erkämpft zu haben. Als Papenburg, der etwa 3000 Leute beschäftigt und rund 600 Millionen Euro im Jahr umsetzt, auch noch den Zuschlag für ein 21 Kilometer langes und 263 Millionen Euro teures Teilstück der Linie München–Nürnberg zwischen München-Obermenzing und Röhrmoos ergatterte, obwohl sein Angebot ursprünglich teurer war als die Offerten der Konkurrenz, wurden die Ermittler stutzig.

Bezahlte Urlaubsreisen nach Mauritius

Inzwischen beschäftigt sich auch die Innere Revision der Bahn mit dem Vorgang, und der mit dem ehemaligen niedersächsischen Ministerpräsidenten Gerhard Schröder gut bekannte Baulöwe Papenburg versuchte sich aus der Schusslinie zu bringen, indem er den für das Projekt verantwortlichen Geschäftsführer beurlaubte. Derweil rätselten die bei der Ausschreibung unterlegenen Konkurrenten, wieso die Bahn einem Unternehmer den Zuschlag gab, von dessen »goldenem Handschlag« sie schon seit Jahren wissen musste. »Wir werden knallhart vorgehen und den Sumpf der Korruption trockenlegen«, versprach Bahnchef Hartmut »Sisyphos« Mehdorn.

Nirgendwo ist der Boden so nachgiebig wie im Umkreis des öffentlichen Dienstes. Ob Staatsunternehmen oder Kommunalverwaltung, Parteienfilz oder Länderregierung – überall riecht es nach Korruption und Bereicherung. Begreifen schon die meisten Abgeordneten ihren Einzug ins Parlament als Lizenz zum Zulangen, Senator-Card und Limousinenservice inklusive, so nutzen viele Funktionsträger in der Provinz ihre Machtstellung erst recht zur Vermögensbildung in Politikerhand:

- **Potsdam:** 61 Wohnungen kaufte der ehemalige brandenburgische Justizminister Kurt Schelter zwischen 1995 und 1998 allein in Berlin und musste dafür noch nicht einmal tief in die Tasche greifen. Mehrere Geldinstitute, darunter die Bayerische Landesbank, gewährten dem CDU-Politiker so hohe Kredite, dass er damit nicht nur seinen Immobilienbestand laufend ergänzen konnte, sondern auch noch reichlich Bargeld in die Kasse bekam. Zusammen mit drei Immobilienmaklern und einem Notar stockte der aus Bonn zugewanderte Karrierebeamte seinen Schuldenberg so lange auf, bis seine Ministerbezüge nicht mehr ausreichten, die Zinsen zu zahlen. Erst dann trat der Herr über die brandenburgische Justiz unter dem Druck von Presseberichten zurück.
- **Wuppertal:** Als der SPD-Politiker Hans Kremendahl im Spätherbst 1996 als Oberbürgermeister ins Wuppertaler Rathaus einzog, versprach er den Bürgern, er werde »den Augiasstall« in der Stadtverwaltung »ohne Ansehen von Person und Status« ausmisten. Das kam gut an in der Heimatgemeinde des späteren Bundespräsidenten Johannes Rau, denn die Staatsanwälte hatten viel zu tun in jenen Jahren an der Wupper: Nicht weniger als 635 Ermitt-

lungsverfahren wegen Bestechung und Bestechlichkeit waren anhängig, davon 317 gegen Amtsträger.
»Diese Stadt ist total versifft«, urteilte damals der Oberstaatsanwalt Alfons Grevener, nachdem er bei der Gemeinnützigen Wohnungsbaugesellschaft (GWG) »ein eng gestricktes Netz von Korruption« zutage gefördert und acht Prominente, darunter auch Freunde und Helfer von Johannes Rau, hinter Gitter gebracht hatte. Freilich kehrte der neue Besen im Rathaus wohl zu wenig vor der eigenen Tür, denn im Sommer 2002 stand auch Hans Kremendahl unter Anklage. Die Staatsanwaltschaft warf ihm vor, er habe seinen Wahlkampf mit einer 500 000-Mark-Spende des Wülfrather Bauunternehmers Uwe Clees finanziert und ihm dafür eine »wirtschaftlich vorteilhafte Unterstützung seiner Bauvorhaben gewährleistet«.
Obwohl Zeugen wie der Dresdner Oberbürgermeister Ingolf Rossberg, der einst als Beigeordneter für Stadtentwicklung in Wuppertal gearbeitet hat, bestätigten, dass Clees sich der besonderen Gunst des Ratshauschefs erfreute, wollte Kremendahl seinen Posten partout nicht räumen. Grund: Im Fall eines freiwilligen Rücktritts hätte er die Ansprüche auf sein Gehalt und die Pension verloren. So musste ihn der Düsseldorfer Regierungspräsident Jürgen Büssow förmlich aus dem Wuppertaler Rathaus vertreiben.

- **Saarbrücken:** Noch ein Oberbürgermeister, dem seine Bezüge wichtiger sind als seine Ehre. SPD-Matador Hajo Hoffmann klammerte sich bis zuletzt an sein Amt, obwohl er im Mai 2002 vom Amtsgericht Saarbrücken wegen Untreue zu einer Geldstrafe von 25 000 Euro verurteilt wurde. Hoffmann, der es sogar zum Präsidenten des Deutschen Städtetags brachte, soll sich beim Bau seines Hauses Leistungen im Wert von 50 000 Mark von einer städtischen Firma gratis besorgt haben und wähnt sich als Opfer einer Politintrige. Da im Saarland die CDU regierte, war die Suspendierung des populären SPD-Oberbürgermeisters nur eine Frage der Zeit. Dafür dürfen die Saarbrücker Bürger ihrem ehemaligen Stadtoberhaupt bis ans Ende seiner Tage den Lebensunterhalt bezahlen.

- **Bremen:** Mitten in dem hochverschuldeten Stadtstaat an der Weser, Heimat ehrbarer Kaufleute und des SV Werder, breitet sich, wenn man den Staatsanwälten der Hansestadt Glauben schenkt, ein Biotop levantinischen Zuschnitts aus. Achtzig Kripobeamte rückten Ende 2001 aus, um dem Treiben des Bauunternehmers Kurt Zech ein Ende zu bereiten, den die Staatsanwälte verdächtigen, Bauaufträge rechtswidrig erkämpft zu haben. Ohne öffentliche Ausschreibung ging zum Beispiel der 21-Millionen-Mark-Auftrag für die neue Osttribüne des berühmten Weser-Stadions an Zech, der einem Abteilungsleiter im Bausenat angeblich ein Haus für 900 000 Mark umbauen ließ, aber nur 520 000 Mark in Rechnung stellte.
- **Kiel:** Um ein Haar wäre Schleswig-Holsteins Landesmutter Heide Simonis im Frühjahr 2002 ein Angestellter ihrer Staatskanzlei zum Verhängnis geworden. Über 100 Kripobeamte waren im Einsatz, um die Machenschaften des Staatsbediensteten Karl Pröhl aufzuklären, der seinen Job als Beauftragter für die Weltausstellung Expo 2000 offenbar aufs Innigste mit allerlei privaten Geschäften verband. Pröhl wird vorgeworfen, für die Sanierung des »Kieler Schlosses« bei Banken hohe Darlehensbeträge erschlichen und seine Stellung in der Staatskanzlei zu Geschäften mit dem Hamburger Immobilienunternehmer Falk Brückner missbraucht zu haben. Obwohl Pröhls Vorgesetzten die vielfältigen Aktivitäten ihres umtriebigen Mitarbeiters kaum verborgen geblieben sein konnten, unternahmen sie nichts, um ihm das Handwerk zu legen. Erst als ihn Kripobeamte dabei beobachteten, wie er Akten im Wald verbuddelte, musste Pröhl den Dienst am schleswig-holsteinischen Vaterland quittieren. Heide

Simonis rettete ihren Posten, indem sie den Leiter der Staatskanzlei, Klaus Gärtner, zum Rücktritt drängte.

- **München:** Wie es seine Art ist, leuchtet das seit vielen Jahren vom populären SPD-Oberbürgermeister Christian Ude regierte Bazi- und Bussi-Babylon an der Isar hell aus dem Korruptionssumpf deutscher Großstädte hervor. Staatsanwälte, Steuerfahnder und Verfassungsschützer kamen nicht einem, sondern einem ganzen Schwarm von Schmiergeldsystemen auf die Spur. Sorgfältig unterscheidet man im Münchner Rathaus zwischen dem Elektro-, Flughafen-, Kanalbau-, Klärwerk-, Küchen- und Straßenbau-Kartell. Wo immer ein Auftrag zu vergeben war, hielten wackere Beamte die Hand auf – und segneten die von den Kartellbrüdern eingereichten Mondrechnungen ab, sodass der Münchner Steuerzahler sich der Gewissheit hingeben durfte, die bayerische Wirtschaft überreichlich unterstützt zu haben. Nicht weniger als 1620 Ermittlungsverfahren hatten die Staatsanwälte zu bewältigen, 627 Personen wurden verurteilt, darunter freilich nur 16 Mitarbeiter der Stadt. Zuletzt erwischte es drei Mitarbeiter des Baureferats, Abteilung H7 GS3, die bei den insgesamt 18 Firmen des »Küchenkartells« abkassierten. Zwölf Prozent Provision waren fällig, sobald in städtischen Schulen, Kindergärten oder Krankenhäusern eine neue Küche benötigt wurde. Das Schmiergeld wurde in Kneipen bar übergeben, gelegentlich auch als Sachspende (von der Fernreise bis zum Golf Cabrio) entrichtet – insgesamt 9496-mal. »Die Landeshauptstadt hat es 15 Jahre lang zugelassen, dass ein korruptives System aufgebaut wird«, rügte einer der Verteidiger im Prozess gegen vier Kartellbrüder.
- **Frankfurt:** Als eine der ersten Kommunen Deutschlands richtete die Main-Metropole nach ihrem ersten großen Bestechungsskandal im Jahr 1989 eine Antikorruptionsstelle ein und verordnete den städtischen Beamten strengste Richtlinien bei der Vergabe von Aufträgen. Doch

das alles nutzte nicht viel. Kaum zwölf Jahre später ermittelte Oberstaatsanwalt Wolfgang Schaupensteiner erneut im städtischen Bau- und Wohnungswesen und tappte dabei unversehens in »eine Sumpflandschaft, wie ich sie nie für möglich gehalten hatte«. Ins Visier seiner Ermittler gerieten über 200 Tatverdächtige, sodass Baudezernent Edwin Schwarz ängstlich anfragte, »ob mein gesamtes Hochbauamt verhaftet wird«.

Der Fall zeigt exemplarisch, wie wenig der Korruption auf dem Behördenweg beizukommen ist. Obwohl Aufträge über 5000 Mark von mindestens zwei städtischen Bediensteten abgezeichnet werden müssen, herrschte in den Frankfurter Amtsstuben ein fröhliches Geben und Nehmen. Kaum ein Auftrag ging hinaus, ohne dass sich die Empfänger erkenntlich zeigten. Zu Weihnachten gab es hin und wieder einen Videorekorder oder eine Kamera, zwischendurch ließ man sich häufig zum Essen einladen, und in teureren Fällen fiel auch schon mal eine Urlaubsreise nach Mauritius oder in die Karibik ab.

Im Gegenzug akzeptierten die Angestellten und Beamten überhöhte Rechnungen und manchmal auch solche, denen keinerlei Leistung zugrunde lag.

So überstiegen die Kosten für den Wiederaufbau des abgebrannten Bezirksbads Hoechst den vereinbarten Betrag um 168 Prozent, und bei zwei anderen Projekten rechneten die Handwerker gut 150 000 Mark zu viel ab. Selbst drakonische Strafen scheinen die Korruptis in den Amtsstuben kaum zu schrecken. Kurz zuvor hatte das Landgericht Frankfurt einen ehemaligen Flughafenangestellten zu fünf Jahren Gefängnis verurteilt, weil er sich von verschiedenen Firmen mit 2,3 Millionen Mark schmieren ließ.

- **Berlin:** Womöglich noch ausgedehnter als in Frankfurt ist der Korruptionssumpf in der Hauptstadt. Auf rund 50 Millionen Euro taxiert Lothar Mewes, oberster Korruptionsbekämpfer in der Stadtentwicklungsbehörde, den Schaden, der den Berlinern jedes Jahr durch bestechliche Angestellte und Beamte entsteht. Obwohl die Berliner Bakschisch-Fahnder Jahr für Jahr rund 500 neue Fälle auf den Tisch bekommen, nimmt die Korruption nicht ab, sondern zu.

Im Herbst 2001 zogen die Fahnder beispielsweise einen 64-jährigen Bauoberamtsrat kurz vor seiner Pensionierung aus dem Verkehr, der auf einem Geheimkonto im schweizerischen Städtchen Luzern über zwei Millionen Mark gebunkert hatte. Das Geld stammte, so vermuten die Fahnder, von Bau- und Handwerksfirmen, die sich an der Sanierung der Berliner Brücken eine goldene Nase verdienen durften. Fünfzig Kripobeamte durchkämmten die für die Brückenerhaltung zuständige Abteilung der Stadtentwicklungsbehörde, beschlagnahmten 2000 Ordner und identifizierten die Empfänger von allerlei Geschenken und Gefälligkeiten. »Je mehr wir ermitteln«, wundert sich Oberstaatsanwalt Claus-Peter Wulff, Leiter der Zentralstelle Korruptionsbekämpfung, »desto mehr entdecken wir.« Seit dem Jahr 1995 hat sich die Zahl der Bestechungsverfahren in Berlin gut verfünffacht.

»Vitamin B« mit Risiken und Nebenwirkungen

Angesichts der flächendeckenden Korruption in allen Teilen der Republik verwundert es kaum mehr, wenn die Spuren sogar bis zur Polizei und Justiz zu verfolgen sind. Beim Kölner Zollkriminalamt etwa geriet der Leiter des Präsidialstabs in den Verdacht, bei der Vergabe von Aufträgen für Geräte zur Telefonüberwachung eine bestimmte Firma aus Hessen bevorzugt und dafür Geschenke wie Mobiltelefone, Fernseher oder Computerzubehör entgegengenommen zu haben. In Mannheim und Magdeburg erwischte es gar zwei Insolvenzrichter, die offenbar bestimmten Konkursverwaltern und Firmenverwertern lukrative Aufträge zuschanzten und sich dafür aus den Konkursmassen passende Gegenstände aussuchten.

Wir lernen: In einem Land, in dem sich die Parteien von anonymen Spendern Geld zustecken lassen, Abgeordnete Nebeneinkünfte verschweigen und Bonus-Meilen privat verfliegen, hohe Beamte Aufträge nur gegen Schmiergeld vergeben und sogar Richter käuflich sind – in einem solchen Land ist alles möglich. Die Bananenrepublik lässt sich so lange »beatmen«, bis ihr eines Tages die Luft wegbleibt.

Besonders deutlich werden die Risiken und Nebenwirkungen von »Vitamin B« im Gesundheitswesen, das Patienten und Versicherte finanziell ausblutet, die Pharmaindustrie und die mit ihr verbundenen Ärzte aber mästet. Die Korruptionsgefahr fängt oben beim Kanzler an und hört unten beim Apotheker auf. Als seine Gesundheitsministerin Ulla Schmidt sich anschickte, die explodierenden Kosten für Arzneimittel zu deckeln und die Pharmahersteller zu Preisnachlässen zu zwingen, machte ihr Gerhard Schröder einen Strich durch die Rechnung. Für 200 Millionen Euro ließ sich der Kanzler von der Pharmaindustrie die Zusage abkaufen, die Pillendreher zwei Jahre lang in Ruhe zu lassen. Das opulente Backschisch kam der Rentenkasse zugute.

Wo politische Beschlüsse eine Frage des Geldes sind, hat auch der Eid des Hypokrates seinen Preis. Deutschlands Ärzte plagt deshalb nur selten ein schlechtes Gewissen, wenn sie sich die Namen der Präparate, die sie auf ihre Rezeptblöcke kritzeln, mit kleinen Geschenken und gepflegten Fortbildungsreisen abhandeln lassen. Da bei Medikamenten nicht der Patient, sondern der Arzt die Kaufentscheidung trifft, erfreuen sich die Mediziner seit jeher der besonderen Fürsorge der pharmazeutischen Industrie. Und seit für die fusionierten Pillenkonzerne nur noch der Shareholder Value zählt, verschreiben sie den Ärzten das Bakschisch in immer größeren Dosen.

Seit geraumer Zeit ermitteln zum Beispiel Staatsanwälte in ganz Deutschland gegen 1300 Klinikärzte wegen des Vorwurfs der passiven und gegen 380 Mitarbeiter des zweitgrößten Pharmakonzerns der Welt, Smithkline Glaxo, wegen des Vorwurfs der aktiven Bestechung. Mit der beispiellosen Schleppnetzfahndung hoffen die Staatsanwälte, den Unsitten bei der Markteinführung neuer pharmakologischer Produkte beizukommen.

Um ihren neuen AT1-Blocker Teveten, der zur Therapie des Bluthochdrucks eingesetzt wird, in den Markt zu drücken, lockten die Pharmamanager nicht nur mit Ärztereisen zu hochkarätigen Events wie der Fußballweltmeisterschaft in Frankreich (Endspiel inklusive) oder zu Formel-1-Rennen am Nürburg- und Hockenheimring, sondern auch noch mit kleinen Geldgeschenken.

Die Verfahren gegen Ärzte, die bis maximal 500 Euro kassierten, wurden als Bagatellen wieder eingestellt. Übrig blieben die schwereren Fälle mit Zahlungen bis zu 25 000 Euro, die offiziell als Honorare für Studien, Vorträge, Anwendungsbeobachtungen oder Beraterleistungen deklariert wurden. »Um an das Geld der Patienten heranzukommen, ist der Pharmaindustrie – fast – jedes Mittel recht: Von Desinformation in Studien- und Fortbildungskursen über Preistrickserei und aggressives Marketing bis hin zu – juristisch fragwürdigen – Werbegeschenken und offener Korruption reicht das Instrumentarium«, so der Befund des Nachrichtenmagazins »Spiegel«.

Umsorgt werden Praxisinhaber ebenso wie Klinikärzte. Auf einem Symposium mit dem schönen Titel »Bestechend oder bestechlich?« schilderte der Wuppertaler Oberstaatsanwalt Herbert Mühlhausen, was seine Fahnder bei einer Razzia in einer Pharmafirma festgestellt hatten. Aus den Unterlagen ging hervor, wie die Ärzte einer Klinik, die ein bestimmtes Präparat in erheblichen Mengen bestellt hatte, entlohnt wurden:

2,5 Prozent Bonus für den Chefarzt, 7,5 Prozent für die Oberärztin, und damit das Ganze nicht so auffiel, wurde der Bonus verdeckt, nämlich über die Begleichung einer Autorechnung, ausbezahlt.

In Berlin motivierte die Firma Octapharma Deutschland GmbH Aids-Praxen zur Verschreibung von Immunglobulinen, obwohl diese von den Kassen zur Behandlung erwachsener HIV-Patienten nicht zugelassen sind, mit einer Prämie von 4500 Mark, wenn sie einen der mitgelieferten Behandlungsbögen unterschrieben zurücksandten. In einem einzigen Monat soll dabei ein Aids-Arzt aus Berlin-Schöneberg nach der Rücksendung von mehr als 200 Behandlungsbögen über 100 000 Mark kassiert haben. Und im Lankwitzer Sankt-Marien-Krankenhaus wurde ein Chefarzt, der im Verdacht stand, seine Patienten mit überhöhten Rechnungen systematisch betrogen zu haben, fristlos gefeuert.

»Ein Drittel der Ärzte ist gewissenlos«

»Diese Praxis scheint in vielen Kliniken gang und gäbe zu sein«, bestätigt Kriminalhauptkommissar Jörg Engelhard, Leiter der Ermittlungsgruppe »Medicus«, die seit dem Jahr 1997 dem Abrechnungsbetrug von Ärzten auf der Spur ist und allein in den ersten sechs Monaten des Jahres 2002 130 neue Verdachtsfälle zu bearbeiten hatte. Klagte Ellis Huber, ehemaliger Präsident der Berliner Ärztekammer: »Ein Drittel der Ärzte ist zynisch-gewissenlos orientiert, ein Drittel hält sich an die ethischen Grundsätze, ein Drittel schwankt dazwischen.«

Zu den größten Profiteuren im Gesundheitswesen zählen seit Jahren die Gründer von Großlabors wie der Bayer Bernd Schottdorf, der über 1200 Mitarbeiter beschäftigt und von seinen Fahrdiensten täglich bei etwa 14 000 Ärzten bis zu 80 000 Proben einsammeln lässt. Mit der weitgehend automatisierten Analyse machte der geschäftstüchtige Arzt über 200 Millionen Euro Umsatz, und das geht den Kassen schon lange gegen den

Strich. Sie argwöhnen, dass zu viel, zu schlecht und zu teuer analysiert wird, und ihr Verdacht schien sich zu bestätigen, als Schottdorf wegen des Verdachts auf Abrechnungsbetrug verhaftet wurde und nur gegen eine Kaution von fünf Millionen Mark wieder freikam. Doch am 23. Oktober 2001 wurde Schottdorf freigesprochen und kann seither seine Geschäfte weiter ausbauen. Unterdessen gingen Hamburger Staatsanwälte einem neuen Fall nach. Im Großlabor Keese & Arndt suchten sie nach Beweisen für den »begründeten Anfangsverdacht«, dass durch überhöhte Abrechnungen in 30 000 Fällen ein Schaden von über 50 Millionen Euro entstanden sein könnte.

Für die Patienten wirkt sich die Korruption der Ärzteschaft vor allem dann verhängnisvoll aus, wenn ihnen teure Präparate verschrieben werden, deren therapeutischer Nutzen gering ausfällt. Seit Jahren beklagen Fachleute wie der Münchner Diabetes-Spezialist Professor Rüdiger Landgraf die aggressiven Marketingmethoden des Bayer-Konzerns für sein Medikament Glucobay, das wesentlich teurer ist als andere Mittel zur Senkung des Blutzuckerspiegels bei Typ-2-Patienten. Mit Honoraren bis zu 1500 Mark wurden unkritische Ärzte zur Teilnahme an einem »therapeutischen Zirkel« gelockt, in dem sie zu einer intensiveren Verordnung von Glucobay gebracht werden sollten.

Die Verschreibungswut der umsorgten Mediziner siegte bisher noch allemal über die Bemühungen der Politiker zur Kostendämpfung im Gesundheitswesen. Im Jahr 2001 zum Beispiel gaben die Krankenkassen über elf Prozent mehr für Arzneimittel aus als im Jahr zuvor und machten deshalb, obwohl sie die Beiträge von 13,5 auf 14 Prozent des Bruttolohns erhöht hatten, ein Minus von 2,8 Milliarden Euro. Das Geschäft mit rezeptpflichtigen Medikamenten bescherte der Pharmabranche allein in Deutschland einen Umsatz von 22,4 Milliarden Euro, und Fachleute wie Hans ter Stege, Inspektor des niederländischen Gesundheitsamtes, schätzen, dass die Industrie etwa 30 Prozent des Umsatzes allein für Marketing und Vertrieb ausgibt, Ärzteschmiergeld inbegriffen.

Mit welch zweifelhaften Methoden die Pillenkonzerne an der Preisschraube drehen, zeigt der Fall des Präparats »Akatinol Memantine« der Frankfurter Firma Merz Pharma. Seit dem Jahr 1983 auf dem Markt, wurden Akatinol-Tabletten vor allem bei leichten Störungen der Gehirnleistungen verschrieben, doch nach und nach entdeckten die Ärzte, dass sie auch den Verlauf der als unheilbar geltenden Alzheimer-Erkrankung verzögern können. Da andere Präparate mit ähnlicher Wirkung wesentlich teurer waren, griffen immer mehr Mediziner bei Alzheimer-Patienten zu den Pillen von Merz Pharma, und deren Marketing-Experten sannen darüber nach, wie man die wachsende Nachfrage in höhere Gewinne umsetzen könnte. Ihr Dreh: Am 31. Juli 2002 nahmen sie Akatinol vom Markt und brachten es am nächsten Tag unter neuem Namen erneut in die Apotheken. Nun hieß das identische Alzheimer-Präparat »Axura« und kostete in der 100-Tabletten-Packung statt 135,77 Euro stolze 74 Prozent mehr, nämlich 236,45 Euro. Täuschung? Betrug? Mitnichten, nur »marktgerechtes Verhalten«.

Ins Geld gehen nicht nur überteuerte Medikamente, sondern auch solche, die der Patient gar nicht benötigt. Gernot Kiefer, Vorstandsmitglied des Innungskrankenkassenverbandes, hält jede fünfte Arztabrechnung für fehlerhaft. Den Kassen entsteht durch zu viel verordnete Medikamente und abgerechnete Leistungen jährlich ein Schaden von mehreren Milliarden Euro. Kiefer, der die Arbeitsgruppe »Abrechnungsmanipulation« der Kassen leitet, kam zum Beispiel einem Neurologen auf die Spur, der einer 86-jährigen Patientin ein Diaphragma zur Schwangerschaftsverhütung sowie eine Reihe ebenfalls überflüssiger Untersuchungen verordnet hatte. Eine Berliner Ärztin machte sich an Berliner Schüler heran, um deren Krankenkassen-Chipkarten einzulösen, und rechnete anschließend rund 350 000 Euro für nicht geleistete Behandlungen ab.

Betrügerische Ärzte haben, auch wenn sie erwischt werden, nicht viel zu befürchten. Im Skandal um überteuerte Herzklappen zum Beispiel leiteten Wuppertaler Staatsanwälte rund 1400 Ermittlungsverfahren ein, doch nur 52 Angeklagte wurden – zu meist milden Strafen – verurteilt. Immerhin sanken seither die Preise für Herzklappen von 3200 auf 1800 Euro.

Der Chefarzt einer Ulmer Uniklinik hielt das »Sponsoring« der Industrie, das ihm teure Kongressreisen und aufwendige Weihnachtsfeiern bescherte, für so normal, dass er nach seiner Verurteilung wegen Vorteilsnahme und Bestechung durch das Landgericht Ulm Revision beim Bundesgerichtshof einlegte. Die Karlsruher Richter aber sahen das anders und bestätigten im Wesentlichen die Strafbarkeit der Annahme von Industrie-Geschenken, die geeignet waren, seine Kaufentscheidungen zu beeinflussen.

Etwa 900 Zahnärzte im gesamten Bundesgebiet beteiligten sich nach Recherchen einer Sonderermittlungsgruppe der AOK Niedersachsen an einem Betrugsmodell, das die Krankenversicherer über 100 Millionen Euro gekostet haben dürfte. Organisiert wurde der Schwindel von dem Mühlheimer Dentallabor Globudent, das den von den Ärzten bestellten Zahnersatz in China zu günstigen Preisen anfertigen ließ, ihn aber zu den in Deutschland üblichen Sätzen in Rechnung stellte. Die Differenz, die pro Gebiss im Durchschnitt 720 Euro ausmachte, teilten sich Globudent und Zahnärzte. Damit die geprellten Kassen keinen Verdacht schöpften, übergaben die Emissäre des Mühlheimer Labors ihre »Kickbacks« meist bar in verschlossenen Briefumschlägen. Inzwischen ermittelt der Wuppertaler Staatsanwalt Herbert Mülhausen, der auch schon den Skandal um die gebrauchten Herzklappen aufgerollt hatte, unter dem Aktenzeichen 142JS251/01.

Richter und Staatsanwälte im Angebot

Am Patienten stoßen sich alle gesund: außer der Industrie, den Ärzten und Krankenhäusern auch die Besitzer von 21 500 Apotheken in Deutschland. Zwar wollte die Gesundheitsministerin Ulla Schmidt mithilfe der Apotheker das Pharma-Ärzte-Kartell knacken, indem sie die Mediziner zwang, statt überteuerter Pharmapräparate nur noch deren Wirkstoffe zu verschreiben, doch der Erfolg blieb bescheiden. Wen wundert's: Die Arzneimittelverkäufer sind längst Teil des Kartells und weder an einer aufwendigen Suche nach den jeweils preiswertesten Mitteln noch an sinkenden Umsätzen interessiert.

Motiviert zogen sie deshalb auch gegen den Plan des Sachverständigenrats für das Gesundheitswesen zu Felde, den Versandhandel mit Arzneimitteln in Deutschland zuzulassen. Als die Gmünder Ersatzkasse als erste deutsche Krankenkasse auch die Kosten für im Ausland per Internet besorgte Medikamente erstattete, drohten Apotheker in Nordrhein-Westfalen sofort mit Boykott. Die flugs gegründete Initiative »Pro Apotheke« machte Stimmung gegen die Regierung und nötigte 7,7 Millionen Kunden zur Unterschrift unter die Protestaktion gegen die Zulassung des Versandhandels mit Arzneimitteln.

Für Geld, so scheint es, ist in Deutschland von A bis Z alles zu haben. Im Angebot sind Abgeordnete, Ärzte und Apotheker ebenso wie Richter, Staatsanwälte und Zollinspektoren. In Karlsruhe etwa ermittelt die Generalstaatsanwaltschaft gegen zwei Berufskollegen, die im Verdacht stehen, dem inzwischen verurteilten Großbetrüger Manfred Schmider geholfen zu haben. Sie sollen Akten manipuliert und ein erstes Ermittlungsverfahren gegen Schmider und seine Kollegen vom Flowtex-Vorstand vorschnell eingestellt haben.

Stimmzettel im Altpapiercontainer

Sogar Wählerstimmen sind, man glaubt es kaum, wohlfeil. Nach der Kommunalwahl im März 2002 stellte sich in Dachau bei München heraus, dass etwa 800 Stimmzettel offensichtlich gefälscht und 3500 Briefwahlscheine verschwunden waren. Profitiert hatte von den Trickser eien die CSU, die nun in Stadt- und Landkreis über die Mehrheit verfügte und erstmals den

Oberbürgermeister stellte, der sich auch dann noch an seinen Stuhl klammerte, als der Schwindel längst aufgeflogen war. Entdeckt wurden die Schiebereien eher zufällig, als in einem Altpapiercontainer des städtischen Bauhofs säckeweise nahezu deckungsgleiche Stimmzettel auftauchten. Zwei – inzwischen aus der Partei ausgeschlossene – CSU-Stadträte wurden verhaftet, gegen vier weitere Hauptbeschuldigte und hunderte Mittäter dauerten die Ermittlungen an. »Dachau ist überall«, hieß einst ein Slogan, der an die Gräuel der Nazi-Zeit erinnern sollte. Er hat nun einen neuen Sinn.

Der bestechende Eindruck, den der öffentliche Dienst und das private Gesundheitswesen, die staatliche Bahn und die kommunalen Würdenträger hinterlassen, sollte freilich nicht den Blick aufs große Ganze verstellen. Gemessen an den Leistungen unserer Unternehmer und Manager nehmen sich selbst die Bonus-Meilen-Abflieger und Rezeptschwindler, ja sogar die Stimmzettel-Betrüger wie unbedarfte Waisenknaben aus.

4 | Die Bilanz-Fälscher

Die schlimmste Krise des Kapitalismus seit dem »Schwarzen Freitag« von 1929 begann an einem Novembertag des Jahres 2001. Aus ihrem Fenster beobachtete Maureen Castaneda ein seltsames Treiben im Büro gegenüber. Männer schleppten Kisten heran, zerrten jede Menge Papier heraus und stopften es eilig in die Aktenvernichter. Weil ihr das Ganze merkwürdig vorkam, schlich sie sich nach Dienstschluss hinüber, stellte eine Kiste mit den geschredderten Papierschnipseln sicher und brachte sie zu einer Anwaltskanzlei.

Ihr Misstrauen war nicht grundlos, denn seit einigen Wochen liefen böse Gerüchte um in der Hauptverwaltung des texanischen Energiekonzerns, bei dem sie beschäftigt war. Am 16. Oktober hatte das Unternehmen nach Jahren unaufhörlichen Erfolgs erstmals einen Verlust bekannt gegeben: 638 Millionen Dollar fürs dritte Quartal. Die roten Zahlen standen, so meldete der Flurfunk, im Zusammenhang mit einer Übernahmeofferte des – inzwischen wieder abgesprungenen – Konkurrenten Dynegy. Offenbar hatten die Kaufinteressenten rechtzeitig entdeckt, dass es mit Enron nicht zum Besten stand.

Wie schlecht es um den sechstgrößten US-Konzern wirklich bestellt war, bekamen die Angestellten erst einige Tage später mit. Am 2. Dezember beantragte der Energielieferant, der 20 000 Mitarbeiter beschäftigte und 100 Milliarden Dollar umsetzte, Gläubigerschutz nach Paragraph 11. Enron war pleite, 4500 Mitarbeiter wurden sofort entlassen, die anderen bangten um ihre Jobs.

An den Finanzmärkten lösten die Schockwellen aus dem texanischen Houston ein nachhaltiges Beben aus. Enron wurde zum Symbol für die Verderbtheit des westlichen Wirtschaftssystems. Der Zusammenbruch des Energielieferanten, der mit Strom, Gas, Wasser, Mikrochips und sogar mit Wertpapieren handelte, gab den Blick frei auf ein gigantisches Lügengebäude. Statt gewaltiger Vermögenswerte besaß das seit seiner Gründung im Jahr 1985 stürmisch gewachsene Unternehmen vor allem Schulden, statt hoher Gewinne hatte es seit Jahren immer nur Verluste gemacht. Die Enron-Bilanz war von A bis Z gefälscht, und die von Maureen Castaneda beobachtete Aktenvernichtung diente dem Zweck, Beweise verschwinden zu lassen. David Duncan, Partner von Arthur Andersen, der fünftgrößten Wirtschaftsprüfergesellschaft der Welt, soll den Befehl zum Shreddern gegeben haben.

Wenn schon ein Riesenkonzern wie Enron die Bilanzen fälschte und renommierte Wirtschaftsprüfer dies nicht nur zuließen, sondern sogar noch förderten – wem, fragten sich verwundert die Anleger in der ganzen Welt, ist dann noch zu trauen in »Corporate America«? Binnen weniger Tage verloren die Enron-Aktionäre 60 Milliarden Dollar, und beim TV-Sender ABC erzählte der Pipeline-Arbeiter Charles Prestwood, seit Oktober im Ruhestand, wie sich seine in Enron-Aktien angelegten Ersparnisse von 1,2 Millionen Dollar verflüchtigt und er seine ganze Rente eingebüßt hatte. Die Empörung der um ihre Altersbezüge geprellten Enron-Angestellten schlug um in offenen Hass, als sich herausstellte, dass die Manager des Konzerns kurz vor der Pleite noch Vermögenswerte von über einer Milliarde Dollar beiseite geschafft hatten. Den – inzwischen zurückgetretenen – Konzernboss Kenneth Lay und seinen Finanzchef Andrew Fastow erreichten Morddrohungen, Vizepräsident Clifford Baxter wurde erschossen in seinem Auto aufgefunden.

Wie eine gefährliche Seuche infizierte die »Enronitis« nach und nach die ganze Welt. Im Weißen Haus musste sich Präsident George W. Bush gegen den Vorwurf verteidigen, er habe die Börsenaufsichtsbehörde SEC absichtlich geschwächt, um seinem Duzfreund »Kenny« Lay einen Gefallen zu erweisen.

Der gestürzte Enron-Chef zählte erwiesenermaßen zu den wichtigsten Finanziers des Bush-Wahlkampfs. Arthur Andersen büßte die Shredderaktion in Houston mit dem Untergang. In den USA verlor die weltumspannende Prüfergesellschaft die Lizenz.

Einige der größten Banken der Welt gerieten unversehens in den Verdacht, Helferdienste für Kenneth Lay und seine Räuberbarone geleistet zu haben. Die City-Group, Nummer eins der Finanzbranche, gab Enron Kredite über 4,8 Milliarden Dollar, die dort aber nicht als Schulden, sondern als Zahlungen an Energielieferanten verbucht wurden. J. P. Morgan Chase war mit 3,7 Milliarden, CSFB und Deutsche Alex Brown, Töchter europäischer Großbanken, waren mit weiteren Großkrediten dabei. Ohne die Mitwirkung der Banker an den kunstvollen Transaktionen wäre der Schwindel kaum möglich gewesen, vermutet Carl Levin, Vorsitzender eines Untersuchungsausschusses des US-Senats, und schaltete die Justizbehörden ein.

Blankes Entsetzen in den Augen

Die Ermittlungen ergaben, dass Enron nicht nur Mitarbeiter, Aktionäre und Banken betrogen, sondern auch noch den Bundesstaat Kalifornien im Jahr 2001 in eine bedrohliche Energiekrise gestürzt hatte. Um die gesetzlich vorgeschriebenen Höchstpreise für Strom auszuhebeln, erzeugte der texanische Konzern einen künstlichen Energiestau, in dem er den für Kalifornien bestimmten Strom erst woanders hin exportierte, um ihn dann zu höheren Preisen zurückzukaufen. Die so genannte »Megawatt-Wäsche« funktionierte so gut, dass sich die Stromrechnungen der Kalifornier binnen kurzer Zeit vervierfachten und der Bundesstaat zusätzliche 40 Millionen Dollar ausgeben musste, um der Krise Herr zu werden.

Enron, das wurde schnell klar, war kein Einzelfall. Alarmiert von den Hiobsbotschaften aus Houston, gruben sich Analysten und Investoren tiefer in die Bilanzen anderer US-Konzerne hinein, und was sie zutage förderten, trieb ihnen nicht selten das blanke Entsetzen in die Augen. Als ein Vierteljahr nach Kenneth Lays Rücktritt mit »Bernie« Ebbers ein zweiter, von der Wall Street lange Zeit hofierter Megamanager das Handtuch warf, begannen sie sich mit Worldcom zu beschäftigen.

Binnen weniger Jahre hatte der Kanadier Ebbers das 1983 gegründete Unternehmen aus Clinton im Bundesstaat Mississippi durch permanente Zukäufe zur zweitgrößten US-Telefongesellschaft gemacht, gleich nach dem Marktführer AT & T. Kurz bevor der raubeinige, meist in Cowboystiefeln herumlaufende Hobbyfarmer abmusterte, ließ er sich von seiner anscheinend kerngesunden Firma noch schnell einen Kredit über 340 Millionen Dollar einräumen.

In der Worldcom-Bilanz standen Aktiva von sagenhaften 103 Milliarden Dollar zu Buche. Das Geschäftsjahr 2001 hatte 1,4 Milliarden Dollar Gewinn gebracht, und fürs erste Quartal 2002 meldete die Telefongesellschaft immerhin noch 130 Millionen verdienter Dollar. Kaum aber hatte Ebbers-Nachfolger John Sidgmore einen Blick in die Bücher seiner Gesellschaft getan, war Schluss mit lustig. Anfang Juni gab Worldcom »Fehlbuchungen« von 3,8 Milliarden bekannt, zwei Monate später wurden weitere 3,3 Milliarden in einem so genannten »Regentagefonds« der Gesellschaft entdeckt. Der zuvor so solide aussehende Telekomkonzern, über dessen Leitungen gut die Hälfte des weltweiten Internetverkehrs abgewickelt wurden, entpuppte sich als Pleitefall von weit größeren Dimensionen als Enron.

Von der Power-Wirtschaft zur Fälscherwerkstatt

Die mit 103 Milliarden Dollar zu Buche stehenden Vermögenswerte würden bei einem Verkauf gerade mal acht Milliarden einbringen, rechnete das »Wall Street Journal« vor; der auf dem zahlungsunfähigen Konzern lastende Schuldenberg wog aber 41 Milliarden. Bei ihren Betrügereien waren die Worldcom-Manager noch dreister vorgegangen als die Kollegen aus Texas. »Line Costs«, also Gebühren, die an lokale Endkundenversorger zu zahlen waren, hatten die kreativen Buchhalter um Finanzchef Scott Sullivan und Controller David Meyers einfach als »Investitionen« verbucht, obwohl sie keineswegs zu einem Vermögenszuwachs führten. Und wieder ruhte der Segen von Arthur Andersen auf dem Gesamtkunstwerk. Hatten die Prüfer bei Enron 25 Millionen Dollar für die Bilanz und nochmals 27 Millionen für »Beratungsleistungen« abgerechnet, so gaben sie sich bei Worldcom mit bescheidenen 4,4 Millionen für die Bilanz und 12,4 Millionen für die Beratung zufrieden, obwohl der Schaden hier ungleich größer war.

Der Worldcom-Börsenkurs, zu Bernie Ebbers' Zeiten raketengleich um 7000 Prozent gestiegen, fiel nach den Enthüllungen in sich zusammen und vernichtete Aktienkapital im Wert von mehr als 150 Milliarden Dollar. Zum Schluss war die einst zweitgrößte Telefongesellschaft Amerikas an der Börse weniger wert als der Kredit, den sie ihrem Gründer vor seinem Abgang ausbezahlt hatte. Während die Worldcom-Pleite die Kurse nahezu aller Telekom-Gesellschaften der Erde in den Abgrund zog, erklärte sich Verursacher Ebbers, der zuvor ein Jahresgehalt von elf Millionen Dollar bezogen hatte, für zahlungsunfähig. Seine Douglas-Lake-Ranch, die größte Kanadas, hat der Konkursverwalter beschlagnahmt, die Yacht »Aquasition« ist verkauft, nur seine Cowboystiefel trägt der Mann, der angeblich von nichts wusste, immer noch.

Kaum war Worldcom in der größten Pleite der amerikanischen Wirtschaftsgeschichte untergegangen, stiegen immer neue Blasen aus dem Sumpf der Betrüger-Ökonomie an die Oberfläche. Verblüfft nahmen die US-Bürger zur Kenntnis, dass ihre seit einem Jahrzehnt boomende Powerwirtschaft, um die sie einst die ganze Welt beneidet hatte, in Wahrheit eine Fälscherwerkstatt war, und dass sie ihre Ersparnisse nicht tüchtigen und seriösen Managern, sondern Lügnern und Betrügern anvertraut hatten. Nicht weniger als 158 Unternehmen, deren Aktien an der Börse gehandelt wurden, mussten im Jahr 2002 ihre Zahlen fürs vergangene Geschäftsjahr korrigieren, und die Börse quittierte die Enttäuschung der Aktionäre mit dem schlimmsten Wertverlust, den je ein Land in Friedenszeiten erlitten hat.

Rund 8000 Milliarden Dollar lösten sich in nichts auf, seit die Spekulationsblase an der Wall Street geplatzt war, und das beutelte die einzige verbliebene Supermacht der Erde mehr als jedes andere Ereignis seit dem Ende der großen Depression in den 30er-Jahren. Paul Krugman, Amerikas bedeutendster Wirtschaftswissenschaftler, nannte die Bilanztricksereien der Gauner in den Chefetagen einen »bedeutsameren Wendepunkt für die amerikanische Gesellschaft als der Anschlag vom 11. September 2001«.

Der Kurssturz der Aktien vernichtete nicht nur einen großen Teil ihrer Ersparnisse, sondern ließ die Amerikaner, die über 60 Prozent ihrer Ruhestandsbezüge aus Aktien beziehen, auch an der Zukunft zweifeln. Da gleichzeitig ausländische Investoren, die das Land zuvor im Vertrauen auf die Stärke seiner Währung mit Geld überschüttet hatten, binnen weniger Wochen über 37 Milliarden Dollar abzogen, geriet auch der Dollar an den internationalen Devisenmärkten so stark unter Druck, dass er bald kaum mehr wert war als ein schlichter Euro.

»Es war ein Medienereignis, sonst nichts«

Im fernen Europa befand Fredmund Malik, Professor an der Wirtschaftswissenschaftlichen Fakultät der Universität Sankt Gallen, bündig: »Das viel bestaunte US-Wirtschaftswunder der 90er-Jahre hat nie stattgefunden – es war ein Medienereignis, sonst nichts.« Außer auf falschen Zahlen ruhte die viel bestaunte US-Ökonomie laut Malik vor allem auf einem gigantischen Schuldenberg. Für jeden Dollar, der das Sozialprodukt erhöhte, »wurden drei Dollar Kredit aufgenommen«, lästerte der Professor in Sankt Gallen, und die Schreckensmeldungen aus den Konzernzentralen bestätigten ihn täglich mehr:

- **Qwest Communications:** Wie sein Worldcom-Kollege Bernie Eppers griff auch der ehemalige AT & T-Manager Joseph Naccio zu Bilanzierungstricks, um die Umsätze und Gewinne der viertgrößten amerikanischen Telefongesellschaft aufzublähen. Das ging so: Qwest mietete bei Konkurrenten Leitungskapazitäten an, und der Konkurrent kaufte umgekehrt bei Qwest ein. Das brachte zwar beiden Gesellschaften keinen echten Gewinn, doch sie konnten ihre Verkäufe sofort als Umsätze verbuchen, die Käufe aber als Investitionen über viele Jahre hinweg abschreiben.

  Mit solchen so genannten Drehtürgeschäften machte Qwest allein im Jahr 2001 über eine Milliarde Dollar Umsatz. Als die Börsenaufsichtsbehörde SEC zu ermitteln begann, musste Naccio den Chefsessel räumen, und die Aktie des unter einem Schuldenberg von mehr als 30 Milliarden Dollar ächzenden Telekom-Konzerns verlor in kurzer Zeit 92 Prozent ihres Wertes. Während die Aktionäre den größten Teil ihres Einsatzes abschreiben mussten und 17000 Qwest-Mitarbeiter ihren Job verloren, brauchte Bilanztrickser Naccio nicht zu darben. Allein durch die Ausübung von Aktienoptionen und Aktienverkäufen verdiente er bei Qwest über 300 Millionen Dollar. Die größte Telefongesellschaft im Westen der USA aber musste ihre Bilanzen um Vermögenswerte von über 40 Milliarden Dollar berichtigen.
- **Global Crossing:** Im Januar 2002 meldete das auf den Bermudas beheimatete Unternehmen, dessen Spezialität die Verlegung von Glasfaserkabeln war, Konkurs an, und sofort kam der Verdacht der Bilanzfälschung auf. Das FBI durchsuchte die Geschäftsräume des 1997 von Gary Winnick gegründeten Konzerns, dessen Börsenwert einst höher war als der von General Electric, und Staatsanwälte befragten Mitarbeiter nach Hinweisen auf Aktenvernich-

tung. Während die Bilanz für das Geschäftsjahr 2000 noch auf ein kerngesundes Unternehmen hindeutete, war der Pleitekandidat bereits mit zwölf Milliarden Dollar überschuldet. Und wieder mussten sich die Wirtschaftsprüfer von Arthur Andersen, die 2,3 Millionen Dollar für die Bilanz und über zwölf Millionen Dollar für »Beratungsleistungen« abgegriffen hatten, Fragen nach ihrer Kompetenz gefallen lassen.
Kabel von Global Crossing verbinden 200 Städte in 27 Staaten miteinander, doch weil etwa 90 Prozent der gesamten Leitungskapazität brach lagen, konnte der Konzern schon lange kein Geld mehr verdienen und sich nur noch mit Bilanzierungstricks über Wasser halten.

- **Xerox:** Auch bei dem weltbekannten Kopiergerätehersteller ging es nicht mit rechten Dingen zu. Indem Xerox langfristige Leasingverträge mit seinen Kunden so verbuchte, als ob die Geräte verkauft worden wären, wies der Konzern fünf Jahre lang zu hohe Umsätze und Gewinne aus. Ziel der Manipulation war es offenbar, den Aktienkurs zu pflegen und den Managern überhöhte Einnahmen zu bescheren. Als ein Mitarbeiter der Wirtschaftsprüfungsgesellschaft KPMG seine Firma frühzeitig auf die Fehlbuchungen bei Xerox hinwies, musste er seinen Posten räumen. Die SEC aber kam den Schwindlern dennoch auf die Schliche und belegte den Konzern mit einer Strafe von zehn Millionen Dollar. Ein Klacks freilich angesichts der um 6,4 Milliarden Dollar überhöhten Umsätze und der um 1,5 Milliarden geschönten Gewinne.
- **Merck:** Amerikas zweitgrößter Pharmakonzern musste im Sommer 2002 zugeben, Umsätze von 12,9 Milliarden Dollar zu viel verbucht zu haben. Die Tochtergesellschaft Medco, die über die Hälfte zum Konzernumsatz beisteuert, verwaltet für Millionen Amerikaner die Abrechnungen über deren Käufe von verschreibungspflichtigen Medikamenten. In der Apotheke zahlen die Medco-Kunden einen Teil der Rechnung – etwa zehn bis 15 Dollar – sel-

ber, der Rest wird mit den Versicherungen abgerechnet. Merck buchte jedoch auch den Kundenanteil frech als eigenen Umsatz hinzu, wohl um gegenüber Konkurrenten wie Pfizer nicht ins Hintertreffen zu geraten.

- **Tyco:** Der nach General Electric zweitgrößte Mischkonzern der USA, in dem von Alarmanlagen bis zu Mülltüten die unterschiedlichsten Produkte hergestellt werden, täuschte die Anleger, indem er in seinen Bilanzen und Geschäftsberichten Zukäufe anderer Firmen verschwieg. Sein Wachstum erfolgte also nicht aus eigener Kraft, sondern durch Käufe von mehr als 700 Firmen, für die der Konzern binnen drei Jahren rund acht Milliarden Dollar ausgab. Als sich dann auch noch herausstellte, dass das bunt zusammengewürfelte Konglomerat mit Sitz auf den Bermudas Anleihen im Wert von 4,5 Milliarden Dollar zurückkaufen musste und dies nur durch neue Kredite finanzieren konnte, ließen die enttäuschten Aktionäre das Tyco-Papier fallen wie eine heiße Kartoffel. Mit 100 Milliarden Dollar Aktienkapital vernichtete Tyco einen höheren Börsenwert als Enron, und Konzernchef Dennis Kozlowski musste zurücktreten. Gegen den hemdsärmeligen Bilanztrickser, der eine fürstliche 13-Zimmer-Wohnung in Manhattans bester Lage bewohnt, die ihn 18,5 Millionen Dollar kostete, ermittelt inzwischen die Staatsanwaltschaft wegen Steuerhinterziehung und Aktienbetrugs.
- **IBM:** Selbst der scheinbar seriöseste Konzern Amerikas bediente sich billiger Bilanztricks, um sich vor seinen Aktionären größer und reicher zu rechnen, als er tatsächlich war. Bilanzexperten fanden heraus, dass »Big Blue« im Jahr 2001 kaum mehr verdiente als 1995, obwohl der Bilanzgewinn pro Aktie in dieser Zeit von 1,80 auf 4,36 Dollar zugelegt hatte. Die Tricks des inzwischen ausgeschiedenen IBM-Generals Lou Gerstner: IBM schlug die Überschüsse der konzerneigenen Pensionskasse dem operativen Gewinn zu, obwohl dieses Geld nicht den Aktionären

sondern den Mitarbeitern zustand, und verbuchte Erlöse aus dem Verkauf von Tochtergesellschaften als Gewinne aus dem operativen Geschäft. Indem der Konzern in großem Stil eigene Aktien zurückkaufte, reduzierte er die Zahl der umlaufenden Anteilsscheine und erhöhte dadurch den Gewinn pro Aktie, der für die Kursentwicklung an der Börse eine ausschlaggebende Rolle spielte.

- **Computer Associates:** Mit seltsamen Bilanzierungsmethoden versuchten die Manager auch beim Softwarekonzern CA ihre Aktionäre bei Laune zu halten. So wies das Unternehmen fürs vierte Quartal 2001 einen so genannten Pro-forma-Umsatz von 1,4 Milliarden Dollar und einen ebensolchen Gewinn von 667 Millionen Dollar aus. Wandte man jedoch die in den USA üblichen Bilanzierungsregeln GAAP an, sahen die Quartalszahlen erheblich bescheidener aus: 749 Millionen Umsatz bei einem Verlust von 275 Millionen. Als die SEC, der das Zahlenwerk nicht geheuer erschien, mit den Ermittlungen begann, brach die CA-Aktie an einem Tag um 23 Prozent ein.
- **AOL Time Warner:** Als die Aktionäre nach all den Bilanzskandalen misstrauisch geworden waren, rang sich auch der größte Medienkonzern der Welt zu dem Geständnis durch, zu viel Erlöse aus dem Anzeigengeschäft verbucht zu haben. Es ging zwar nur um bescheidene 49 Millionen Dollar, doch das war möglicherweise noch nicht alles. Online-Anzeigen-Umsätze von weiteren 270 Millionen Dollar sollen ebenfalls fragwürdig sein. Immerhin reichte die New Yorker Anwaltskanzlei Lovel & Stewart LLP eine Sammelklage ein, in der AOL Time Warner unter anderem auch falscher Angaben über die Werbeeinnahmen im Online-Geschäft bezichtigt wird.
- **Bristol-Myers Squibb:** Kurz bevor er mit seiner Unterschrift die Richtigkeit der Bilanzzahlen seines Konzerns beeiden musste, suchte Bristol-Myers-Squibb-Chef Peter Dolan schnell noch das Gespräch mit der Börsenauf-

sichtsbehörde SEC, die den Pharmariesen verdächtigte, seine Umsätze künstlich aufgebläht zu haben. Offenbar hatten die Bristol-Manager ihre Großhändler genötigt, viel zu hohe Lagerbestände aufzubauen, um die Bilanz zu schönen und höhere Boni abzukassieren. Der Konzern erklärte sich bereit, die Bilanzen der Jahre 2000 und 2001 um Umsätze von über einer Milliarde Dollar zu korrigieren.

- **Adelphia:** Amerikas sechstgrößte TV-Kabelfirma musste sich mitsamt ihren 200 Tochtergesellschaften unter Gläubigerschutz stellen, nachdem bekannt wurde, dass sie ihren Gründern und Großaktionären, der Familie Riga, Kreditgarantien über 3,1 Milliarden Dollar gewährt hatte. Als FBI-Beamte John J. Riga samt seinen Söhnen Michael und Timothy am 24. Juli 2002 verhafteten und vor laufenden Fernsehkameras in Handschellen abführten, klatschte die ganze Nation Beifall.

Der Beutezug der US-Bosse weitete sich zum Skandal, als sich herausstellte, dass sie sich mit der Hochfinanz gegen die Kleinanleger verbündet hatten. Die Wall Street – ein Synonym für Analysten, Broker, Investmentbanker und die ganze übrige Finanzgemeinde – arbeitete Hand in Hand mit den Wirtschaftslenkern, um die Konzerne mitsamt den Aktionären um ihr Geld zu erleichtern.

Dem New Yorker Generalstaatsanwalt Eliot Spitzer ist es zu verdanken, dass Teile des Netzwerks sichtbar wurden. Erst überführte er die Investmentbanker von Merrill Lynch der Lüge, als er aus über 30 000 beschlagnahmten E-Mails und firmeninternen Memos Sätze des Staranalysten Henry Blodget zitierte, der bestimmte Internet-Aktien, die er im Auftrag seiner Bank den Anlegern wärmstens zum Kauf empfahl, als »a piece of junk« oder »such a piece of crap« – ein Stück Ramsch oder ein Stück Scheiße – bezeichnete. Nachdem sich Merrill Lynch mit Spitzer auf eine Geldbuße von 100 Millionen Dollar geeinigt und Blodget gefeuert hatte, drohte der schwer angeschlagenen Investmentbank zeitweilig sogar der Verlust der Selbstständigkeit.

Noch brisanter waren die Ermittlungsergebnisse in der Telekom-Branche. Nach den Pleiten von Worldcom, Qwest und Global Crossing gingen Spitzers Beamte Spuren nach, die mitten ins Herz der Wall Street führten. Jack B. Grubman heißt der Analyst, der maßgeblich für den rasanten Anstieg der Telekom-Aktien in der ganzen Welt verantwortlich war. Er arbeitete für das Investmenthaus Salomon Smith Barney, das heute Citigroup gehört, der größten und mächtigsten Bank der Welt. Spitzer und seine Leute verdächtigen mittlerweile keinen Geringeren als Citigroup-Chef Sanford »Sandy« Weill, Einfluss auf die Empfehlungen Grubmanns genommen zu haben.

Bezeichnend seien die Vorgänge um den Aktienkurs des Marktführers der Telekom-Branche, AT & T, gewesen, meinen die Staatsanwälte. Grubman hielt zunächst nicht viel von AT & T, sondern favorisierte Konkurrenten wie Worldcom, Qwest oder Global Crossing. Kurz bevor der Marktführer aber eine riesige Aktien-Emission für seine Mobilfunksparte startete, änderte der Salomon-Analyst seine Meinung und empfahl AT & T zum Kauf. Prompt wurde auch Salomon ins Konsortium der Emissionsbanken aufgenommen und verdiente am Börsengang der AT & T-Tochter Millionen, die Aktie des Telefonkonzerns aber stürzte danach weiter ab. Eliot Spitzers Ermittlungen förderten einen bizarren Kuhhandel zutage. Als Gegenleistung für Grubmans Empfehlung der AT & T-Aktie setzte sich Citibank-Chef Weill mit einer Spende von einer Million Dollar dafür ein, dass die Zwillinge des geltungssüchtigen Staranalysten in den exklusiven Kindergarten »Y« in der 92sten Straße Manhattans aufgenommen wurden.

Enger noch war das Zusammenspiel zwischen Bankern und Bossen bei Worldcom. Zum Dank dafür, dass die Woldcom-Chefs Salomon an Aktien-Platzierungen, Anleihe-Emissionen und für Beratungsleistungen viele Millionen Dollar verdienen ließen, erhielten sie im Gegenzug von der Investmentbank hunderttausende Aktien zu Vorzugskonditionen. Nach hartnäckigen Recherchen der Spitzer-Truppe musste Citigroup-Anwältin Jane Sherbourne zugeben, dass Worldcom-Manager wie Bernie Ebbers und Scott Sullivan bei insgesamt 39 Transaktionen mit Aktien bedacht wurden. Meist handelte es sich um Anteile an Firmen, die von Salomon neu an die Börse gebracht wurden; sie warfen einen garantierten Zeichnungsgewinn ab, wenn man sie sofort wieder verkaufte. Im Schnitt verdienten die Worldcom-Manager an jeder Zuteilung 2,3 Millionen Dollar.

»An den obersten Zweigen aufknüpfen«

Auch bei dem Telekom-Unternehmen Winstar Communications, das im April 2001 Insolvenz anmelden musste, hatte Grubman seine Finger im Spiel. Der Verband amerikanischer Wertpapierhändler NASD verklagte Grubman und seine Mitarbeiterin Christine Gochuico wegen »irreführender Analysen«. Die beiden Salomon-Angestellten hätten die Lage Winstars wider besseres Wissen viel zu positiv dargestellt, die in der Aktie enthaltenen Risiken verschwiegen, behaupten die Kläger. Während Salomon bei Winstar Honorare über 24 Millionen Dollar abkassierte, erlitten die Aktionäre, die im Vertrauen auf Grubmans Analysen eingestiegen waren, Milliardenverluste. »Was hier passiert ist, ist ein ernster Vertrauensbrauch zwischen Salomon und seinen Anlegern«, klagte NASD-Präsidentin Mary Shapiro.

Immer neue Enthüllungen erschütterten das Vertrauen der Anleger in die Finanzindustrie. Bei der Wall Street-Firma Paine Webber vernichtete der Broker Enrique Perusquia ein 100-Millionen-Dollar-Vermögen des mexikanischen Bauunternehmers Francisco Lerma, indem er das Geld seines Kunden in Firmen investierte, die kurz vor dem Bankrott standen. Frank Gruttadauria, Broker beim Bankhaus Lehmann Brothers, räumte bei den Depots seiner Kunden, die er mit gefälschten Kontoauszügen bei Laune hielt, annähernd

250 Millionen Dollar ab und verschwand auf Nimmerwiedersehen.

Nach all den Skandalen um gefälschte Bilanzen und ausgeplünderte Konzerne zog der selbst in allerlei Insiderskandale verwickelte US-Präsident George W. Bush viel zu spät die Notbremse. Erst im Juni 2002, als die maßlos enttäuschten Aktionäre scharenweise der Börse den Rücken kehrten, verpflichtete der Präsident im so genannten Sarbanes-Oxley-Act die Vorstandsvorsitzenden und Finanzchefs der 947 größten US-Unternehmen, die Richtigkeit ihrer Bilanzen bis spätestens 14. August desselben Jahres »nach bestem Wissen und Gewissen« zu beeiden. Wer dennoch beim Schummeln erwischt wird, konnte mit hohen Geldstrafen belegt oder für bis zu 20 Jahre ins Gefängnis gesteckt werden. Zuvor hatte Bush in einer aufsehenerregenden Rede vor den Wirtschaftsführern der Nation den »Missbrauch der Macht« durch Manager gegeißelt, da dies den »Seelenfrieden und das finanzielle Wohlergehen von Millionen Menschen« bedrohe. Finanzminister Paul O'Neill gar drohte den versammelten Bossen: »Die Leute, die unser Vertrauen missbraucht haben, müssen wir an den obersten Zweigen aufknüpfen.«

Nur ein Placebo fürs Aktionärsvolk

Auch wenn die Strafpredigt zumindest beim Wahlvolk Eindruck machen mochte – den Adressaten ging sie kaum unter die Haut. Zu sehr witterten sie im Präsidenten einen der Ihren, als dass er sie bange machen konnte. Hatte George W. nicht selbst bei der Ölfirma Harken Energy, bei der er im Aufsichtsrat saß, ordentlich abgeräumt? Erst bezahlte Harken rein zufällig zwei Millionen Dollar für die von Bush geleitete, hoch überschuldete Klitsche namens »Spectrum 7«, dann gelang dem Aufsichtsratsmitglied Bush auch noch der rechtzeitige Ausstieg bei Harken, ehe das Papier nach Ermittlungen der SEC wegen dubioser Geschäfte in den Keller stürzte.

Kaum glaubwürdiger als der Präsident erschien sein Vize Dick Cheney, der als Chef der Ölausrüsterfirma Halliburton in den Verdacht geriet, die Umsätze der Jahre 1999 und 2000 um rund 445 Millionen Dollar zu hoch ausgewiesen zu haben. Nein, von solchen Ex-Kollegen drohte keine Gefahr.

Bei näherem Hinsehen entpuppte sich das so martialisch aussehende Gesetz denn auch als reines Placebo. Mit ihrer Unterschrift unter die Bilanzen erfüllten die Bosse ja eigentlich nur eine selbstverständliche Pflicht. Sollte sich herausstellen, dass die eine oder andere Zahl doch nicht so ganz stimmte, so können sie sich auch weiterhin damit herausreden, sie hätten diese nach »bestem Wissen und Gewissen« bestätigt. Da in einem Großunternehmen zehntausende Transaktionen ablaufen, die in ein Meer von Ergebnisdaten münden, kann kein einzelner Mensch für deren Richtigkeit einstehen. So diente die Strafandrohung denn auch eher der Beruhigung der Öffentlichkeit als der Züchtigung der Bosse: Die wussten nämlich ganz genau, dass die meisten Tricks, mit denen sie ihre Aktionäre hinters Licht geführt hatten, ganz legal waren. Selbst bei Enron entdeckte die Börsenaufsicht bisher, außer der Aktenvernichtung, kein strafbares Vergehen. Und außerdem: Der große Reibach ist bereits gemacht. Jetzt geht es nur noch darum, die Beute zu behalten.

Bei den annähernd 1000 Konzernen, die auf der Liste des Präsidenten stehen, haben die angestellten Bosse in den vergangenen Jahren nach einer Studie von Thomson Financial und der Universität Chicago in den vergangenen Jahren die abenteuerliche Summe von 66 Milliarden Dollar abgeräumt, in dem sie rechtzeitig vor dem Absturz der Kurse ihre eigenen Firmenanteile abstießen. Angeführt wird die Liste der größten Abstauber von dem medienscheuen Milliardär Phil Anschutz, der seine Anteile am Telekom-Konzern Qwest im Mai 1999 für sagenhafte 1,57 Milliarden Dollar verkaufte, bevor der Kurs von 47 auf einen Dollar abschmierte.

So fiel es den Konzernfürsten nicht schwer, der Aufforderung des Präsidenten Folge zu leisten und ihre Signatur unter die Bilanzen zu setzen. Den Anfang machte Jeff Immelt von General Electric, wenig später folgte der deutsche Chrysler-Chef Dieter Zetsche, obwohl er gar nicht dazu verpflichtet gewesen wäre, da die Konzernzentrale im fernen Stuttgart-Möhringen ihren Sitz hat.

Dem Problem der amerikanischen Betrügerwirtschaft ist denn auch kaum mit härteren Strafen für ertappte Manager beizukommen, solange die Bilanzierungsregeln die Täuschung der Aktionäre erlauben. An der Gestaltung der Konzernbilanzen, bislang allenfalls ein Thema für einen kleinen Kreis von Wirtschaftsprüfern, Steuerberatern und Finanzfachleuten, nahm denn auch plötzlich eine breite Öffentlichkeit regen Anteil. Obwohl kaum jemand die komplexen Zahlenwerke richtig zu deuten versteht, diskutierte man in den Medien wie an den Stammtischen esoterische Fragen nach Good-will-Abschreibungen oder der Verbuchung von Aktienoptionen.

Die Angst der Bosse vor den Angestellten

Nachdem sich der Nebel über den Gaunereien der Vorstände gelichtet hatte, kamen tiefgreifende Mängel im Finanzwesen amerikanischer Unternehmen zum Vorschein, die den Fachleuten allerdings keineswegs verborgen geblieben waren. Als der von Präsident Clinton eingesetzte Arthur Levitt noch Chef der Börsenaufsichtsbehörde SEC war, hatte er immer wieder versucht, die Unternehmen zur Einhaltung strengerer Vorschriften zu zwingen, war aber jedes Mal von der Wirtschaftslobby ausgebremst worden. Levitt, der sich einen untadeligen Ruf als Anwalt der Kleinanleger erworben hatte, verlor die so genannten »Buchhalterkriege« gegen die großen Wirtschaftsprüfergesellschaften, die mit Wahlspenden von rund 50 Millionen Dollar für Bushs Republikanische Partei dafür sorgten, dass Levitt sofort nach der Wahl des amerikanischen Präsidenten durch den wesentlich konzilianteren Harvey Pitt an der Spitze der SEC abgelöst wurde.

Die Schwachstelle der amerikanischen – wie übrigens auch der deutschen – Bilanzierungsvorschriften ist die Behandlung der in Mode gekommenen Aktienoptionen. Da nahezu alle großen Konzerne ihrem Führungspersonal neben dem fixen Gehalt Leistungsanreize in Form von Bezugsrechten für Aktien des eigenen Hauses einräumen, hat die Verbuchung dieser Kosten erhebliche Auswirkungen auf die Bilanzen. Die meisten Unternehmen lösen das Problem, indem sie die in der Zukunft anfallenden Verpflichtungen aus den Optionen schlichtweg ignorieren, mit der schönen Folge, dass ihre Gewinne deshalb regelmäßig viel zu hoch ausfallen.

Wie sehr der dreiste, von den US-Regeln GAAP gedeckte buchhalterische Kniff die Bilanzen verfälscht, enthüllt eine Studie der Investmentbank Merrill Lynch. Danach wären die Gewinne der 500 größten, an der Börse notierten US-Gesellschaften im Jahr 2001 um 21 Prozent geringer ausgefallen, wenn sie die Aktienoptionen ihrer Führungskräfte verbucht hätten. Bei den so genannten New-Economy-Firmen wären die Gewinne bei korrekter Verbuchung gar um bis zu 70 Prozent weggebrochen. Der Internet-Provider Yahoo etwa hätte gar keinen Gewinn mehr melden können, sondern mit Verlust abgeschlossen.

Auch in Europa, wo die Aktienoptionen noch einen geringeren Anteil an den Managerbezügen haben, wären die Gewinne der börsennotierten Gesellschaften nach einer Studie der Investmentbank Dresdner Kleinwort Benson noch immerhin um zehn Prozent niedriger ausgefallen, wenn die Optionen korrekt verbucht worden wären.

Um ihre Unternehmen nach außen hin erfolgreicher erscheinen zu lassen, als sie tatsächlich waren, schreckten die Bilanzbetrüger vor nichts zurück:

- Abschreibungen auf den Firmenwert zugekaufter Gesellschaften wurden nicht sofort vorgenommen, sondern auf viele Jahre verteilt, so bei AOL Time Warner, J.D. Uniphase, Nortel Networks und anderen.
- Wertzuwächse von Pensionsrückstellungen wurden als

Einnahmen verbucht, obwohl sie den Mitarbeitern und nicht den Aktionären zustanden.
- Umsatzeinbrüche wurden als »Restrukturierungskosten« kaschiert.
- Bei geplanten Übernahmen wurden die Umsätze der Kandidaten bereits fest verbucht, bevor der Kauf perfekt war, so beim Mischkonzern Tyco.
- Schulden des Konzerns wurden auf Tochtergesellschaften abgewälzt, die in der Bilanz nicht konsolidiert waren, wie bei Enron.

Möglich waren die Bilanztricksereien, weil die Wirtschaftsprüfer mitspielten. Hätten die Prüfer ihren Mandanten für die geschönten Abschlüsse das Testat verweigert, wären die Anleger misstrauisch geworden und hätten keine neuen Aktien dieser Gesellschaften mehr gekauft. Deshalb erkauften sich die Konzerne das Wohlwollen der Prüfer mit üppig dotierten Beratungsverträgen. Das Schicksal Arthur Andersens, einer Wirtschaftsprüfergesellschaft, die nach dem Enron-Skandal 800 ihrer weltweit 2300 Kunden verlor und in den USA den Geschäftsbetrieb einstellen musste, sollte den Prüferkonzernen zu denken geben.

Auch über dem Branchenzweiten Ernst & Young zogen dunkle Wolken auf, als die US-Regierung eine Klage über 548 Millionen Dollar einreichte. Washington will das Geld zurück, das der staatliche Einlagensicherungs-Fonds FDIC für die Übernahme der im Juli 2001 zusammengebrochenen Chicagoer Superior Bank aufwenden musste. Ernst & Young hatte die Superior-Bilanzen abgesegnet und der Pleite-Bank Vermögenswerte bestätigt, die sie offenbar nie besaß. In ihrer Klageschrift werfen die Regierungsanwälte den Wirtschaftsprüfern vor, bei Ernst & Young sei es »zu einer gefährlichen Vermischung von Prüfung und Beratung« gekommen.

Nur wenn sie sich vom Beratergeschäft trennen, können die Prüferkonzerne ihre Unabhängigkeit und die Reste ihres Rufs bewahren. Nahezu alle Prüfgesellschaften sind in die Bilanzfälscherskandale verwickelt, Branchenführer PWC (Price Waterhouse Coopers) zum Beispiel deckte die Falschbuchungen bei der insolventen Supermarktkette Kmart. Selbst PWC-Chef Sam diPiazza hält inzwischen die Kontrolle der Wirtschaftsprüfer durch eine Regierungsbehörde für notwendig. Der Gedanke kam ihm freilich erst, als SEC-Chef Harvey Pitt unter dem Druck der Öffentlichkeit die Gründung des Kontrollorgans mit dem schönen Namen Public Accountability Board (PAB) bereits beschlossen hatte.

Mehr als strengere Wirtschaftsprüfer aber fürchten die Bilanzbetrüger in den Chefetagen neuerdings ihre eigenen Angestellten. Seit die Manager immer höhere Summen abgreifen – binnen zehn Jahren legten ihre Bezüge um durchschnittlich 340 Prozent zu –, verloren die einst sozi-resistenten Amerikaner allmählich ihren Glauben an den Wall-Street-Kapitalismus im Allgemeinen und ihre Chefs im Besonderen. Aus loyalen Mitarbeitern, die den wirtschaftlichen Erfolg ihrer Bosse bewunderten, wurden misstrauische Kontrolleure mit einem wachen Instinkt für unsaubere Machenschaften.

Auch deutsche Manager spielen falsch

Es waren ganz normale Angestellte, die dem Treiben der Enron-Plünderer ein Ende machten, und auch bei manch anderem Bilanzskandal kamen die ersten Hinweise aus den Reihen der Belegschaft. Wachsam waren beispielsweise auch einige deutsche Angestellte des General-Electric-Konzerns. Weil sie argwöhnten, ihre Chefs hätten fiktive Aufträge gebucht, erstatteten Mitarbeiter des Münchner Systemhauses GE Compunet Strafanzeige bei der Staatsanwaltschaft Köln, Sitz der Deutschlandniederlassung des US-Konzerns.

Wie ungemütlich das Leben in der Ego-AG auch für die vermeintlichen Sieger werden kann, wenn das Heer der Verlierer zum Kampf antritt, erfuhr Amerikas Paradehausfrau Martha Stewart am eigenen Portemonnaie. Die geschäftstüchtige Blondine mit eigener Fernsehsendung hatte es mit praktischen Tipps zur Geldanlage wie zu Einrichtungs- und Partnerschaftsproblemen bei Millionen Amerikanerinnen zum Kultstatus gebracht, ehe sie in einen hässlichen Insiderskandal verwickelt wurde.

Am 27. Dezember 2001 verkaufte sie 4000 Aktien der Biotech-Firma Imclone zum Preis von 287 824 Dollar. Bereits am nächsten Tag brach der Imclone-Kurs von 57 auf unter zehn Dollar ein, nachdem die US-Gesundheitsbehörde FDA bekannt gegeben hatte, dass sie dem Imclone-Medikament Erbitux, das zur Therapie von Krebskranken eingesetzt werden sollte, die Zulassung versagen werde. Als herauskam, dass Martha Stewart am Tag ihres Aktienverkaufs mit dem früheren Imclone-Chef Samuel Waksal, mit dem sie gut befreundet war, telefoniert hatte, verwandelte sich ihr Bild in den Medien vom Darling zur Buhfrau der Nation. Freund Waksal wurde wegen des Verdachts auf Insiderhandel verhaftet, und der Aktienkurs ihres Hausfrauenkonzerns »Martha Stewart Living Omnimedia« brach um 40 Prozent ein und vernichtete binnen weniger Tage einen Börsenwert von mehr als 100 Millionen Dollar.

Obwohl Deutschlands Manager in letzter Zeit gern mit dem Finger auf die Bösewichte jenseits des Atlantiks zeigen, beherrschen sie selbst das Falschspiel mit ihren Bilanzen ganz gut, und es sind beileibe nicht nur die schwarzen Schafe vom Neuen Markt, die ihre Aktionäre in die Irre führen, sondern immer häufiger auch Biedermänner von Weltkonzernen, die sich viel auf ihre gar nicht mehr so weiße Weste zugute halten.

Heinz-Joachim Neubürger zum Beispiel, der neue starke Mann des Siemens-Konzerns, schönte als Finanzchef seine Bilanz, indem er die Zeitspanne für die Abschreibung bestimmter Firmenwerte kurzerhand von fünf auf bis zu 20 Jahre verlängerte und dadurch die jährlichen Abschreibungsraten um rund 45 Millionen Euro kürzte. Nachdem der Konzern von Mannesmann den Automobilzuliefererbereich Atecs gekauft hatte, streckte Neubürger hier die Abschreibung auf den Firmenwert gar von 20 auf 40 Jahre, was ihm einen Gewinnzuwachs von weiteren 47 Millionen Euro bescherte. So seriös wie früher ist die Siemens-Bilanz seither also nicht mehr.

Auch im Zahlenwerk der Konzerntochter Infineon, Deutschlands bedeutendstem Hersteller von Mikrochips, finden sich Positionen, die Fachleuten ein Stirnrunzeln abnötigen. Als die Chippreise im Laufe des Jahres 2001 in den Keller fielen, hätte Infineon gewaltige Abschreibungen auf seine Lagerbestände vornehmen müssen, doch Konzernchef Ulrich Schumacher, in Sorge um den Aktienkurs, verschob einen Teil der gewinnschmälernden Buchung aufs nächste Jahr, wo sie prompt ein Loch von 200 Millionen Euro in die Bilanz riss.

Bis an die Grenzen des Erlaubten und möglicherweise sogar ein Stück darüber hinaus dehnte der inzwischen geschasste Telekom-Chef Ron Sommer das Zahlenwerk des ehemaligen Staatsbetriebs. Ende des Jahres 2001 zum Beispiel stand die US-Tochter Voicestream noch immer mit einem Wert von 35 Milliarden Euro in den Büchern, obwohl sie nach dem Verfall der Aktienkurse bei einem Verkauf nicht mal mehr die Hälfte davon einbringen dürfte. Die Abschreibung auf den Firmenwert hätte einen Verlust von rund 20 Milliarden Euro bedeutet und den ohnehin schon arg gebeutelten Telekom-Aktionären vollends die Stimmung verhagelt.

Fehler in der Telekom-Bilanz

Musste der mit rund 65 Milliarden Euro verschuldete Konzern schon im Jahr 2001 den Wert seiner Immobilien um 2,5 Milliarden nach unten korrigieren, erreichte ihn auch im nächsten Jahre eine Rüge des Bundesrechnungshofs, der die bilanzierten Summen noch immer für zu hoch hielt. Nicht nur beim Wert seiner Gebäude und Grundstücke versuchte der Telekom-Vorstand die Aktionäre zu täuschen – genauso hielt er es bei den Zahlen fürs laufende Geschäft: So wies die Telekom-Company für das Jahr 2001 ein so genanntes »Ebitda« von

15,4 Milliarden Euro aus und suggerierte damit eine beeindruckende Gewinnstärke; denn diese Zahl, die gegenüber dem Vorjahr um 17 Prozent zugelegt hatte, drückt den Ertrag vor Zinsen, Steuern und Abschreibungen auf Sachanlagen sowie immaterielle Vermögenswerte (earnings before interest, taxes, debreciations and ammortisation) aus. Tatsächlich aber schloss das Geschäftsjahr, sauber nach den Vorschriften des Deutschen Handelsgesetzbuchs bilanziert, nicht mit einem Gewinn, sondern mit einem Verlust von 3,5 Milliarden Euro ab. Nachdem die Medien das Verwirrspiel des Telekom-Vorstands ins Deutsche übersetzt hatten, fühlten sich die Anleger verschaukelt und stießen reihenweise das verlustreiche Papier ab.

Erst Sommers Interim-Nachfolger Helmut Sihler machte Schluss mit dem Schwindel und ließ die erforderlichen Abschreibungen vornehmen. Der neue Telekom-Chef Kai-Uwe Ricke konnte so mit einer einigermaßen korrekten Bilanz aufwarten.

Die Tricks des Ferdinand Piech

Selbst ein so großer und renommierter Konzern wie die Volkswagen AG, an dem das Land Niedersachsen eine Sperrminorität hält, verzichtete nicht auf fragwürdige Buchungstricks. Damit der langjährige Vorstandschef Ferdinand Piech sein erfolgreiches Wirken mit einem makellosen Abgang krönen konnte, wies die Konzernbilanz fürs Jahr 2001 einen fetten Gewinn vor Steuern von 4,4 Milliarden Euro aus. Tatsächlich aber wäre das Ergebnis erheblich bescheidener ausgefallen, wenn das Unternehmen, wie früher üblich, die Entwicklungskosten für neue Modelle in Höhe von 2,2 Milliarden Euro als Ausgaben verbucht hätte. Bei VW aber standen sie als »Vermögen« in den Büchern, obwohl zu diesem Zeitpunkt niemand sagen konnte, ob sich diese Investitionen je amortisieren würden.

Möglich wurde der Kunstgriff nur, weil VW die Bilanzierungsmethode wechselte. Prinzipiell haben die Finanzchefs großer Unternehmen die Wahl zwischen drei verschiedenen Bilanzsystemen, und dies erweitert ihren Spielraum so sehr, dass kaum noch ein Analyst, geschweige denn ein privater Aktionär die Zaubertricks der Künstler in den Finanzabteilungen zu durchschauen vermag.

Die Bilanzierung nach HGB zum Beispiel, dem guten alten Handelsgesetzbuch, erschien den Kapitalanlegern lange Zeit als zu wenig aussagefähig, denn sie erlaubt es dem Vorstand, in guten Jahren stille Reserven anzusammeln und diese in schlechten Zeiten auch wieder aufzulösen, ohne dass dies die Aktionäre richtig mitbekommen. Deshalb kam es bei den börsennotierten Gesellschaften immer mehr in Mode, nach den US-Regeln GAAP zu bilanzieren. Für die am Neuen Markt in Deutschland notierten Gesellschaften wurde diese Methode sogar zur Pflicht, ebenso wie für die an der New York Stock Exchange gehandelten deutschen Konzerne. Dem Aktionärsvolk wurden die US-Regeln mit dem Argument schmackhaft gemacht, sie zwängen die Gesellschaften zu mehr Wahrheit und Klarheit, doch seit den Bilanzskandalen um Enron und Co. ist man ein wenig klüger geworden.

Die meisten Experten machen sich deshalb für die dritte Variante stark, die IAS (International Accounting Standards), die ab dem Jahr 2005 für alle börsennotierten Unternehmen in Deutschland gelten sollen. Aber bevor sich Unternehmen, Wirtschaftsprüfer und der Gesetzgeber nicht auf ein einziges System geeinigt haben, herrscht in den Büchern die totale Konfusion, und die machen sich die Manager immer häufiger zunutze. »Der Drang zur Bilanzkosmetik nimmt zu«, bestätigt Jens Wüstemann, Professor für Betriebswirtschaft und Wirtschaftsprüfung an der Universität Mannheim.

Nicht nur in Deutschland waren Unternehmen schon immer moralfreie Zonen, doch die mit Eifer geführte Debatte ums hehre Wissensgut der Wirtschaftsprüfer verdeckt nur die Tatsache, dass man den Chefs so ziemlich jeder Firma getrost die schlechtesten Absichten unterstellen darf. Solange die Vorstände von Publikumsgesellschaften nicht daran gehindert werden, das für sie so profitable »Earnings Game« zu spielen, haben die Spargroschen von Normalverdienern an der Börse nichts zu suchen. Die einzige Quittung, die der Anleger für geschönte Bilanzen und falsche Zahlen ausstellen kann, ist nun mal der Kapitalentzug.

Falsche Zahlen am laufenden Band

Erst wenn Deutschlands Sparer nichts mehr vom Aktienmarkt wissen wollen, werden sich die Betreiber der Betrüger-Ökonomie wieder etwas mehr an die Spielregeln halten. »Wir brauchen dringend schärfere Sanktionen für den Bilanzierenden und ein stärkeres Überwachungssystem«, wettert Karl-Heinz Küting, Direktor des Instituts für Wirtschaftsprüfung an der Universität des Saarlands, und droht: »Falsche Bilanzierung und falsche Prüfung müssen zu Strafen führen, die wehtun. ... Wer falsch bilanziert, wer falsch prüft, muss hart bestraft und öffentlich von staatlichen Institutionen angeprangert werden.«

Dass es sich bei den Bilanzgaunereien nicht um Einzelfälle, sondern um ein in nahezu allen Branchen und allen Betriebsgrößen auftauchendes Delikt handelt, belegen die folgenden, nach dem Zufallsprinzip ausgewählten Vorgänge:

- **Berliner Bankgesellschaft:** Ende 2002 standen noch immer Kapitalanlagen von rund einer Milliarde Euro, angelegt in Indexfonds auf den Eurostoxx, in den Büchern des Skandal-Instituts, obwohl diese Fonds seither gewaltig an Wert verloren haben. Bereits am Bilanzstichtag 31. Dezember 2001 hätten die seit 1998 im Bestand der Bank befindlichen Wertpapiere um 286 Millionen Euro abgeschrieben werden müssen, da der Index bis dahin drastisch gefallen war. Bis Herbst 2002 kamen noch einmal 34 Prozent Verlust hinzu, sodass das ganze Paket an der Börse nur noch etwa halb so viel wert war wie zum

Zeitpunkt des Kaufs. Dennoch weigerten sich die Berliner Pleite-Banker, den Vermögensposten zu berichtigen, da sie davon ausgingen, »dass die Wertminderungen nicht dauerhaft« seien.

- **Kamps:** Deutschlands größte Backwaren-Filialkette wies jahrelang zu hohe Gewinne aus, da Firmengründer Heiner Kamps die erforderlichen Abschreibungen auf zugekaufte Firmenwerte nicht aus dem laufenden Geschäft finanzierte, sondern mit dem Eigenkapital verrechnete. So konnte er zwar seine Aktionäre bei Laune halten, musste aber in Kauf nehmen, dass die Eigenkapitalquote von 83 auf neun Prozent absackte. Auf diese Weise bekam Kamps immer größere Probleme mit seinen Kreditgebern und verlor nach der Übernahme durch den italienischen Teigwarenhersteller Barilla seine Selbstständigkeit. Inzwischen hatte der frühere Wasserballspieler und Konzerngründer Heiner Kamps auch Ärger mit den Pächtern seiner über 1100 Backshops. Nach Auswertung der Unterlagen von rund 200 Kamps-Partnern stellte der Verein Pro Honore Strafanzeige gegen den Inhaber und sein Unternehmen wegen des Verdachts auf Betrug, Erpressung und Untreue. Kamps habe, so Pro-Honore-Anwalt Otto Dobbeck, den von ihm vertretenen Pächtern systematisch Gewinne und Arbeitsentgelt vorenthalten und sie durch Privatdetektive bespitzeln lassen – was Kamps natürlich bestreitet.
- **Gardena:** Kurz bevor Werner Kress und Eberhard Kastner, Gründer und Großaktionäre des Ulmer Gartengeräteherstellers, ihre stimmberechtigten Stammaktien an die schwedische Investmentgesellschaft Industrikapital 2000 verkauften, änderte das 2900-Mann-Unternehmen kurzerhand die Formel, nach der künftige Pensionszahlungen an Mitarbeiter berechnet werden, mit dem schönen Effekt, dass sich der Bilanzgewinn von 12 auf 27,4 Millionen DM mehr als verdoppelte. Das freute möglicherweise die Käufer, doch kaum die Mitarbeiter.

- **Metro:** Auch Europas größter Handelskonzern polierte die Bilanz mit fragwürdigen Methoden. So verbannte Metro-Chef Hans-Joachim Körber fünf verlustreiche Tochtergesellschaften (die Computerketten Vobis und Max Data, die Reno-Schuhgeschäfte, die Textilkette Adler und die Deutsche Fertighausholding) mit zusammen fünf Milliarden Euro Umsatz in die Verwertungsgesellschaft Divaco. Da die Metro an diesem Firmenfriedhof nur zu 49 Prozent beteiligt ist – den Rest halten die Deutsche Bank und Finanzinvestoren –, braucht Körber die Verluste nicht mehr in seiner Konzernbilanz auszuweisen. Verschwunden sind sie freilich nicht.
- **Hugo Boss:** Reichlich spät kam der Metzinger Herrenausstatter dem Chef seines US-Geschäfts auf die Schliche. Über Jahre hinweg hatte Marty Stuff seinen Großhändlern zu hohe Warenbestände in die Lager gedrückt und dadurch seine Bilanz aufgebügelt. Da die Klamotten das Haus verlassen hatten, wurden sie als Umsätze verbucht – logischerweise schwollen dadurch auch die Gewinne und mit ihnen das Gehalt des Firmenchefs an, obwohl die Ware noch nicht wirklich verkauft war. Als der Schwindel aufflog, musste die amerikanische Boss-Tochter ihren Umsatz um sechs Millionen Dollar bereinigen. Statt eines Gewinns von 1,2 Millionen wies sie plötzlich einen Verlust von 4,8 Millionen Euro aus. Prompt stutzte die Börse die Boss-Aktie aufs Sachbearbeiterniveau herunter.
- **MLP:** Als Staatsanwälte die Büros des Heidelberger Finanzdienstleisters wegen des Verdachts auf Bilanzfälschung durchsuchten, waren die Tricks, mit denen MLP den Kurs seiner Aktie beflügelt hatte, längst bekannt. Das Anlegerblatt »Börse Online« hatte dem DAX-Konzern Wochen zuvor vorgeworfen, er habe Verbindlichkeiten von über 150 Millionen Euro in seiner Bilanz gar nicht aufgeführt und überdies Vermittlerprovisionen nicht korrekt als Ausgaben verbucht. Nach dem Besuch

der Kripo aber ging es bei MLP erst richtig rund. Erst entdeckten zu Hilfe gerufene Sicherheits-Experten im Kabelschacht des Schreibtisches von Konzernchef Bernhard Termühlen einen winzigen Abhörsender (»Wanze«), dann auf der Festplatte im Computer des für das Auslandsgeschäft zuständigen Topmanagers Dorian Simon kompromittierende Briefe und Datenlisten. Zur Rede gestellt, gab der MLP-Manager eine krimireife Geschichte zum Besten: Er sei von der Angestellten einer Londoner Investmentbank, mit der er ein intimes Verhältnis angefangen hatte, erpresst worden und habe aus Angst, seine Ehefrau zu verlieren, vertrauliche Informationen preisgegeben. Angeblich hatten Kunden der Londoner Bank mit bedeutenden Summen auf fallende MLP-Kurse spekuliert; so sollte der Heidelberger Finanzdienstleister »sturmreif« geschossen und für eine Übernahme durch einen ausländischen Investor vorbereitet werden. Egal, wie wahr die Geschichte ist und wie der Streit um die richtige Bilanzierungsmethode bei dem ehemaligen DAX-Konzern ausgeht – die Anleger machten sich ihren Reim selber darauf und schickten den Kurs des einstigen Börsendarlings in den Keller.

- **Deutsche Bank:** Selbst der Primus des Geldgewerbes geriet in den Verdacht der Bilanzfälschung, als der »Spiegel« aufdeckte, dass in den Büchern der Bank die US-Tochter NDB Group (National Discount Brokers) noch mit einem Wert von rund 800 Millionen Euro beziffert ist, obwohl sie ihr Geschäft längst eingestellt hat und deshalb nicht mehr viel wert sein kann. Offenbar soll der hohe Erinnerungswert den früheren Bankchef Rolf E. Breuer vor der Schmach bewahren, rund eine Milliarde Dollar versenkt zu haben. Für diesen Betrag hatte Breuer NDB einst gekauft, doch die teure US-Tochter konnte wegen des Börsencrashs nie die in sie gesetzten Erwartungen erfüllen.
- **Commerzbank:** Auch die fünftgrößte deutsche Geschäftsbank hat einige luftige Posten in der Bilanz stehen,

meint der in London ansässige Rechtsanwalt Friedrich Landwehrmann und beantragte, die Bilanz des Jahres 2000 für nichtig zu erklären. Beteiligungen in Korea, Spanien und Großbritannien stünden mit Werten in den Büchern, die um mehr als eine Milliarde Euro zu hoch seien, begründet der Geschäftsführer der F.A.G.T.-Industriebeteiligung GmbH seine Klage. Obwohl das Landgericht Frankfurt feststellte, dass sich die Bank am Rand ihres »Ermessensspielraums« bewegt habe, wies es die Klage ab. Der erzürnte Bankaktionär aber lässt nicht locker und will die Bewertungsfrage vom Oberlandesgericht klären lassen.

- **DaimlerChrysler:** Nachdem der kanadische Mischkonzern Bombardier dem Autobauer DaimlerChrysler den Bahntechnikhersteller Adtranz für 725 Millionen Dollar abgekauft hatte, fühlte er sich regelrecht betrogen. Weil Adtranz verlustträchtige Aufträge abwickeln und offenbar auch nicht aus der Bilanz ersichtliche Verbindlichkeiten erfüllen musste, verklagten die Kanadier DaimlerChrysler auf Schadenersatz in Höhe von einer Milliarde Euro.
- **Comroad:** Wäre nicht eine Redakteurin des Anlegermagazins »Börse Online« so hartnäckig gewesen und nach Hongkong geflogen, um den chinesischen Geschäftspartner ausfindig zu machen, mit dem der in Unterschleißheim bei München ansässige Telematik-Anbieter rund 97 Prozent seiner Umsätze abwickelte, wäre dem Neuen Markt sein bisher größter Skandal wohl erspart geblieben. Da die VT-Electronics aber in ganz Hongkong nicht aufzufinden war, wurde Comroad als virtuelle Firma enttarnt. Das im Jahr 1995 von Bodo Schnabel und seiner Frau Ingrid gegründete Unternehmen diente offenbar nur dem Zweck, an der Börse Geld einzusammeln. Ihre Aktionäre hielten die Schnabels mit immer neuen Erfolgsmeldungen und glänzenden Bilanzen bei Laune, obwohl ein nennenswerter Geschäftsbetrieb nicht festzustellen war. Das

merkte schließlich auch die Wirtschaftsprüfergesellschaft KPMG und legte im Februar 2002 das Mandat nieder. Die Schnabels wurden verhaftet und Comroad zum Synonym für die Bilanzfälschereien bei Gesellschaften vom Neuen Markt. Zwar gelang es der Justiz, rund 20 Millionen Euro aus dem Vermögen des zu sieben Jahren Gefängnis verurteilten Betrügers sicherzustellen, doch das Geld griff sich der Staat. Die geprellten Aktionäre gingen bisher leer aus.

- **Phenomedia:** Ein anderes Beispiel für den lockeren Umgang mancher New-Economy-Firmen mit ihren Bilanzzahlen lieferte der Bochumer Erfinder des Computerspiels »Moorhuhn-Jagd«. Erst entdeckten die Staatsanwälte in der Bilanz des Jahres 2001 Forderungen über zehn Millionen Euro, die keine waren, und anschließend auch noch in den Zahlenwerken für 1999 und 2000 weitere Luftnummern in Millionenhöhe. Der frühere Vorstandschef Markus Scheer und sein damaliger Finanzvorstand Björn Denhard gaben den Betrug zu.
- **Advanced Medien:** Der Münchner Filmrechtehändler wies für das Jahr 1999 einen Überschuss von 1,29 Millionen Euro aus; tatsächlich soll er aber nach den Recherchen der Deutschen Schutzgemeinschaft für Wertpapierbesitz (DSW) in dieser Zeit einen Verlust von rund elf Millionen Euro eingefahren haben. Um das Desaster zu kaschieren, hätten Firmengründer und Aufsichtsratsmitglied Herbert Jovy und sein in den Vorstand entsandter Sohn Hanns-Arndt in den Jahren 1999 und 2000 fingierte Umsätze in Millionenhöhe verbucht. Die DSW stellte deshalb gegen die Jovys Strafanzeige wegen des Verdachts auf Bilanzmanipulation.
- **Adva Optical:** Nicht gefälscht, aber gut frisiert hat der Telekom-Zulieferer sein Zahlenwerk für das Geschäftsjahr 2001. Staunend erfuhren die Aktionäre, dass ihre Gesellschaft ein »Pro-forma-Ergebnis aus fortgeführter Geschäftstätigkeit« von 4,1 Millionen Euro Miese eingefahren habe, doch das war nur der kosmetische Teil der

Wahrheit. In der testierten Bilanz nach US-GAAP steht ein Verlust von stattlichen 116 Millionen Euro zu Buche, doch der fällt kaum ins Auge.

Wie ein roter Faden zieht sich der Verdacht auf manipulierte Zahlen durch den Bilanzsommer 2002. Kaum eine Branche bleibt verschont, kaum ein Name ist über jeden Zweifel erhaben. Staatsanwälte in Paris und New York ermitteln wegen des Verdachts auf Bilanzfälschung gegen Vivendi, den zweitgrößten Medienkonzern der Welt, und seinen gescheiterten Architekten Jean Marie Messier. In Frankreich erzürnt der Lokomotiven- und Schiffbaukonzern Alstom seine Aktionäre, als er zugeben muss, dass er hohe Ausfallbürgschaften für Großkunden übernommen, diese aber nicht in der Bilanz ausgewiesen hat. Ans Licht kommt der Schwindel, als einer der Alstom-Kunden zahlungsunfähig wird und den Konzern mit 684 Millionen Euro in Anspruch nimmt. In Großbritannien trickst der Telefonkonzern Cable & Wireless, indem er errechnete Erträge aus vermieteten Telefonleitungen sofort verbucht, obwohl die Zahlungen erst im Lauf von Jahren eingehen werden.

Sogar in der soliden Schweiz ist den Bilanzen nicht mehr zu trauen, seit Swiss Life beim Rechnen mit falschen Zahlen ertappt wird. Gleich zweimal muss die erzkonservative Rentenanstalt ihr Halbjahresergebnis vom Jahr 2001 korrigieren. Erst verwandelt sich der gemeldete Vorsteuergewinn von 253 Millionen Franken in einen Nachsteuerverlust von 386 Millionen, und nach einem weiteren Monat des Nachrechnens geben die Rentenverwalter zu, dass der Verlust um 192 Millionen höher ausgefallen ist und tatsächlich 578 Millionen Franken beträgt.

Während die unsolide Geschäftspolitik der Swiss-Life-Vorstände die Aktionäre in anderthalb Jahren um rund 90 Prozent ärmer macht, nutzen die Vorstände ihr Insiderwissen zu einträglichen Privatgeschäften. Mithilfe eines im Frühjahr 2000 gegründeten Hedgefonds namens LTS (Long Term Strategy) erzielen sechs Topmanager Spekulationsgewinne von 7,7 Millionen Franken.

Beim affärengeplagten Maschinenbaukonzern ABB verhindert die Innere Revision in letzter Minute einen versuchten Bilanzbetrug. Fünf Manager, die versucht hatten, Verluste durch gefälschte Zahlen zu kaschieren, werden gefeuert. In Duisburg ermittelt der Staatsanwalt bei Babcock Borsig wegen des Verdachts der Konkursverschleppung und der Kursmanipulation. Wegen ähnlicher Delikte ermitteln die Kollegen in Düsseldorf gegen den einstigen Society-Darling Helmut »Auto« Becker, der seine mit Pretiosen von Ferrari und Rolls-Royce gefüllten Showrooms wegen Zahlungsunfähigkeit schließen musste.

KPMG: »Keiner Prüft Mehr Genau«

In Berlin erhebt der ehemalige Leiter des Media-Markts in Hohenschönhausen schwere Vorwürfe gegen die Geschäftsleitung der Metro-Tochter Media-Saturn Holding GmbH in Ingolstadt (Werbespruch: »Geiz ist geil«). In seiner Selbstanzeige bezichtigt Wolfgang Dunkel seine früheren Chefs der »Untreue, Bilanzfälschung, Unterschlagung und Steuerhinterziehung« und behauptet, innerhalb des Konzerverbunds würden jährlich »mindestens vier bis fünf Prozent des Gesamtumsatzes« hinterzogen. Beim Bayer Konzern in Leverkusen steht der frühere Leiter des Rechenzentrums und spätere Chef der Tochtergesellschaft Scale One im dringenden Verdacht, rund 20 Millionen Euro unterschlagen zu haben, indem er bei Computerbestellungen Rabatte aushandelte, diese aber nicht an seine Firma weiterleitete.

Schließlich gerät eine ganze Branche ins Zwielicht, die einst als Garant finanzieller Solidität galt: die Lebensversicherer. Weil sie in den Boomjahren der Börse den Aktienanteil ihrer Wertpapierdepots kontinuierlich ausweiteten, erlitten sie nach dem Kurssturz so hohe Verluste, dass manche ihren Versicherten kaum mehr den gesetzlich vorgeschriebenen Mindestzins auf die Prämieneinlagen auszahlen konnten.

Um die Schieflage zu kaschieren, setzte die mächtige Versicherungslobby sogar eine Gesetzesänderung durch. Waren sie bisher gezwungen, Verluste aus Aktienanlagen sofort in vollem Umfang abzuschreiben, wenn der Kurs unter den Einstandspreis fiel, so dürfen sie seit dem Geschäftsjahr 2001 ihre Aktienbestände wesentlich großzügiger bewerten. Der neu geregelte Paragraph 34,1b des Handelsgesetzbuches (HGB) erlaubt den Gesellschaften auf Abschreibungen von Wertpapieren dann zu verzichten, wenn diese dem Geschäftsbetrieb »dauerhaft dienen« sollen. In den Bilanzen der Assekuranzkonzerne stehen deshalb beträchtliche Aktienbestände mit viel zu hohen Buchwerten, und dies ist dem Ansehen der Branche keineswegs zuträglich.

Wenn schon die Lebensversicherungen ihre Bilanzen ganz legal frisieren dürfen, wie will der Gesetzgeber dann, fragen sich die verunsicherten Aktionäre, in den anderen Bereichen der Wirtschaft für Ordnung sorgen? Der Bilanzbetrug ist dem Manager, was dem Bankräuber die Pistole und dem Taschendieb der geschickte Finger ist – unverzichtbares Handwerkszeug. Je schwieriger sich die Geschäfte gestalten, je spärlicher die Erträge sprudeln, desto größer wird die Versuchung, dem Erfolg mit ein paar geschickten Winkelzügen auf die Sprünge zu helfen.

Überall da, wo kein starker Großaktionär oder Mehrheitsgesellschafter den angestellten Managern streng auf die Finger schaut, können diese ihre Bilanzen praktisch nach Belieben gestalten. Von den Wirtschaftsprüfern ist, wie wir gesehen haben, keine Hilfe zu erwarten, und auch die Finanzanalysten der Banken werden ihrem Anspruch nicht gerecht. Zwar sind manche von ihnen durchaus in der Lage, die Zahlenwerke der Aktiengesellschaften mit der gebotenen Präzision zu zerpflücken, doch was sie dem Aktionärsvolk dann öffentlich preisgeben, ist alles andere als verlässlich.

Wie die Wirtschaftsprüfer handeln auch die Bankanalysten nach dem Prinzip: »Wes Brot ich ess, des Lied ich sing.« Die

Prüfer erhalten ihre Mandate von den Vorständen und nicht, wie es sinnvoll wäre, von den Aufsichtsräten; die Bankanalysten werden von den Banken, nicht von den Aktionären bezahlt. Die einen wie die anderen sind also nicht die Verbündeten der privaten Investoren, sondern ihrer Gegenspieler.

Dies erfuhren die geprellten Aktionäre und die Gläubiger von Gesellschaften wie Philipp Holzmann, Comroad, Phenomedia und der Kirch-Gruppe, deren Bilanzen allesamt von der großen Wirtschaftsprüfersocietät KPMG abgesegnet worden war. Deren Initialen werden in Fachkreisen seither mit »Keiner Prüft Mehr Genau« übersetzt. Zwar fordern Experten wie der Saarbrücker Finanzprofessor Karl-Heinz Küting seit langem eine strengere Überprüfung der offensichtlich überforderten Prüfer, doch vermochte die Wirtschaftslobby bisher alle derartigen Vorstöße im Keim zu ersticken.

Aktionäre hinters Licht geführt

Noch weniger Hilfe ist von den Bankanalysten zu erwarten, die in den vergangenen Jahren sowohl ihre Inkompetenz als auch ihre Parteilichkeit hinreichend unter Beweis gestellt haben. Selbst den wenigen Mitgliedern dieser Zunft, die in der Lage sind, eine komplexe Konzernbilanz zu durchschauen, ist nicht zu trauen. Im Zweifelsfall werden sie immer die Interessen ihres Arbeitgebers höher einstufen als die wahrheitsgemäße Unterrichtung der Öffentlichkeit. Ihre Kauf- oder Verkaufempfehlungen sind deshalb nicht mehr wert als ein Aktientipp von der Klofrau am Hauptbahnhof.

Als der Betriebswirtschaftsprofessor Reinhart Schmidt von der Universität Halle im Auftrag des »Manager Magazins« 9400 Kauf- und Verkaufsempfehlungen von 51 verschiedenen Analyseteams auf ihre Wahrhaftigkeit untersuchte, zeigte sich, dass die angeblichen Fachleute kaum besser abschnitten als ein x-beliebiger Laie. Bei den Tipps, die sich auf die 30 DAX-Werte bezogen, hätten die Anleger, falls sie den Empfehlungen gefolgt wären, einen Verlust von 19,3 Prozent erlitten; bei den im Stoxx-Index enthaltenen Europa-Aktien wäre der Verlust mit 24,5 Prozent noch größer ausgefallen, und bei den Titeln vom Neuen Markt hätten die Verluste über zwei Drittel des eingesetzten Kapitals gar vernichtet. Kaum besser waren die Ergebnisse eines Analystentests der »Süddeutschen Zeitung« fürs Anlagejahr 2001. Von 162 Prognosen zur Entwicklung der wichtigsten Indices (DAX und NEMAX 50) kam nur eine einzige der Realität nahe, alle übrigen lagen weit daneben.

Verheerend wie die Tipps aus den Bankhäusern wirkten sich auf die Depots der Aktionäre auch die Ratschläge der Anlageblättchen aus, wie eine Studie der Wirtschaftswissenschaftlichen Fakultät der Universität Essen nachwies. Die Forscher aus dem Ruhrgebiet überprüften 5985 Tipps von sechs Magazinen (»Aktienresearch«, »Börse Online«, »DM Euro«, »Focus Money«, »Geldidee«, »Telebörse«) und stellten fest: Lediglich fünf Prozent der Empfehlungen verhalfen den Lesern zu Papieren mit längerfristig steigenden Kursen, der Rest führte zu mehr oder weniger deutlichen Verlusten.

Die überforderte Justiz

»Die Zunft der Blindgänger« ehrte das »Manager Magazin« die Leistungen der Tippgeber, doch nicht immer beruht deren geringe Trefferquote auf schierem Unvermögen. Mehrfach gerieten Bankanalysten wie Finanzjournalisten in den Verdacht, die Anleger aus höchst eigennützigen Gründen in die Irre geführt zu haben. Wegen vermuteten Insiderhandels musste sich bereits der Börsenbrief-Herausgeber Egbert Prior vor Gericht verantworten, und auch der Kulmbacher Finanzjournalist, Verleger und Fondsmanager Bernd Förtsch wurde mehrfach verdächtigt, eigennützige Tipps zu veröffentlichen. Förtschs ehemaliger Chefredakteurs-Stellvertreter Sascha Opel wurde wegen verbotener Insidergeschäfte vom Landgericht Stuttgart zu einem Jahr Gefängnis verurteilt.

Niemand ist in der Betrügerwirtschaft mehr gefährdet als ein Mensch mit Geld. Ob er ordentlich verdient oder bereits über ein stattliches Vermögen verfügt, ob ihm der Sinn nach einer Eigentumswohnung oder nach einem Mietshaus steht, ob er sein Kapital in Aktien, Anleihen oder Investmentfonds investieren möchte – stets muss er damit rechnen, in eine Falle zu tappen. Die Akteure in der Betrüger-Ökonomie wollen nur sein Bestes, nämlich sein Geld, und um es zu bekommen, ist ihnen beinahe jedes Mittel recht.

Obwohl die Vermögensschäden, die von den Räubern in Nadelstreifen angerichtet werden, von Jahr zu Jahr zunehmen und mittlerweile eine Größenordnung erreicht haben, die den Folgen der Hochwasserkatastrophe vom August 2002 entspricht, zeigen Staat und Justiz eine bemerkenswerte Gleichgültigkeit. So dauerte es fast zehn Jahre, ehe es der so genannten »Göttinger Gruppe« an den Kragen ging. Anlegerschützer wie Heinz Gerlach aus Oberursel wiesen schon Anfang der 90er-Jahre auf den zweifelhaften Charakter der Kapitalofferten des auch als Securenta-Konzern auftretenden Unternehmens hin.

Ihren Kunden versprachen die Verkäufer der drei Securenta-Gründer Michael Helbig, Jürgen Rinnewitz und Erwin Zacharias hohe Steuervorteile und üppige Renditen, wenn sie sich als so genannte »atypische stille Gesellschafter« an den Firmen der Göttinger Gruppe beteiligten. Etwa 200 000 Bundesbürger steckten 750 Millionen Euro in das »modifizierte Schneeball-System« (Gerlach), ehe die Securenta AG als Kerngesellschaft der Göttinger Gruppe im September 2002 bekannt geben musste, dass die Hälfte des Grundkapitals verloren sei.

Kurz zuvor wurde Mitbegründer Erwin Zacharias wegen des Verdachts auf Steuerhinterziehung verhaftet, bevor er sich nach Kanada absetzen konnte. Die Ermittlungen der Braunschweiger Staatsanwaltschaft gegen die Göttinger Gruppe wegen des Verdachts auf Kapitalanlagebetrug aber wurden nach drei Jahren eingestellt. In ihrer Studie »Kapitalanlagebetrug im

Euro-Raum« taxieren die Experten des Bundeskriminalamts die durch Anlagebetrüger verursachten Vermögensschäden allein in Deutschland auf 20 bis 25 Milliarden Euro. Aber während sich die ganze Nation um die Elbe-Flutopfer sorgte und der Staat mit Milliardenbeträgen aushalf, haben die geprellten Anleger allenfalls Häme und Spott zu erwarten. Aufsichtsbehörden und Justiz schauen dem betrügerischen Treiben zwar nicht tatenlos zu, sind aber bei der Vielzahl der Fälle heillos überfordert. Ganze 20 Mitarbeiter hat die Bundesanstalt für Finanzdienstleistungsaufsicht (BAFin) für die Kontrolle zehntausender Strukis übrig, und weitere 20 sollen den riesigen Graumarkt überwachen – ein hoffnungsloses Unterfangen. Knapp besetzt ist auch die Justiz. In Hamburg müht sich ein einziger Staatsanwalt mit der Hanseatischen AG, bei der es rund 30 000 Geschädigte gibt.

Zwischen den Jahren 1990 und 1999 wurden in Deutschland pro Jahr nicht einmal fünf Kapitalanlagebetrüger verurteilt, und auch heute haben sie von der Justiz nicht viel zu befürchten. So sehr sich Kripobeamte und Staatsanwälte auch anstrengen, den Anlageschwindlern auf die Schliche zu kommen – am Ende reicht es selten zu einem handfesten Urteil. Oft kapitulieren die Ermittler schon vor der schieren Fülle des Beweismaterials. Im Fall des insolventen Baukonzerns Philipp Holzmann zum Beispiel müssen 6000 Leitz-Ordner ausgewertet werden; das Verfahren läuft bereits seit 1999.

Obwohl mittlerweile mehrere Schwerpunktstaatsanwaltschaften für Wirtschaftsdelikte geschaffen wurden, fühlen sich viele Fahnder von der Komplexität der Materie überfordert. Häufig reichen die Beweise für eine Verurteilung nicht aus, denn »unsere Strafprozessordnung ist für Wirtschaftsstrafsachen sehr unhandlich«, bestätigt der Frankfurter Oberstaatsanwalt Job Tillmann. Mehr als die Hälfte aller Verfahren gegen Wirtschaftskriminelle endet deshalb mit einem so genannten Deal: Um das Verfahren abschließen zu können, bieten Richter und Staatsanwälte ein mildes Urteil an, wenn sich der Täter schuldig bekennt.

Die Justiz ist damit zufrieden gestellt, die geprellten Anleger aber sind es nicht. Für ihre Interessen bringen Deutschlands Richter bis heute wenig Verständnis auf. »Judex non calculat – der Richter rechnet nicht«, heißt ein alter Juristenspruch, der besagt, dass Zahlen für den Sinngehalt eines Urteils keine Rolle spielen sollen. In der Betrüger-Ökonomie des 21. Jahrhunderts aber gewinnt der Spruch eine neue Bedeutung. Den nach BAT mäßig bezahlten Herrschern über Recht und Ordnung fehlt häufig jedes Gespür für die Nöte betrogener Kapitalanleger, da ihnen wirtschaftliches Denken zutiefst wesensfremd ist.

»Ein Jurist kann heute immer noch bis zum 2. Staatsexamen kommen, ohne jemals etwas mit Wirtschaft zu tun gehabt zu haben«, klagt der Münchner Anwalt Klaus Rotter, in Aktionärskreisen als Spezialist für Schadenersatzprozesse bekannt. Weil manche Richter die Börse für ein Spielkasino und geprellte Anleger für grenzdebile Gierschlümpfe halten, fallen ihre Urteile nicht selten allzu milde aus. Die diffuse Gesetzeslage, die den Begriff der Wirtschaftskriminalität nirgendwo definiert, trägt ein Übriges dazu bei, dass die Geschäfte der Betrügerbranche von Justiz und Staat kaum gestört werden.

Vergebens fordert BKA-Chef Ulrich Kersten seit Jahren mehr Einsatz beim Kampf gegen die Betrüger-Ökonomie: »Wirtschaftsdelikte sollten verfolgt werden wie die organisierte Kriminalität, mit Telefonüberwachung, verdeckten Ermittlern und schärferen Gesetzen«. Ein Gräuel sind ihm auch die Absprachen vor Gericht: »Diese Praxis verhindert die Aufklärung von Logistik und Strukturen der Straftäter«.

Richter rätselt übers »Rating«

Während die Finanzgauner ständig neue Maschen und Methoden erproben, um den Anlegern das Geld aus der Tasche zu ziehen, hinkt die Justiz der Entwicklung an den Finanzmärkten um Jahre hinterher. Als ein Aktionär des – inzwischen

Pleite gegangenen – Augsburger Software-Unternehmens Infomatec vor Gericht zog, weil er sich von der Firmenleitung getäuscht sah, schmetterten die Richter am Landgericht München I die Klage ab. Ihre Begründung: Die so genannte Ad-hoc-Mitteilung des Unternehmens sei nicht an das »breite Anlegerpublikum«, sondern lediglich an »professionelle Handelsteilnehmer« gerichtet gewesen, die ihren Charakter richtig zu deuten gewusst hätten. Dabei übersahen die Münchner Richter, dass Ad-hoc-Mitteilungen von Unternehmen durch die Verbreitung des Internets zu einer der wichtigsten Informationsquellen der Aktionäre geworden sind und deshalb sehr wohl den Anforderungen aus dem Prospekthaftungsgesetz erfüllen müssen.

In anderen Fällen bemühten sich die Richter erst gar nicht, ihre Unkenntnis wirtschaftlicher Zusammenhänge zu verbergen. Als in Mainz der Börsenbrief-Herausgeber Egbert Prior wegen des Verdachts auf Insiderhandel und Kursmanipulation vor Gericht stand, musste sich der Amtsrichter Fachbegriffe wie »DVFA-Ergebnis« oder »Due Diligence« erklären lassen, und in Nürnberg fragte eine Richterin des Landgerichts während einer Verhandlung, in der es um Schadenersatzansprüche von Besitzern wertlos gewordener Anleihen des holländischen Flugzeugbauers Fokker ging, was denn ein »Rating« sei.

Opfer einer hochgerüsteten Industrie

Bei so viel Sachverstand auf der Richterbank sind Schadenersatzprozesse geprellter Anleger mindestens so riskant wie die Aktien vom Neuen Markt. Nur selten gelang es bisher, von dem Geld, das Verkäufer verlustreicher Aktien, wertloser Anleihen, miserabel gemanagter Investmentfonds oder Schrott-Immobilien abgegriffen haben, wenigstens einen Teil zurückzuholen. Der Dortmunder Metzgermeister Frank Planeck, der ebenfalls Infomatec-Aktien gekauft hatte, schaffte das Kunststück, indem er die Aufklärungsarbeit nicht den Staatsanwälten überließ, sondern selbst zu recherchieren begann. Die von ihm beschafften Informationen reichten nicht nur für einen Durchsuchungsbeschluss, sondern gar für die Festnahme der beiden Infomatec-Vorstände Gerhard Harlos und Alexander Häfele, die den Kurs ihrer Aktie mit Veröffentlichungen über fingierte Großaufträge hochgetrieben hatten. Die Ermittlungsergebnisse überzeugten sogar die Richter am Augsburger Amtsgericht, die dem tatkräftigen Aktionär einen Schadensanspruch von annähernd 100 000 Mark zuerkannten.

Die Freude war jedoch nur von kurzer Dauer. In der Berufungsverhandlung kassierte das Oberlandesgericht München das anlegerfreundliche Urteil und verwies auf die Rechtslage, die eher den Betrüger als den Betrogenen schützt. Den düpierten Aktionären aber bleibt lediglich die Erkenntnis: Ist das Geld erst mal weg, stehen die Chancen, es wieder zu bekommen, äußerst schlecht, und schuld daran sind nicht nur eine säumige Justiz und eine vertrackte Rechtslage, sondern vor allem eine mangelhafte Vorbereitung der Bürger auf die Gefährdungen in der Betrüger-Ökonomie.

Es waren beileibe nicht pure Dummheit und grenzenlose Gier, die Millionen Sparer in die Arme der Anlageschwindler trieb. »Der Anleger ist nicht dumm«, wehrt sich Klaus-Dieter Benner, hessischer Staatskommissar für die Börsenaufsicht und einer der besten Kenner der Finanzbranche, gegen das gängige, von einschlägigen Wirtschaftsmedien wie den Profis aus dem Bankengewerbe verbreitete Klischee. Denn in der Schar der gelinkten Anleger finden sich auffällig viele gut verdienende Akademiker, ebenso wie erfolgreiche Geschäftsleute, die keinesfalls auf einen plumpen Schwindel hereingefallen wären.

Tatsächlich wurden sie Opfer einer hochgerüsteten Industrie, die keinen anderen Geschäftszweck kennt als den Betrug. Zwischen 50 000 und 100 000 in Verkaufspsychologie geschulte »Finanzberater« durchkämmen ständig die Republik nach Opfern für scheinbar seriöse Anlageformen und haben doch nur eins im Sinn: ihre Provision. Niemand in der Finanzbranche interessiert sich wirklich für den Anlageerfolg eines Kunden, sondern nur für den eigenen Gewinn.

In keinem anderen Bereich tritt das Profitinteresse der Wirtschaft so klar zutage wie bei jeder Form der Kapitalanlage. Wacht das Kraftfahrtbundesamt im Verein mit den technischen Überwachungsvereinen, dem ADAC und zahlreichen Testzeitschriften über das Qualitätsniveau der Autoindustrie, so gibt es bei den Offerten der Finanzbranche keinerlei Qualitätsgarantie. Weder den Anlageempfehlungen der Banken noch den Renditezusagen der Versicherer und schon gar nicht den Wertzuwachsprognosen der Immobilienverkäufer ist zu trauen.

Die Tücken der Aktienanlage habe ich bereits in meinem Buch »Der Börsenschwindel« hinreichend beschrieben. Verwunderlich ist nur, dass der Verlust von mehr als der Hälfte des gesamten Aktionärvermögens so wenig Konsequenzen nach sich zog. Zwar hat die Bundesregierung nach heftigen Geburtswehen im Juli 2002 endlich das 4. Finanzmarktförderungsgesetz verabschiedet und mit der »Bundesanstalt für Finanzdienstleistungsaufsicht« eine neue Behörde zur Überwachung der Börsen geschaffen, doch an den Machtverhältnissen auf dem Kapitalmarkt änderte sich dadurch nichts.

Noch immer können geprellte Aktionäre keine Sammelklagen einreichen, werden betrügerische Vorstände und Aufsichtsräte nicht zur Rechenschaft gezogen, haften Finanzgauner nicht mit ihrem eigenen Vermögen, brauchen Mitarbeiter von Strukturvertrieben (Strukis) für den Verkauf von Finanzprodukten keinen Qualifikationsnachweis. Und nach wie vor dürfen Banken sowohl das Kredit- als auch das Aktiengeschäft betreiben, Firmen an die Börse bringen und den Anlegern Aktien verkaufen, Analysen zu einzelnen Unternehmen veröffentlichen und eigene Investmentfonds betreiben. Dass bei all diesen verschiedenen Interessen die der Bankkunden stets zu kurz kommen müssen, versteht sich von selbst, lässt den Gesetzgeber aber bis heute kalt.

Solange der Schuldenstaat Deutschland den Bankenapparat zum Absatz seiner Anleihen benötigt und die Versicherungskonzerne als größte Abnehmer dieser Papiere nicht vergraulen möchte, ist wohl mit einer ernsthaften Beschränkung der Macht der Geldkonzerne nicht zu rechnen. Bestes Beispiel für den Unsinn, den die Geldwirtschaft anrichtet, wenn sie machen kann, was sie möchte, ist der Neue Markt.

An der am 10. März 1997 gegründeten Zockerbörse in Frankfurt verschwand nicht nur ein Aktienkapital von 90 Milliarden Euro, sondern auch das Vertrauen der Anleger. Etwa 3000 von ihnen reichten inzwischen Klagen ein, sie fühlen sich von den Vorständen der am Neuen Markt gelisteten Unternehmen wie von den Banken, die ihnen diese Papiere verkauften, arglistig getäuscht und um ihre Einsätze betrogen. Nachdem die Kurse, die bis März 2000 um sagenhafte 1515 Prozent zugelegt hatten, erst langsam, dann immer rasanter abstürzten, verloren die Aktionäre bei einzelnen Papieren bis zu 100 Prozent ihres Einsatzes.

Hatten ihnen die Banken zuvor die Gewinnchancen in den leuchtendsten Farben geschildert, die Risiken aber wohlweislich verschwiegen, so wuschen sie nach dem Debakel ihre Hände in Unschuld. Doch auch für sehr viele der zu weit überhöhten Kursen an den Markt gebrachten AGs endete das Börsenabenteuer ohne Happy End. Als die Zockerbörse im Frühjahr 2002 ihr fünfjähriges Bestehen feierte, waren von den einstmals 330 gelisteten Unternehmen gerade noch 290 übrig, und in nicht wenigen Vorständen wurde darüber nachgedacht, wie man sich elegant davonstehlen könnte.

Geldvernichtungsmaschine im Leerlauf

Die Anleger schlugen nun einen großen Bogen um den Neuen Markt, niemand wollte hier weiteres Geld verlieren. So mussten auch die wenigen soliden Firmen, die ihre Aktien an der so genannten Technologiebörse platziert hatten, für deren miserablen Ruf mit herben Kursabschlägen büßen. Bei manchen

Gesellschaften betrug der Börsenwert zeitweilig nur noch einen Bruchteil dessen, was sie allein an Geldbeständen in der Kasse hatten. Auch bei den Banken und ihren Aktienfonds war die Freude über die schönen Emissions- und Kursgewinne längst verflogen. Die Branche litt unter Überkapazitäten, zu hohen Kosten und Abschreibungen bei Krediten und Wertpapierbeständen. Als die Deutsche Börse AG, Betreiberin der größten Geldvernichtungsmaschine der Nachkriegszeit, endlich beschloss, den bankrotten Neuen Markt zu beerdigen und die Börsenlandschaft in Deutschland neu zu ordnen, war es bereits zu spät. Die Anleger hatten das Vertrauen in die »Aktienkultur«, die in Wahrheit eine Unkultur ist, endgültig verloren. Doch nun müssen sie damit rechnen, dass die Geldhäuser bei Krediten wie Kapitalanlagen noch aggressiver vorgehen als bisher.

Großmannssucht und Missmanagement

Mit welchem Einsatz hinter den Kulissen ums Eingemachte der Bürger gekämpft wird zeigen zwei Beispiele aus dem Norden und Süden der Republik. Bei der Sparkasse Bremen fühlen sich mehrere Kunden um rund 50 Millionen Euro betrogen, weil ihnen ihre Anlageberater empfahlen, sicher angelegtes Geld in hochspekulative Aktien von Firmen des Neuen Marktes zu investieren, und ihnen dafür auch noch großzügige Kredite einräumten. Behauptete die Sparkasse anfangs noch, bei den geschädigten Kunden handle es sich um »Berufszocker«, die sehr wohl die Risiken ihrer Anlagen kannten, so stellte sich bald heraus, dass es die Bremer mit der Wahrheit nicht so genau nahmen. Einem Anleger mit einem Monatsverdienst von gerade mal 2500 Mark hatten sie Wertpapierkredite über 400 000 Mark eingeräumt. Als dann auch noch ein ehemaliger Berater der Sparkasse in der »Telebörse« auspackte, erfuhr eine staunende Öffentlichkeit, wie leichtsinnig in dem angeblich so seriösen Institut mit dem Geld der Kunden umgegangen wurde.

»In dieser Sparkasse wurde mit System gegen das Gesetz verstoßen – und gegen so ziemlich alle selbst erlassenen und von den jeweiligen Aufsichtsämtern verfügten Richtlinien«, behauptete Sönke Liebig. Der Mann musste es wissen, denn sein ehemaliger Arbeitgeber stellte ihm nicht nur ein Zeugnis für «besonders gute Leistungen« aus, sondern bewilligte ihm für eigene Aktiengeschäfte auch noch einen Kredit von 2,5 Millionen Mark, obwohl er nur 120 000 Mark im Jahr verdiente. Das Kreditspiel machte Sinn, denn je höher die Summen waren, die Mitarbeiter und Kunden an den Börsen umwälzten, desto üppiger flossen die Provisionen in die Kasse der Sparkasse. Dies freilich nur so lange, wie die Kreditnehmer die Raten zahlen konnten.

Der Druck, den die Geldbranche auf ihre Mitarbeiter ausübte, um Kunden zu möglichst hohen Aktienumsätzen zu bewegen, brachte nicht nur Sönke Liebig und Tausende seiner Berufskollegen in Schwierigkeiten, sondern auch die Klinkenputzer aus den Strukturvertrieben. Zwar verkaufen sie nur selten Aktien, dafür aber mit Begeisterung Investmentfonds und Lebensversicherungen, denn hier winken die höchsten Provisionen. Vom Finanzgeschäft verstehen die meisten dieser etwa 100 000 »Finanzoptimierer« herzlich wenig, dafür umso mehr vom Verkaufen. Aber weil das Geschäft nach dem Börsencrash gewisse Ermüdungserscheinungen zeigt, die Raten für den geleasten Porsche oder Jaguar aber pünktlich bezahlt sein wollen, bediente sich schon mancher Struki bei seinen Kunden.

In Schwäbisch Gmünd sind die Kunden der DVAG (Deutsche Vermögensberatung Aktiengesellschaft) nicht gut auf den langjährigen Geschäftsstellenleiter Roland Müller zu sprechen. Der gelernte KFZ-Mechaniker, der beim Branchenführer des Gewerbes unter Vertrag stand, verkaufte einfachen Leuten Bausparverträge, Investmentfonds und Lebensversicherungen. Weil sein opulenter Lebensstil stets mehr Geld erforderte, als ihm an Provisionen zustand, zweigte er immer größere Beträge des ihm anvertrauten Kapitals für sich selber ab, und als sein Schuldenberg auf über eine Million Mark angewachsen war, machte er sich aus dem Staub.

Ein dramatischer Abschiedsbrief sollte sowohl seiner Ehefrau und den zwei Kindern als auch der Polizei einen Selbstmord plausibel erscheinen lassen, tatsächlich aber setzte sich der flüchtige Anlageschwindler in eine Maschine der Qantas Airlines mit Kurs auf Australien. Für eine Entschädigung der geprellten Kunden sah die DVAG keine Notwendigkeit, da der Schaden ausschließlich durch »Privatgeschäfte von Herrn Müller« entstanden sei – so die »Wirtschaftswoche«. Für Deutschlands größte Kloppertruppe sind um die 30 000 Strukis im Einsatz, und an allen verdient DVAG-Gründer Reinfried Pohl mit, Duzfreund von Ex-Kanzler Helmut Kohl und einer der größten CDU-Spender.

Ist der Struki aus dem Schwabenland auch nur ein kleines Licht in der Arena der Anlagebetrüger gewesen, so war sein Verhalten doch auch typisch für viele der großen Abstauber. Als es eng wurde, ließen sie ihre Firmen im Stich und zogen mit der Beute von dannen: So war es bei den Haffa-Brüdern aus München, die ihre Filmrechteverwertungsfirma EM.TV and Merchandising AG erst mit verlogenen Sprüchen zum Börsenrenner machten, dann einen Großteil ihrer Aktien zu schwindelerregenden Kursen abstießen und, als die Aktionäre aufbegehrten, schleunigst Reißaus nahmen.

Die Beute des Gründers und langjährigen Vorstandsvorsitzenden Thomas Haffa schätzen Kenner der Szene auf mindestens 300 Millionen Euro. Mit dem Geld seiner Aktionäre, von denen einige nahezu ihren kompletten Einsatz verloren haben, legte sich Thomas Haffa eine Sammlung teurer Statussymbole zu, darunter zwei prächtige Villen im Münchner Herzogpark wie im Tiroler Nobelort Kitzbühel, eine 35 Meter lange Hochseeyacht und einige Privatjets, mit deren Vermietung er nebenbei ein bisschen Kleingeld verdienen möchte. Im November 2002 musste er sich mit seinem Bruder Florian Haffa vor Gericht verantworten, wobei das Verfahren dadurch erschwert wurde, dass nach einer Änderung der Finanzmarkt-Gesetze vom Juli desselben Jahres versuchter Kursbetrug nur noch eine Ordnungswidrigkeit ist.

Mangelnde Freude an den schönen Dingen des Lebens lässt sich auch Stefan Röver ungern nachsagen, dessen Softwarefirma Brokat am Neuen Markt über eine Milliarde Euro wert war, ehe er sie in den Ruin steuerte. Großmannssucht und Missmanagement diagnostizierte das »Manager Magazin« als Ursachen für den Niedergang des von Röver mit vier Freunden gegründeten Herstellers von Verschlüsselungssoftware für Finanztransaktionen, der am 23. November 2001 den Insolvenzantrag stellen musste.

Gründer Röver aber hatte sich, als das Aktienkapital komplett vernichtet war, mit seiner Frau Julia nach Kalifornien davongemacht. In Los Altos Hills besitzen die Rövers mitten in Silicon Valley ein standesgemäßes Refugium, das sie im eigenen zweistrahligen Jet ansteuern, wenn ihnen das Leben am Stuttgarter Killesberg, wo sie gleichfalls eine feudale Villa bewohnen, langweilig vorkommt. Die 26 Millionen Euro, die den Rövers gleich nach dem Börsengang zuflossen, dürften für den Lebensabend reichen, und wenn sie danach noch rechtzeitig weitere Aktien verkauften, können sie mit einer neuen Idee bald wieder auf Dummenfang gehen.

Überall das gleiche Bild: Firmengründer und Fondsmanager, Banker und Broker machen sich mit den Milliarden, die sie den Aktionaren abgeknöpft haben, einen schönen Lenz, während das Fußvolk von Kanzlei zu Kanzlei rennt, um wenigstens noch einen kleinen Rest des einstigen Vermögens zu retten.

Kein Mitleid mit den Geprellten

Ein weiterer Star des Neuen Markts hat sich ganz aus Deutschland abgemeldet. Gert Reinhardt, Gründer des Softwarehauses SER Systems aus Neustadt/Wied bei Koblenz, lebt komfortabel auf einem stattlichen Anwesen an der Südküste Englands. Sein ehemaliges Unternehmen ist pleite, aber ihm geht es gut. Rein zufällig gelang es ihm kurz vor der Insolvenz, die profitable US-Tochter zu verkaufen. Leider traf das Geld, vereinbart waren 20 Millionen Dollar, nicht rechtzeitig in Deutschland ein, und natürlich können nur Neider auf den Gedanken kommen, dass es bei dem Ausverkauf kurz vor Torschluss nicht mit rechten Dingen zugegangen sei.

Käufer ist nämlich die Firma KAEF Aquisitions, für die, wieder reiner Zufall, ein Reinhardt-Freund, der frühere Finanzvorstand Carl Mergele, verantwortlich zeichnet. Dass der Amerika-Ableger, unter Freunden auf wenigstens 65 Millionen Dollar taxiert, weit unter Wert losgeschlagen wurde und eigentlich gar nicht hätte verkauft werden dürfen, weil das Landgericht Koblenz dies per einstweiliger Verfügung »ausdrücklich verboten« hat, regt allenfalls die noch um ihr letztes Vermögen gebrachten Kleinaktionäre auf. Klaus Schneider, Vorsitzender der Schutzgemeinschaft der Kleinaktionäre (SdK), sprach von einem »ungeheuerlichen Vorgang«, doch Gert Reinhardt zeigt wenig Mitleid mit seinen Opfern: »Dies ist ein Wort, von dem ich nicht glaube, dass es beim Handeln um Wertpapiere angemessen wäre.«

Ob Kinowelt oder Knorr Capital, Gold-Zack oder GUB, Lipro oder G. Logistics – unter dem Niedergang ehemals hochbewerteter Firmen leiden für gewöhnlich nur die kleinen Aktionäre, während die Gründer und Großanleger mit gefüllten Taschen rechtzeitig das Weite suchten. Kinowelt-Gründer Michael Kölmel und sein Bruder Rainer zum Beispiel müssen sich gegen den Verdacht der Staatsanwaltschaft München wehren, sie hätten ihr am Neuen Markt gelistetes Filmrechte-Handelsunternehmen vor dem Insolvenzantrag ordentlich geplündert. Zweistellige Millionenbeträge sollen an die den Kölmel-Brüdern gehörende Sportwelt Beteiligungs GmbH und an eine ihnen verbundene Beratungsfirma namens BVT Bauconsult GmbH in Leipzig geflossen sein. Bruder Michael wurde »wegen Fluchtgefahr« sogar verhaftet und kam nur gegen eine Kaution von 400 000 Euro wieder frei.

Doch nicht nur am Neuen Markt nahm das Aktienspiel so

grausame Züge an, selbst im amtlich überwachten Handel gelten die Gesetze der Betrüger-Ökonomie. Dort ist, als M-DAX-Wert, noch immer Babcock Borsig notiert, obwohl der Oberhausener Maschinenbaukonzern mit seinen zuletzt 22 000 Mitarbeitern seit Juli 2002 unter Insolvenzverwaltung steht. Der langjährige Vorstandsvorsitzende Klaus Lederer kam dem gebeutelten Konzern schon einen Monat vorher abhanden, kurz nachdem er die profitable Tochtergesellschaft HDW, Deutschlands größte Werft, an den amerikanischen Finanzinvestor One Equity verkauft und dem Konzern damit seine wichtigste Finanzierungsquelle entzogen hatte.

Unsicherer Hafen aus Beton

Mit der Werft verkaufte er sich gleich selber mit und übernahm den Vorsitz im vierköpfigen HDW-Vorstand, dieweil der mit 1,1 Milliarden Euro überschuldete Mutterkonzern, seiner Führung und Kapitalquelle beraubt, in die Pleite segelte. »Wenn ein Politiker Mist baut, wird er abgewählt, wenn ein Konzernchef den Karren in den Dreck fährt, wird er mit einem anderen Vorstandsposten und lebenslanger Dienstwagennutzung belohnt«, kommentierte Oberhausens Oberbürgermeister Burghard Drescher das Verhalten des als »Ruhrrambo« (»Handelsblatt«) bekannt gewordenen Babcock-Flüchtlings, der nicht nur bei der Belegschaft, sondern auch unter den Aktionären seines früheren Unternehmens keine Freunde mehr hat. Nachdem die Staatsanwälte zu ermitteln begannen, hatte auch der HDW-Aufsichtsrat genug von Lederer und ersetzte ihn an der Werftspitze durch Helmut Burmester von den Vereinigten Aluminium-Werken

Dass der Aktienmarkt ein heißes Pflaster ist, haben Millionen Deutsche inzwischen am eigenen Depot erfahren. Verluste von mehr als 500 Milliarden Euro schadeten nicht nur dem Volksvermögen, sondern auch dem Image der Börsenpapiere. Hatten noch Anfang des Jahres 2000 rund 12,5 Millionen Deutsche ihr Geld direkt oder indirekt (über Investmentfonds) an der Börse angelegt, so waren es zwei Jahre später nur noch knapp sechs Millionen, die am Aktienmarkt auf bessere Zeiten hofften.

Wer genug hatte von den Hochstaplern des Neuen Marktes, den Fehlprognosen der Bankanalysten, den getürkten Performance-Listen der Investmentfonds, den manipulierten Kursen und gefälschten Bilanzen, der suchte für sein Geld einen sicheren Hafen aus festem Beton. So floss ein immer breiterer Kapitalstrom weg von der Börse in Richtung Immobilienmarkt, denn auf Steine, so hofften die Anleger, könne man auch in schwierigen Börsenzeiten bauen. Dabei ahnten nur wenige, dass das Geld in Bürohäusern und Supermärkten, Eigentumswohnungen und Lagerhallen genauso schnell verschwinden kann wie an der Aktienbörse.

Auf der sicheren Seite wähnen sich zum Beispiel die Zeichner Offener Immobilienfonds, die allein im Jahr 2002 annähernd 20 Milliarden Euro in diese derzeit wohl beliebteste Form des Investmentsparens steckten. Zwar winken hier nur bescheidene Renditen von etwa fünf Prozent, dafür aber enthalten die rund 20 angebotenen Immobilienfonds, die ihr Geld vornehmlich in große Bürohäuser und Einkaufszentren investieren, nach Meinung der Sparer keinerlei Risiken. Ihre Meinung dürfte sich spätestens dann ändern, wenn die Fonds gezwungen sind, die jeweils aktuellen Verkehrswerte und Mieteinnahmen für jedes einzelne ihrer Objekte offen auszuweisen.

Viele Häuser stehen nämlich mit zu hohen Werten in den Büchern der Fonds, da in den meisten Großstädten seit dem Jahr 2000 die Gewerbemieten sinken und damit auch den Verkaufswert der Gebäude schmälern. Bisher veröffentlichten die Offenen Fonds, von denen jeder eine Vielzahl von Objekten im Bestand hat, immer nur ihre Gesamtergebnisse, und so blieb den Anlegern verborgen, in welche einzelnen Häuser ihr Geld investiert wurde. Als die Deutsche-Bank-Tochter DGI (Deutsche Grundbesitz-Investmentgesellschaft) ankündigte, sie wolle als erster Fondsbetreiber detaillierte Angaben zu den Verkaufswerten und erzielten Mieten machen, da ging ein Aufschrei des Entsetzens durch die Branche, die sich ungern in die Karten sehen lassen möchte.

Nach den Erfahrungen mit den Bilanzen börsennotierter Unternehmen darf man auch bei den Fondsgesellschaften mit Überraschungen rechnen. Berichtigt wird wohl nicht nur die Vermögenssubstanz, sondern auch der Ertrag. Wegen der sinkenden Mieten lassen sich kaum noch hochrentable Objekte auftreiben, und das viele Geld, mit dem die Anleger die Fonds zuschütteten, bringt derweil auf Bankkonten nur mäßige Zinsen.

Nicht besser als bei den Offenen ist die Lage bei den Geschlossenen Immobilienfonds. Die von den Besserverdienenden bevorzugte Anlageform führt zwar zu höheren Steuervorteilen, birgt aber auch größere Risiken, denn Geschlossene Fonds investieren ihr Geld nicht in eine Vielzahl von Objekten, sondern werden hauptsächlich zur Finanzierung einzelner Immobilien gegründet. Weil aber den Verkäufern solcher Zertifikate angesichts der dürftigen Renditen, die am Markt derzeit zu erzielen sind, die Argumente ausgehen, greifen die Initiatoren zu immer abenteuerlicheren Tricks und Täuschungsmanövern.

Desaster bei den Immo-Fonds

So finden sich in manchem »Geschlossenen« plötzlich Beigaben wie Aktienfonds oder gar Renten- und Lebensversicherungen, und für den Zeichner ist nur sehr schwer nachzuvollziehen, wie werthaltig und rentabel sein Investment wirklich ist. Renditeschwache Objekte werden zum Beispiel mit einem hohen Fremdfinanzierungsanteil, oft sogar noch in Währungen wie dem Schweizer Franken oder dem japanischen Yen aufgepeppt, sodass sich auf dem Papier eindrucksvolle Steuer- und Zinsvorteile errechnen lassen. Das hohe Verlustrisiko aber, das sich bei Wechselkursänderungen ergeben kann, reden die Verkäufer natürlich herunter.

Schwer zu durchschauen sind auch die oft seltsamen Garantiezusagen der Initiatoren. Wenn zum Beispiel die IBV-Tochter der berüchtigten Berliner Bankgesellschaft, den Fondszeichnern nach 15 Jahren die »Rückzahlung zu 100 Prozent« anbietet, dann muss das nicht unbedingt heißen, dass es sich um eine besonders vorteilhafte Anlage handelt. In diesem Fall hätten die Anleger 15 Jahre lang auf den Zins verzichtet.

Wie tückisch sich solche Investments auswirken können, mussten einige hundert Kunden der Freiburger Finanzgruppe Rosche erfahren, eines Spezialisten für Kapitalanlagen in US-Immobilien. Über 400 Millionen Dollar sammelten die Verkäufer von insgesamt 21 Rosche-Fonds bei deutschen Anlegern ein, und nicht alle werden ihr Geld wiedersehen. Wegen des Verdachts auf millionenschweren Betrug wurden sowohl Gabriele Rosche als auch Mitgründer Michael Vogelbacher verhaftet. Nachdem die erschreckten Kapitalgeber das Münchner Emissionshaus BVT mit einer Prüfung der Werthaltigkeit ihrer Fonds beauftragt hatten, prophezeite BVT-Geschäftsführer Harald von Scharfenberger: »Mehr als 20 Prozent ihrer Kapitaleinlage werden die Anleger wohl nicht wieder bekommen.«

Maßlos überteuerte Billigwohnungen

Zum Desaster entwickelte sich auch der so genannte Dreiländerfonds der Stuttgarter Firma Kapital Consult, nachdem mit dem Musicalunternehmen Stella sein Hauptmieter Konkurs anmelden musste. Rund 700 Millionen Mark haben etwa 14 000 Anleger in den Fonds investiert, dem neben einigen Musicaltheatern auch US-Immobilien und Schweizer Wertpapiere gehören. Vertrieben wurden die Papiere einst unter anderem von den Strukis des Hannoveraner Finanzdienstleisters AWD, und die haben ihre Kunden offensichtlich nicht hinreichend über die Risiken einer solchen Anlage aufgeklärt. Dies jedenfalls befand das Oberlandesgericht Celle und verdonnerte den an der Börse notierten Strukturvertrieb zum Ersatz des bei den klagenden Anlegern angerichteten Schadens.

Sind schon die von der Finanzbranche offerierten Beteiligungen an Großimmobilien voller Tücken, so kann der direkte Kauf einer Wohnung, eines Büros oder auch eines ganzen Hauses sogar den finanziellen Ruin bedeuten. Insbesondere dann, wenn solche Objekte komplett mit der Finanzierung im Doppelpack angeboten werden, ist höchste Vorsicht angebracht. Denn Immobilien- und Kreditverkäufer eint das gleiche Interesse: Sie wollen aus dem Käufer so viel wie möglich herausholen. Und das gelingt ihnen schon deshalb ganz gut, weil es kaum einen Markt gibt, der so schwer durchschaubar ist, wie der Handel mit jener Ware, für die viele Deutsche nicht nur ihr Vermögen, sondern auch ihr Herzblut hergeben.

Landauf, landab verhökerten in den 90er-Jahren die Kloppertruppen des Finanzgewerbes über 300 000 Wohnungen nach dem so genannten Erwerbermodell an meist ziemlich unbedarfte Kunden, denen sie nicht nur hohe Steuervorteile, sondern auch satte Mieterträge in Aussicht stellten. Tatsächlich aber erwiesen sich die Objekte als maßlos überteuert und schwer, wenn überhaupt, vermietbar. Die meisten Käufer verfluchen heute den Tag, an dem sie der Verlockung erlagen, eine scheinbar zukunftssichere Immobilie ohne Eigenkapital zu erwerben. Denn das war der Clou des Angebots: Die Käufer brauchten keine müde Mark, sondern bekamen ihre Wohnung zu 100 Prozent finanziert.

Mehr noch: In den monatlichen Raten, die sie angeblich aus den Mieteinnahmen finanzieren konnten, waren bereits sämtliche Nebenkosten wie Makler- und Notargebühren mitsamt der Grunderwerbssteuer enthalten. Das Ganze schien so einfach und war doch so abgefeimt. Die Wohnungsverkäufer, meist schwerreiche Immobiliengesellschaften, hatten sich mit den kreditgebenden Banken zu einem Pakt gegen die unwissenden Käufer verschworen. Die Wohnungen, häufig handelte es sich um heruntergekommene Sozialbauten oder auch um aufgelöste Kasernen aus NATO-Beständen, wurden zu Preisen von weniger als 1000 Mark pro Quadratmeter eingekauft und für das dreifache weiterverhökert. Bei solchen Gewinnspannen fiel es den Erfindern des »Erwerbermodells« nicht schwer, Partner für die Finanzierung wie für den Vertrieb aufzutreiben.

Mancher Bankvorstand strich satte Provisionen für die großzügige Bewilligung von Hypothekendarlehen ein, und auch die Strukis legten sich mächtig ins Zeug. Die Kalkulation einer solchen Immobilienanlage sah dann etwa wie folgt aus: Eine Zweizimmerwohnung von 60 Quadratmetern kostete beim Einkauf rund 60 000 Mark, wurde dem Kunden aber für 160 000 Mark angedreht. Weitere 20 000 Mark musste er für Nebenkosten ausgeben, aber das alles war im Kredit von 180 000 Mark enthalten, der ihm anstandslos mit dem Kaufvertrag zur Unterschrift vorgelegt wurde. Am Verkauf der Wohnung verdiente der Initiator mindestens 60 000, die Vertriebsorganisation 40 000, die Bank aber nimmt insgesamt 378 000 Mark ein – sofern der Kunde in der Lage ist, 30 Jahre lang sieben Prozent Zinsen zu bezahlen. Diese wunderbare Geldanlage stürzte viele so genannte kleine Leute in einen finanziellen Abgrund, aus dem sie sich wohl nie wieder berappeln können, während die Nutznießer dieses beispiellosen Raubzugs ihre Beute in Prachtvillen auf Sylt oder am Tegernsee genießen.

Blutspur von Banken und Sparkassen

Ungemütlich könnte es allenfalls für jene Geldinstitute werden, die sich mit ihren Hypotheken den Ruf erwarben, ein Betrügermodell finanziert zu haben. Im Namen von 3000 geschädigten Kunden führen Rechtsanwälte wie der Hannoveraner Reiner Füllmich und der Nürnberger Klaus Kratzer einen juristischen Mehrfrontenkrieg gegen die Finanziers der Schrott-Immobilien, und nach Grundsatzurteilen sowohl des

Europäischen als auch des Bundesgerichtshofs sieht es ganz so aus, als ob sie die Schlacht gewinnen könnten. Der Knüppel, mit dem sie Institute wie die Münchner HypoVereinsbank, die allein rund 108 000 dieser Wohnungen finanzierte, in die Knie zwingen wollen, ist das so genannte »Haustürgeschäft«: Nachdem das oberste europäische Gericht entschied, dass Darlehensnehmer Kreditverträge widerrufen können, wenn diese in der Privatwohnung oder auch am Arbeitsplatz abgeschlossen wurden, herrscht Panik in den Geldhäusern. Auch wenn die Banken nach außen abwiegelten (»Wir erwarten keine negativen finanziellen Folgen aus diesem Urteil«, behauptete eine Sprecherin der HypoVereinsbank), gerieten ihre Aktien sofort unter Druck. Allein bei der HypoVereinsbank stehen, rechnet Anwalt Füllmich vor, Kredite über zehn Milliarden Euro »im Feuer«.

Dass die Rechnung nicht so ganz daneben liegt, zeigt sich in dem Bemühen der Münchner Großbank, ihre Kreditrisiken aus den Erwerbermodellen auszulagern. Die Darlehen für Schrott-Immobilien sollen von einer Gesellschaft übernommen werden, an der sich mehrheitlich die bundeseigene Kreditanstalt für Wiederaufbau (KFW) beteiligt. Wie bei der Bankgesellschaft Berlin, die nur mithilfe einer Senatsbürgschaft vor dem Untergang bewahrt werden konnte, stellt sich auch bei der HypoVereinsbank die Frage, weshalb die Steuerzahler für krumme Bankgeschäfte haften sollen, die einigen wenigen Managern zu gewaltigen Gewinnen verhalfen, vielen Kunden aber ebensolche Verluste bescherten.

Zwar verloren bereits einige Bankbosse ihren Job, wie Eberhard Martini und drei seiner Vorstandskollegen von der ehemaligen Bayerischen Hypotheken- und Wechselbank, doch lediglich dem Ex-Generalbevollmächtigten Peter Stumpf konnte nachgewiesen werden, dass er »Zuwendungen« für die Vergabe von Krediten erhalten hatte. Eng wird es für das zweitgrößte deutsche Geldinstitut, seit ehemalige Mitarbeiter der Bank vor laufender Kamera in der ARD-Dokumentation »Die Immobilienfalle« Interna preisgaben, aus denen hervorging, dass man in der Bank sowohl über die überhöhten Preise der Objekte als auch über die geringe Bonität der Schuldner Bescheid wusste. Demonstrationen der geschädigten Kreditkunden in Nürnberg und München erhöhten den Druck auf das Geldhaus, das viel von seinem einstigen Renommee eingebüßt hat.

Nahezu alle großen Kreditinstitute mischten im Geschäft mit Schrott-Immobilien mit. Die Stadtsparkasse München drehte älteren Kunden, die kaum mehr als 2000 Euro im Monat verdienten, Wohnungen im Berliner Vorort Mahlow an mit dem Argument, die Steuerersparnis sei ein Jahrhundertgeschenk und führe obendrein »zu einer tollen Alterssicherung«. Tatsächlich führte die Unterschrift unter die vorbereiteten Verträge manche Sparkassenkunden geradewegs ins Armenhaus.

Nachdem die Mietgarantien ausgelaufen und keine neuen Mieter in Sicht waren, die Kreditraten aber in unverminderter Höhe weiter bezahlt werden mussten, konnten manche der inzwischen in den Ruhestand getretenen Investoren ihre eigene Miete nicht mehr bezahlen. Die Wohnungen sind heute kaum mehr als die Hälfte des einstigen Kaufpreises wert, und die Mieten decken, sofern sie überhaupt eingehen, nur einen Bruchteil der monatlichen Zins- und Tilgungsraten.

Die Sparkasse aber, klagt der Münchner Rechtsanwalt Ekkehart Heberlein, der zahlreiche Wohnungskäufer vertritt, habe »an allen Ecken und Enden« des Geschäfts verdient. Zinsen kassierte das Institut nämlich nicht nur von den Endkunden, die für die Vermittlung des Geschäfts 14 Prozent Provision zahlen mussten, sondern auch als Finanzier des Bauträgers WPM und schließlich noch als dessen Gesellschafter. Damit es nicht so auffiel, dass das Institut quasi eigene Immobilien an seine Kunden verscherbelte und dafür auch noch Provisionen abzockte, trat als Verkäufer eine »Landesimmobilienvermittlungsgesellschaft« auf, die den bayerischen Sparkassen und der Bayerischen Landesbank gehört. Die Gewinne dieser Gesellschaft flossen also anteilig auch wieder der Sparkasse zu.

Nicht nur unbedarfte Bank- und Sparkassenkunden erlagen den Verlockungen steuersparender Immobilienangebote. Abgezockt wurden auch gut verdienende Rechtsanwälte, Ärzte, Künstler und Sportstars. Der Münchner Anwalt Volker Thieler etwa vertritt Leute wie den Schlagersänger Jürgen Drews, die Schauspieler Fritz Wepper (»Derrick«), Katerina Jacob (»Der Bulle von Tölz«) und den Fußballprofi Stefan Reuter (Borussia Dortmund) zusammen mit 60 weiteren Mandanten, die sich durch die Kreditzusagen der Commerzbank zum Kauf von Eigentumswohnungen in Berlin hinreißen ließen.

Genauer gesagt, kauften sie keine ganzen Wohnungen, sondern Anteile an Gesellschaften bürgerlichen Rechts (GbR), denen die Immobilien gehörten. Dass sie nun mit ihrem gesamten Vermögen für die Verbindlichkeiten dieser Gesellschaften haften, ging ihnen erst später auf. Als die versprochenen Mieteinnahmen ausblieben und die Belastungen immer größer wurden, stellten einige der Gesellschafter ihre Zahlungen ein. Prompt forderte die Commerzbank ihre Darlehen zurück und drohte mit der Zwangsvollstreckung. Da bei den Verkäufern der inzwischen stark entwerteten Wohnungen nichts mehr zu holen ist, setzte der smarte Anwalt die Commerzbank unter Druck. Inzwischen ermittelt bereits die Berliner Staatsanwaltschaft wegen Untreue und Prozessbetrugs.

Das Geld ist futsch, die Mieter bleiben aus

Über 100 Milliarden Mark versenkten gut verdienende Wessis seit der Wiedervereinigung auf dem Immobilienmarkt in den neuen Bundesländern, und wohl nur ein bescheidener Teil der gigantischen Fehlinvestitionen ist auf pure Dummheit zurückzuführen. Wie die Spekulationsblase an der Börse ist auch das Desaster mit den Ostimmobilien eher das Ergebnis wissentlicher Falschinformation und groß angelegter Betrugsmanöver als das Versagen naiver Kleinanleger.

Wenn die Insider aus der Banken- und Immobilienbranche gemeinsam ihre Kunden über den Wert der angebotenen Objekte täuschen, wenn sie mit geschönten Mietprognosen operieren, hat auch ein gewitzter Investor wie beispielsweise TV-Unterhalter Thomas Gottschalk, der sich mit einem zweistelligen Millionenbetrag in den defizitären »Sachsenpark« bei Leipzig einkaufte, wenig Chancen. Das Geld ist futsch, die Mieter bleiben aus, die Bank will pünktlich ihr Geld.

Zu den Anbietern, die beträchtlichen Flurschaden im Vermögen ihrer Immobilienkunden angerichtet haben, zählen nicht nur provisionsgierige Banken und halbseidene Strukturvertriebe sondern auch so solide Institute wie die Bausparkassen. Auf der Web-Seite www.Badenia-Opfer.de machen sich Anleger Luft, die in den 90er-Jahren preiswerte Altbauwohnungen aus den Beständen des ehemaligen Gewerkschaftskonzerns Neue Heimat gekauft und dabei viel Geld verloren haben. Vermittelt wurden ihnen die ruinösen Schnäppchen von der 250 Mann starken Drückerkolonne der Dortmunder Vertriebsfirma Heinen & Biege, als Verkäufer trat die Allwo-Gruppe auf, und das Geld zur Finanzierung kam von der Badenia Bausparkasse in Karlsruhe.

Der Ottweiler Wirtschaftsdetektiv Medard Fuchsgruber fand heraus, dass Badenia-Finanzvorstand Elmar Agostini das einträgliche Geschäft mit den 5000 Neue-Heimat-Wohnungen angekurbelt hatte und wohl auch den größten Nutzen daraus zog. Er saß im Beirat von Heinen & Biege, und Allwo war ein Schwesterunternehmen der Badenia in der Aachener und Münchener Versicherungsgruppe. Die satten Provisionen für die Finanzierung wie für die Strukis hob die Verkaufspreise der Wohnungen weit über den Marktwert.

Die dubiosen Verkaufs- und Finanzierungspraktiken der Bausparkasse riefen bereits die Bankenaufsicht auf den Plan, und um ihr Gesicht zu wahren gab die Badenia ihrem Vorstandsvorsitzenden Karlheinz Henge den Laufpass. Sein designierter Nachfolger Ludger Bettmer musste den Vorstand verlassen und wurde zum Generalbevollmächtigen degradiert. Ex-Innenminister Gerhart Baum (FDP), der mit seinem Düsseldorfer Anwaltskollegen Julius Reiter zahlreiche Badenia-Opfer vertritt, glaubt »erdrückende Beweise« für die Mitschuld der Bausparkasse zu haben und fordert 500 Millionen Euro Entschädigung.

Ob Geschlossener oder Offener Immobilienfonds, Erwerbermodell oder GbR-Gesellschafter – bei allen diesen steuersparenden Konstruktionen läuft der Immobilienkäufer stets Gefahr, übers Ohr gehauen zu werden. Dem Betrug der Profis freilich entkommt er auch dann nur mit Mühe, wenn er ganz konventionell eine Eigentumswohnung vom Bauträger kauft oder sein Traumhaus bauen lässt. Nirgendwo kann der Kunde so schnell so viel Geld verlieren wie bei der Beschaffung seiner eigenen vier Wände.

Eigentumswohnungen, wie sie von Bauträgergesellschaften in den Ballungsgebieten zu Tausenden angeboten werden, sind fast immer zu teuer. Vermeidbare »weiche« Kosten wie die Ausgaben für Zeitungsanzeigen und Hochglanzprospekte, aber auch Vermittler- und Verkaufsprovisionen sowie üppige Gewinnmargen treiben den Preis in die Höhe. Besonders kritisch wird diese Art der Wohnungsbeschaffung dann, wenn Bauträger und Baufirmen Pleite gehen, bevor das Objekt fertiggestellt ist. Die geleisteten Anzahlungen sind dann fast immer verloren.

Goldene Regeln für Immo-Investoren

Dass dies gar nicht so selten vorkommt, belegt eine Studie des Bauherrenschutzbundes (BSB) in Berlin vom Jahr 2002. Demnach müssen acht Prozent der Bauherren und Wohnungskäufer in den neuen Ländern und vier Prozent in der alten Bundesrepublik damit rechnen, dass sie ihr Geld einem Pleitekandidaten aufs Konto überweisen.

Auch wenn der Bau termingerecht fertiggestellt wird, ist noch längst nicht sicher, dass sich die Investition gelohnt hat. Jedes von den Experten des BSB kontrollierte Haus wies nämlich im Durchschnitt zehn bis 20 Mängel auf, und ein Drittel davon waren jeweils so gravierend, dass ihre Beseitigung mehr als 25 000 Euro kostete. Nur jeder fünfte Bauherr aber hatte von seinem Recht Gebrauch gemacht, einen Teil des Kaufpreises so lange zurückzuhalten, bis sämtliche Mängel beseitigt waren.

Hier zehn goldene Regeln für Bauherren und Immobilienkäufer:

1. **Offene Immobilienfonds:** Auf Transparenz bestehen. Der Fonds soll sämtliche Objekte, die er besitzt, mit ihren Verkehrswerten und Mieteinkünften einzeln ausweisen. Nur so kann man deren Werthaltigkeit und Rentabilität prüfen. Wer dies nicht macht, hat etwas zu verbergen.
2. **Geschlossene Fonds:** Nur dann zeichnen, wenn sie der Finanzierung eines einzelnen, rundum geglückten Objekts dienen. Vor der Unterschrift detaillierte Informationen über den Standort, das Objekt, die Vermietbarkeit und den vorgesehenen Mieter einholen. Darauf achten, dass das Objekt nicht völlig auf einen bestimmten Mieter zugeschnitten ist – nach Auslaufen des Mietvertrags könnte es sonst wertlos werden.
3. **Erwerbermodelle:** Finger weg! Hier erwirbt man kein Vermögen, sondern einen Problemfall.
4. **Komplettangebote:** Immobilien, die zusammen mit einer Finanzierung angeboten werden, sind von vornherein verdächtig. Stimmen Preis und Qualität des Objekts und hat der Käufer keine Bonitätsprobleme, kann er sich immer unter mehreren Darlehensgebern den günstigsten aussuchen.
5. **Bauträger:** Das schönste Objekt verliert seinen Reiz, wenn der Geschäftspartner nichts taugt. Deshalb sollte man Bauträger und Baufirmen genau unter die Lupe nehmen, ehe man ihnen einen Auftrag erteilt.
6. **Neubauten:** Neue Häuser und Wohnungen werden fast immer vom Reißbrett verkauft. Die Projektierungs- und Bauphase kostet Geld und Zinsen. Zahlungen nur nach

Baufortschritt (gemäß VOB) leisten. Nicht direkt an den Bauträger zahlen, sondern Treuhänder eigener Wahl einschalten. Differenz zwischen Sollzinsen (die an die Bank zu zahlen sind) und Habenzinsen (die man für die bereitgestellte Kaufsumme bekommt) in die Rentabilitätsberechnung einbeziehen.

7. **Mietgarantien:** Sind nur so viel wert wie derjenige, der sie gewährt. Häufig steht nur eine 25 000-Euro-GmbH, die jederzeit in Konkurs gehen kann, hinter der Garantie. Außerdem: Ein für Mieter attraktiver Standort ist allemal wertvoller als eine Mietgarantie.
8. **Baumängel:** Den fertigen Bau von einem Fachmann (erfragen vom Bauherren-Schutzbund in Berlin) abnehmen lassen. Festgestellte Mängel sofort dem Bauträger mitteilen und Frist zur Beseitigung setzen. Neue Endabnahme vereinbaren.
9. **Altbauten:** Nur nach Prüfung durch einen Architekten oder Bauingenieur kaufen. Angebotene Objekte sind häufig überteuert. Deshalb nicht sofort zuschlagen, sondern Marktlage genau sondieren. Renovierungskosten realistisch bewerten und in den Kaufpreis einkalkulieren.
10. **Zwangsversteigerung:** Jedes Jahr kommen zehntausende Wohnungen und Häuser unter den Hammer – und werden häufig unter dem Verkehrswert zugeschlagen. Auskünfte über die Objekte und Versteigerungstermine liefern Kataloge (zum Beispiel der Firma Argetra in Ratingen) oder die örtlichen Rathäuser. Wer ein Objekt ersteigern möchte, muss einen beglaubigten Bankscheck in Höhe von zehn Prozent des Schätzwerts zur Auktion mitbringen.

Wer sich darüber wundert, weshalb das Geschäft der Anlagebetrüger nach all den warnenden Zeitungsartikeln, Büchern und Fernsehsendungen noch immer floriert, der sollte sich mal in einigen Pfälzer Dörfern wie Bad Bergzabern, Birkenhördt oder Steinfeld umhören. Die halbe Bevölkerung fiel dort einem Schwindel zum Opfer, der eigentlich schon seit den frühen 90er-Jahren ein alter Hut ist. Über 3000 Anleger, darunter viele Geschäftsleute, Beamte und sogar Polizisten, verloren bei fingierten Warentermingeschäften über 220 Millionen Euro.

Drahtzieher war ein gewisser Klaus-Joseph »Claude« Keiser, Geschäftsführer einer Firma aus Saarlouis, die sich Commodity Trading Service GmbH (CTS) nannte. »Claude« schickte gut gekleidete und seriös wirkende Mitarbeiter über die Dörfer, um den Pfälzern in Wirtshäusern, Vereinsheimen und Gemeindesälen die Geheimnisse des Warenterminhandels zu offenbaren. Dies gelang ihnen, unterstützt von vielen schönen Grafiken und Schaubildern, so überzeugend, dass bald die ersten Kunden kleinere Beträge zu überweisen begannen. Die Bedenken skeptischer Zuhörer, die auf die exorbitanten Risiken hinwiesen, die den Gewinnchancen gegenüberstanden, versuchten die Abgesandten von Claude mit dem Hinweis auf höchst wirksame Absicherungsmechanismen auszuräumen.

Tatsächlich beteiligten sich die CTS-Kunden nicht an einzelnen Spekulationsgeschäften, sondern an einem Investmentfonds, der das Risiko für die Anleger durch eine Vielzahl oft gegenläufiger Geschäfte vermindern sollte. Die Argumente der »Anlageberater« fanden umso mehr Beachtung, je lauter die Freudenschreie der glücklichen Gewinner durch die Gassen hallten. »Man war doch blöd, wenn man da nicht mitmachte«, erinnert sich eine der Geschädigten, deren Kontoauszüge im Jahr 2000 eine Rendite des bei CTS eingesetzten Geldes von 68 Prozent auswiesen.

Wundersame Geldvermehrung in der Pfalz

Die frohe Kunde verbreitete sich bis in die hintersten Winkel der Pfalz, und immer weniger wollten auf solche Traumrenditen verzichten. Zu diesem Zeitpunkt aber hatte sich das Warenterminhandelshaus CTS längst in ein Schneeballsystem verwandelt, das nur so lange funktionierte, wie genug neue

Kunden zuliefen, mit deren Einlagen die Gewinne der älteren finanziert werden konnten.

Im Herbst 2001 war es dann soweit. Nach der Warnung einer Bank, die bei CTS Geldwäsche im großen Stil vermutete, durchsuchten Staatsanwälte und Kripobeamte die Geschäftsräume in Saarlouis und stießen zu ihrer Überraschung auf einen »gigantischen Betrugsfall«. Von den rund 440 Millionen Mark, die »Claude« Keiser bei über 3000 Kunden eingesammelt hatte, waren am Ende gerade mal 25 Millionen übrig geblieben. Viele CTS-Opfer standen vor dem finanziellen Ruin, doch den Fangschuss versetzte ihnen erst das Finanzamt.

Obwohl die Steuerbehörden längst wussten, dass die Geldbewegungen auf den CTS-Konten fiktiv waren und die wenigsten Kunden echtes Geld überwiesen bekamen, stellten sie sich auf den Standpunkt, dass die Scheingewinne zu versteuern seien. Deshalb haben sich 670 Geschädigte zu einem Verein zusammengeschlossen und den Karlsruher Rechtsanwalt Stefan Neumann engagiert. Er soll versuchen, Musterprozesse anzustreben und die Finanzverwaltung zur Rücknahme der Steuerbescheide veranlassen. Drei Keiser-Kunden, die bei CTS ihr Hab und Gut verloren haben, begingen bereits Selbstmord.

Nicht nur die Abgesandten dubioser Finanzfirmen verleiten Deutschlands Anleger zu verlustreichen Geschäften. Ähnliche Erfahrungen wie die CTS-Kunden in der Pfalz machte eine vermögende Klientel bei der vornehmen »Kreissparkasse Grafschaft Bentheim zu Nordhorn« im Emsland, dicht an der holländischen Grenze. Unterm Regiment ihres ehrgeizigen Vorstandschefs Hubert Winter begnügte sich die Provinzsparkasse nicht mit dem üblichen Sparbuch- und Hypothekengeschäft, sondern leistete sich eine Auslandsabteilung, in der abenteuerliche Spekulationsgeschäfte mit Fremdwährungen, vom US-Dollar bis zum japanischen Yen, abgeschlossen wurden. Betuchten Privatkunden machten die Berater der Sparkasse den Mund wässrig mit Geschichten über die tollen Gewinne, die sie am Devisenmarkt erzielen könnten, und Geschäftsleute lockten sie mit günstigen Zinsen für Kredite in Yen oder Schweizer Franken. Bald sprachen sich die kühnen Kapitalmanöver, die vom Sparkassenbau in der Nordhorner Bahnhofstraße hinaus in die große weite Welt der Hochfinanz führten, im ganzen Emsland herum.

Immer mehr biedere Sparkassenkunden setzten auf einen steigenden Dollar oder einen fallenden Yen, nahmen Fremdwährungskredite auf und jonglierten mit Kauf- und Verkaufoptionen. Zeitweilig wickelte die kleine Sparkasse an der holländischen Grenze mehr Devisentransaktionen ab als jede andere Bank in Niedersachsen, und das brachte ihr nicht nur Ruhm, sondern auch Provisionen ein.

Dem Jäger in die Falle gegangen

Die Kunden freilich hatten nur kurze Zeit Freude an ihren internationalen Bankgeschäften, denn die Währungskurse entwickelten sich meist anders, als es ihnen ihr smarter Devisenhändler Fischer verheißen hatte. Wie hoch der Schaden ist, den die Sparkasse ihren Kunden zufügte, ist bis heute umstritten. Die Deutsche Schutzvereinigung für Wertpapierbesitz (DSW) taxiert ihn auf 50 bis 100 Millionen Mark, die Zahl der Geschädigten auf 40 bis 100. Nicht wenige Nordhorner Geschäftsleute haben eine siedende Wut auf den Sparkassenchef, der zwar seinen Devisenhändler feuerte, ansonsten aber keine Fehler eingestehen will. »Solange wir hier keine verbotenen Produkte verkaufen, ist alles ordnungsgemäß abgelaufen«, rechtfertigte sich Hubert Winter gegenüber der »Süddeutschen Zeitung«. Damit wollen sich die Nordhorner Spekulationsopfer nicht zufrieden geben. Auch sie bildeten eine Interessengemeinschaft mit dem Ziel, die Sparkasse für ihre Verluste haftbar zu machen.

Der »Nick Leeson von Nordhorn« aber, wie Fischer in Anspielung auf den britischen Broker genannt wurde, der einst die Londoner Barings Bank mit verlustreichen Devisengeschäften in den Ruin getrieben hatte, fand bereits wieder einen neuen Job bei einem Geldhaus in Süddeutschland.

Nicht alle Schutzgemeinschaften freilich dürfen als seriös gelten. Selbst die Deutsche Schutzvereinigung für Wertpapierbesitz e.V. (DSW), prominenter Opponent auf deutschen Hauptversammlungen, geriet durch anrüchige Geschäfte ihrer Spitzenleute ins Zwielicht. Hauptgeschäftsführer Ulrich Hocker kassiert Tantiemen für Aufsichtsratsmandate von Konzernen wie eon oder KarstadtQuelle, die er als Vertreter der Kleinaktionäre kritisch beobachten sollte, und gegen DSW-Präsident Roland Oetker ermittelten Staatsanwälte wegen des Verdachts auf Insidergeschäfte mit Aktien von Konzernen wie mg technologies und Verseidag (das Verfahren wurde inzwischen eingestellt). Noch viel weniger ist jenen Schutzgemeinschaften zu trauen, die flugs gegründet werden, wenn große Schwindelunternehmen auffliegen. Da der Anleger »das einzige Wild ist, dem man das Fell zweimal über die Ohren ziehen kann« – so der Bamberger Professor Hermann J. Liebel vom Forschungsinstitut für Wirtschaftskriminalität –, finden sich unter den Initiatoren solcher Schutzgemeinschaften nicht selten jene Betrüger, die den Schaden erst angerichtet hatten.

Als die Wohnungsbaugesellschaft Stuttgart (WGS), die bei 40 000 Investoren rund zwei Milliarden Mark eingesammelt hatte, in Konkurs ging, erhielten die geprellten Anleger Post von einer »Interessengemeinschaft ASG«. Gründer Peter Jäger, selbst angebliches Opfer der Pleite, versprach seinen Schicksalsgenossen die Wiederbeschaffung ihrer verlorenen Schätze und forderte sie auf, der ASG beizutreten. Finanziert werden sollte der Kampf gegen die Pleitefirma mit der einmaligen Aufnahmegebühr von 250 Mark.

Über 5000 WGS-Opfer gingen dem Jäger in die Falle und überwiesen insgesamt 1,4 Millionen Mark. Unnötig zu erwähnen, dass der gewitzte Schutzpatron, einst einer der erfolgreichsten Verkäufer von WGS-Fonds, mit seiner Beute das Weite suchte. So wie den Opfern der Stuttgarter Wohnungsbaugesellschaft ging es den von der Hanseatischen AG (HAG) um rund 400 Millionen Mark geschädigten Kapitalanlegern, und auch die rund 70 000 Investoren, die der Philipp Alexander Securities and Future Ltd. (PASF) des Großbetrügers Michael Eberlein auf den Leim gegangen waren, wurden von einer »Sagitta-Wirtschaftsdetektei« aus Essen ein zweites Mal um ihr Geld gebracht.

Hält sich das Mitleid mit Leuten in Grenzen, die ihr Kapital in Devisen- oder Warentermingeschäfte investieren, von denen sie nicht die Bohne verstehen, so sind mittlerweile nicht mal mehr die Postsparer gegen unsittliche Anträge gefeit. Die PB-Versicherung, eine Tochtergesellschaft von Postbank und dem Haftpflichtverband der Deutschen Industrie (HDI) wurde von der Verbraucherzentrale Baden-Württemberg abgemahnt, weil sie ihre Kunden mit fragwürdigen Drückermethoden zum Abschluss einer so genannten »Riester-Rente« nötigte. Telefonverkäufer riefen 15 000 Kunden der Vereinigten Postversicherung an und eröffneten das Verkaufsgespräch mit der frohen Botschaft: »Herzlichen Glückwunsch, Sie haben jetzt Anrecht auf die neue Riester-Rente.« Dann wurden die überraschten Postkunden gefragt, ob man ihnen Informationsmaterial zusenden dürfe und ob Adresse und Kontonummer noch stimmten. Wer beides bejahte, bekam Post von der Post. Und die hatte es in sich. In dem Schreiben bestätigte die VPV den überrumpelten Kunden, dass sie rückwirkend zum 1. Januar 2002 eine staatlich geförderte Rentenversicherung abgeschlossen hätten. Die Abbuchung der Prämien vom Konto sei bereits veranlasst.

Intelligenz schützt nicht vor Betrug

Selbst in den Schalterhallen der Post und in den Filialen der Postbank mussten die Kunden damit rechnen, von den dreisten Anwerbern zur Unterschrift unter ein Papier genötigt zu werden, das manche nur für die Anforderung von Werbematerial hielten, das in Wahrheit aber bereits der Antrag für eine

Rentenversicherung war. »Die Leute sind aus allen Wolken gefallen, als sie dann eine Zahlungsaufforderung bekamen«, schimpfte Peter Griebel von der Verbraucherzentrale Baden-Württemberg.

Für die Opfer der Anlagebetrüger besteht kein Grund, in Scham zu versinken und sich für dümmer zu halten, als die Polizei erlaubt. Jeder kann heutzutage auf einen Schwindel hereinfallen, davor schützt weder ein Hochschuldiplom noch ein IQ von 200. Betrug ist quasi die Geschäftsgrundlage der modernen Wirtschaft. Insofern sind wir alle, die wir in irgendeiner Weise am Wirtschaftsgeschehen teilnehmen, reale, zumindest aber potenzielle Opfer von Betrügern.

Ob sie uns als Kapitalanleger oder schlichten Kunden erwischen, als Patienten, Bauherren oder Versicherungsnehmer, ist dabei nebensächlich. Kaum jemand wird von sich behaupten können, er sei noch nie in seinem Leben betrogen worden. Es kommt nur darauf an, den Schaden in Grenzen zu halten.

Da die Betrügerwirtschaft darauf angewiesen ist, immer neue Opfer zu finden, werden ihre Angriffe zunehmend aggressiver, ihre Methoden raffinierter. Die Abwehr der vielfältigen Versuche, ihn um sein Einkommen und Vermögen zu bringen, erfordert beim Bürger immer mehr Aufmerksamkeit, Energie und Disziplin. Wer sich nicht allein verteidigen kann, braucht Verbündete. Interessengemeinschaften mündiger Bürger, die ihre Erfahrungen an den verschiedensten Fronten des Wirtschaftsgeschehens austauschen, könnten dazu beitragen, für mehr Waffengleichheit im ewigen Gefecht zwischen Anbietern und Nachfragern zu sorgen.

Dass sich die Fronten so verhärtet haben, ist einer Berufsgruppe anzulasten, die zu den größten Nutznießern der Betrügerwirtschaft zählt: den Managern. Die leitenden Angestellten privater Unternehmen haben in den vergangenen Jahrzehnten den höchsten Zuwachs an Macht und Einkommen von allen Bevölkerungsgruppen erzielt und sind vorläufig die wahren Gewinner in der Betrüger-Ökonomie.

Zwar herrscht innerhalb dieser Kaste ein gnadenloser Wettbewerb um die fettesten Posten in der Wirtschaftslandschaft, und die Lautsprecher der Zunft werden nicht müde, uns von den Segnungen des Regimes der Manager zu überzeugen. Ob Hans-Olaf Henkel, der frühere Chef des Bundesverbandes der Deutschen Industrie, oder Roland Berger, der Unternehmensberater, der mehr als jeder andere von den Schwächen der deutschen Manager profitiert – sie alle singen das hohe Lied der Wettbewerbsgesellschaft, die den Tüchtigen belohnt, den faulen, lernunwilligen Drückeberger aber mit Entzug des Arbeitsplatzes bestraft. Aber es lohnt sich, ein wenig darüber nachzudenken, wie tüchtig denn die Tüchtigen der Ego-AG wirklich sind.

5 | Die Egomanen

Kaum eine andere Berufsgruppe hat in der Wahrnehmung durch die Öffentlichkeit einen solchen Wandel durchgemacht wie die Topmanager. Galten sie einst, feist und zigarreschmauchend, als tüchtige, aber wenig sympathische Wirtschaftswunderkapitäne, so avancierten sie in den 90er-Jahren nach einer Reihe schwerer Versäumnisse unversehens zu »Nieten in Nadelstreifen«. Doch gegen Ende des Jahrtausends tauchten sie, dynamisch durchgestylt, als Begründer einer »New Economy« am Himmel der Aktionäre auf. Der Höllensturz folgte umgehend, begleitet vom Verfall der Börsenkurse.

Heute werden manche der einst bewunderten Konzernvorstände auf Aktionärsversammlungen ausgebuht und mit Eiern beworfen. Politiker, Gewerkschafter, Vertreter der Kirchen und selbst die Medien sehen in den Unternehmenslenkern vorzugsweise Blender, Versager und Raffzähne. Schon deshalb kann es nicht schaden, sich dieser höchst umstrittenen Bevölkerungsgruppe, die wie keine zweite für den Verfall von Anstand, Sitten und Moral verantwortlich gemacht wird, von der sachlichen Seite her zu nähern.

Sie sehen sich gern als Leistungsträger der Nation, und ihre offiziellen Vertreter von den Wirtschaftsverbänden werden nicht müde, auf das angebliche Niveaugefälle zwischen der von tüchtigen Managern und Unternehmern geleiteten Privatwirtschaft und dem verschlafenen Öffentlichen Dienst hinzuweisen. Den bemerkenswerten Wohlstand, in dem die Deutschen, allen Krisen zum Trotz, bis heute leben, schreiben sie ihrem Konto gut, für die unbestreitbaren Schwächen unserer Wirtschaft aber machen sie die politischen Rahmenbedingungen verantwortlich.

Diese schlichte Rollenverteilung aber ist schon lange nicht mehr glaubwürdig, da der Zustand unserer Wirtschaft immer stärkere Zweifel an den Fähigkeiten ihrer Lenker weckt. Wenn es vier Autofirmen zum Beispiel schaffen, sich auf dem Weltmarkt gegen härteste internationale Konkurrenz zu behaupten und trotz der hohen Löhne und Abgaben in Deutschland ordentliche Gewinne zu erwirtschaften, gleichzeitig aber Branchen wie die Unterhaltungselektronik, die vor ähnliche Probleme gestellt war, von der Bildfläche verschwinden, dann können ja wohl kaum die für alle gleichen Rahmenbedingungen an der unterschiedlichen Entwicklung schuld sein.

Raffkes stopften sich die Taschen voll

Nein, zwischen den verschiedenen Branchen gibt es genauso ein Leistungsgefälle wie zwischen einzelnen Unternehmen; die Ansprüche der Manager aber nehmen darauf keine Rücksicht. Die heutige Generation der Topmanager, deren Arbeitsverträge gewöhnlich für fünf Jahre gelten, war einst angetreten mit dem Versprechen, den lange vernachlässigten Shareholder Value nachhaltig zu steigern. Ein paar Jahre lang ist ihnen dies auch gelungen, doch inzwischen hat die Berg-und-Talfahrt der Aktienkurse mehr Schaden angerichtet als Nutzen gestiftet.

Deutschlands Wirtschaft befindet sich heute in einem desolateren Zustand als zu Beginn der Börsenrallye; sie wächst kaum mehr, jedenfalls langsamer als die aller anderen EU-Staaten und auch der wichtigsten Weltmarktkonkurrenten mit Ausnahme Japans und ist nur in einer Disziplin Spitze: in der Produktion von Arbeitslosen.

Zur Finanzierung der öffentlichen Haushalte tragen insbesondere die großen Unternehmen immer weniger bei. Nach einer missglückten Steuerreform der rot-grünen Regierungskoalition sank das Körperschaftssteueraufkommen auf null Euro, und den Gemeinden brachen die Gewerbesteuern weg.

Gleichzeitig vernichtete die Talfahrt der Börsenkurse ein Aktionärsvermögen von rund 1600 Milliarden DM oder 800 Milliarden Euro, und die Zahl der Firmenpleiten schwoll im Jahr 2002 auf rekordverdächtige 40 000 an.

So traurig die Leistungsbilanz der Manager-Kaste für die Gesellschaft ausfällt, so günstig entwickelte sie sich für deren Mitglieder. Keine andere Berufsgruppe erzielte in den vergangenen fünf Jahren einen solchen Zuwachs an Macht, Einkommen und Privilegien wie die Herren – Damen kommen hier nur als Spurenelemente vor – in den Chefetagen der privaten Unternehmen.

Ihre Mitarbeiter und deren Gewerkschaften überrumpelten sie mit der Drohung von Betriebsverlagerungen, Stilllegungen und Massenentlassungen; den Aktionären und Gesellschaftern trotzten sie mit dem Versprechen auf Kursgewinne schwer durchschaubare Vergütungsmodelle ab, die zu Einkünften in obszöner Größenordnung führten. Viele der Konzernvorstände werden bezahlt wie selbstständige Unternehmer, tragen aber nicht das geringste Risiko.

An jedem in der Bilanz nachgewiesenen Erfolg, ob echt oder vorgetäuscht, partizipieren sie auf vielfältige Weise; für die von ihnen verursachten Verluste aber stehen sie mit keinem Euro gerade. Studien der Harvard Business School haben ergeben, dass die Konzernergebnisse zu 90 Prozent auf externen Faktoren wie der konjunkturellen Entwicklung beruhen und nur zu zehn Prozent auf den Leistungen des Managements – aber die Herren Manager lassen sich für 1000 Prozent bezahlen. Die von ausgefuchsten Juristen gestalteten Arbeitsverträge der Topmanager regeln ihre Privilegien bis ins letzte Detail und ans Ende ihrer Tage, sehen jedoch keinerlei Sanktionen für Missmanagement vor.

Berufsversager haben, auch wenn sie Schäden in Milliardenhöhe verursachen, nichts zu befürchten außer dem Rausschmiss – und der wird ihnen nach den Unsitten der Zunft für gewöhnlich auch noch vergoldet. »Manche Auswüchse die ich sehe, tun mir weh«, beschwerte sich der ehemalige BMW-Chef

Eberhard von Kuenheim, Deutschlands wohl erfolgreichster Manager der Nachkriegszeit, in einem Interview mit der Zeitschrift »MAX« über die Gier seiner jüngeren Zunftgenossen. Den adligen Veteranen treibt die Sorge um, dass die Beutezüge mancher Vorstände die Belegschaften »bösartig neidisch werden« lassen.

Die Sorge ist berechtigt. Nicht nur die Belegschaften, auch die um ihre Ersparnisse geprellten Aktionäre und Fondsanleger machen mittlerweile Front gegen die Herrschaft der Egomanen. »Selbstbedienung, Korruption, Betrug, Vertragsbruch – für die Eliten scheinen keine Regeln mehr zu gelten«, geißelte das »Manager Magazin«, Leib- und Magenblatt der angestellten Firmenlenker, den Sittenverfall in den eigenen Reihen. Und der Bankier Sir Evelyn de Rothschild, als Vertreter der europäischen Geldaristokratie sozialistischer Ideen unverdächtig, wetterte im Oktober 2002: »Spitzenmanager haben sich die Taschen voll gestopft, ihre Anleger betrogen und ihre Firmen in den Ruin getrieben.« Für die Zukunft schwant dem Nachkommen der einstmals reichsten Familie der Welt nichts Gutes: »Wir sind noch lange nicht am Ende mit all den Skandalen und Zusammenbrüchen, da wird noch sehr viel mehr kommen.«

Vorbei sind die Zeiten, da begeisterte Kleinaktionäre erfolgreiche Firmenchefs wie Popstars feierten, da sich selbst Sozi-Kanzler Gerhard Schröder nicht ungern als »Genosse der Bosse« titulieren ließ und Managerbiografien, etwa vom ehemaligen BDI-Präsidenten Hans-Olaf Henkel oder von der General-Electric-Legende Jack Welch, es zu Bestsellerauflagen brachten.

Nach einer Repräsentativumfrage des Meinungsforschungsinstituts EMNID vom Sommer 2002 fordern mittlerweile 94 Prozent der Deutschen, »gewissenlose Topmanager« sollten für ihr Verhalten persönlich zur Rechenschaft gezogen werden. Vor allem das Missverhältnis zwischen Leistung und Anspruch der Wirtschaftselite erregt die Nation. Während die Löhne und Gehälter seit 1997 jährlich nur um etwa drei Prozent zulegten, genehmigten sich die Vorstände der 30 DAX-Konzerne Zuschläge von 30 Prozent im Jahr.

Mehr noch als die dreiste Selbstbedienung der Vorstandsherren führt der zunehmende Missbrauch ihrer Gestaltungsmacht zur Empörung bei Mitarbeitern wie Aktionären. Wenn sie ihre Bilanzen frisieren, nur um schnell noch ein paar Tantiemen oder Aktiengewinne mitzunehmen, bevor der Vertrag ausläuft, oder wenn sie dem Aufsichtsrat vorzeitig einen neuen Fünfjahresvertrag abhandeln und erst danach mit den schlechten Ergebniszahlen herausrücken, haben sie ihr wertvollstes Gut verspielt – ihre Glaubwürdigkeit.

Sind sie erst mal als Raffkes enttarnt, helfen keine Sparappelle und Restrukturierungsprogramme mehr. Die Mitarbeiter gehen in die innere Emigration und nehmen mit, was sie in die Finger bekommen. Die Aktionäre aber werden jede Gelegenheit nutzen, sich von ihren Papieren zu trennen und ihr Geld woanders anzulegen. So vergiftete das Verhalten der Absahner und Bestecher, Betrüger und Bilanzfälscher an der Spitze der Unternehmen das Klima in der Wirtschaft so gründlich, dass sie sich wohl auf Jahre hinaus davon nicht erholen wird.

Wie viel ist ein Manager wert?

Zum Vertrauensverlust der Führungskräfte haben nicht nur die wenigen ertappten Sünder beigetragen, sondern das Fehlverhalten der gesamten Kaste. Da sich die einzelnen Vorstände und Geschäftsführer gern hinter den Entscheidungen ihrer Gremien verstecken, sollten sie sich nicht wundern, wenn nun auch diese Gremien für das Fehlverhalten einzelner Mitglieder verantwortlich gemacht werden. Mitgegangen, mitgefangen – die alte Ganovenweisheit gilt auch in den Zirkeln der Wirtschaftselite.

Wenn sich Vorstandschefs wie Klaus-Dieter Schweickart von der Bayerischen Beamtenversicherung bestechen lassen und millionenschwere Geschäfte zu Lasten ihrer Firma abschließen, dann müssen sich sämtliche Vorstandskollegen die Frage gefallen lassen, warum sie dem üblen Treiben kein Ende setzten und den Aufsichtsrat informierten. Wenn ein Weltkonzern wie ABB schwarze Kassen unterhält und sich Aufträge systematisch mit Schmiergeld erkauft, braucht sich niemand zu wundern, wenn einzelne Mitarbeiter selbst die Hand aufhalten und Kunden Reißaus nehmen. Das Prinzip der Sippenhaftung gilt auch bei den Gehältern. Die wenigen ehrlichen, durchaus leistungsgerecht bezahlten Vorstände und Geschäftsführer müssen sich für ihre Bezüge rechtfertigen, seit viele ihrer Standeskollegen den Arbeitsvertrag als Lizenz zum Nehmen verstanden.

Wie viel ein Vorstand verdienen darf, ist im Aktiengesetz unter Paragraph 7, Absatz 1, geregelt: »Die Gesamtbezüge müssen in einem angemessenen Verhältnis zu den Aufgaben des Vorstandsmitglieds und zur Lage der Gesellschaft stehen.« Um das »angemessene Verhältnis« also dreht sich die ganze Diskussion, die seit Beginn des Börsencrashs die Gemüter der Aktionäre wie der Belegschaftsmitglieder in Wallung hält. Früher war es so, dass die Chefs der deutschen Konzerne im Schnitt etwa das 20-fache des Gehalts eines mittleren Angestellten mit nach Hause nahmen. Seit Beginn der Shareholder Revolt aber halten sich manche Vorstandsherren für wertvoller als 100 ihrer Angestellten.

Einigen ist das immer noch nicht genug. Angesichts der wachsenden Kritik an ihren astronomischen Bezügen verweisen Konzernchefs wie Jürgen Schrempp von DaimlerChrysler oder Rolf E. Breuer gern auf die noch fettere Beute amerikanischer Kollegen oder die auf Gagen von Sportstars wie Michael Schumacher, Hollywood-Größen wie Steven Spielberg, Sangeskünstlern wie Luciano Pavarotti oder TV-Unterhaltern wie Thomas Gottschalk. Dabei vergessen sie zu erwähnen, dass die US-Raubritter wesentlich höheren Risiken ausgesetzt sind und die Großverdiener im Showbusiness nicht nur über seltene Begabungen verfügen, sondern streng nach Leistung bezahlt werden. Die leitenden Angestellten der

Deutschland AG aber sichern sich in ihren Fünfjahresverträgen gegen alle Wechselfälle des Lebens ab und kassieren auch dann noch Erfolgsprämien, wenn sie ihre Firmen in die Krise steuern.

»Die Kritik an ihnen ist berechtigt«

Schön zu beobachten war das im Geschäftsjahr 2001, als die Gewinne wegbrachen, die Aktienkurse auf Tauchstation gingen und Aktionäre wie Belegschaften darben mussten. Zwar büßten nun auch die Aktienoptionen, mit denen sich nahezu alle Vorstandsherren ihr Einkommen aufbessern, an Wert ein, sodass die Gesamtbezüge sämtlicher Vorstände der 30 DAX-Konzerne von 390 Millionen Euro im Jahr 2000 um rund elf Prozent auf 347 Millionen abnahmen. Aber damit verdiente ein Vorstand durchschnittlich immer noch 1,64 Millionen Euro und damit 740 000 Euro mehr als im Jahr 1997, zu Beginn des Börsenbooms.

Entscheidend ist jedoch, dass bei manchen Unternehmen nicht die Entwicklung des Geschäftsergebnisses das Salär des Vorstandes bestimmt, sondern allein dessen Gier. Der Spitzenverdiener des Jahres 2001 unter Deutschlands Managern war Rolf E. Breuer, Vorstandssprecher der Deutschen Bank und damit eines Instituts, das nur mithilfe von außerordentlichen Erträgen aus Verkäufen von Aktienpaketen (zum Beispiel an der Münchner Rückversicherungs AG) eine einigermaßen vorzeigbare Bilanz zustande brachte und an dem die Aktionäre ebenso wenig Freude hatten wie die Belegschaften. Der Gewinn vor Steuern brach um 74 Prozent auf 1,8 Milliarden Euro ein, der Aktienkurs gab um 20 Prozent nach, und die Belegschaft zitterte vor einem massiven Stellenabbau. Die Bezüge des Vorstands aber blieben davon beinahe unberührt. Jeder der acht Vorstände verdiente rund sieben Millionen Euro im Jahr, Vorsteher Breuer gar elf Millionen. Nach dem Hongkong-Chinesen Canning Fok vom Mischkonzern Hutchinson Whampoa war der Deutsche-Bank-Chef damit der höchstbezahlte Manager außerhalb der USA.

Toll trieben es auch die Kollegen von der Commerzbank. Obwohl das wesentlich kleinere Institut in den Jahren von 1995 bis 2001 keinen Mehrwert für die Aktionäre schuf, sondern rund zwei Prozent des Vermögens pro Jahr vernichtete, genehmigten sich die Vorstände im selben Zeitraum jährliche Zuschläge von 13,3 Prozent. Im Krisenjahr 2001, als die Co-Bank nur durch unterlassene Abschreibungen und Sondererträge noch ein positives Ergebnis ausweisen konnte, griffen Vorsitzer Martin Kohlhaussen und seine Vorstandskollegen 34 Prozent mehr Geld ab als im Jahr zuvor.

Geradezu skandalös aber mutete das Verhalten des Vorstandes der Deutschen Telekom an. Während der Unternehmenswert nach einer Analyse des Finanzwirtschaftlers Reinhart Schmidt von der Universität Halle-Wittenberg 2001 um rund 38 Prozent abnahm und der Aktienkurs um nahezu 90 Prozent abschmierte, griffen Vorstandschef Ron Sommer und seine Kollegen insgesamt 17,43 Millionen Euro ab – 50 Prozent mehr als im Jahr zuvor.

Damit nicht genug: Auf der Hauptversammlung am 29. Mai 2001 ließ sich der Vorstand einen Aktienoptionsplan absegnen, dessen Auswirkungen die Aktionäre zum damaligen Zeitpunkt kaum übersehen konnten. Nach der Berechnung der beiden Stuttgarter Anwälte Mark Binz und Martin Sorg, die inzwischen Strafanzeige gegen den Aufsichtsratsvorsitzenden Hans-Dietrich Winkhaus, den neuen Vorstandsvorsitzenden Helmut Sihler und dessen Vorgänger Ron Sommer erstatteten, hatten diese Aktienoptionen einen Gesamtwert von annähernd einer Milliarde Euro. Den Schaden für die Aktionäre, die vom Aufsichtsrat »grob wahrheitswidrig« über die Konsequenzen des Beschlusses informiert worden seien, bezifferten die Stuttgarter Anwälte auf wenigstens 375 Millionen Euro.

Selbst Vertreter von Wirtschaftsverbänden wie Ludwig Georg Braun, Präsident der Deutschen Industrie- und Handelskammer, gehen mittlerweile auf Distanz zu den Raffzähnen in den

Vorständen: »Was bei manchen internationalen Unternehmen im Management passiert, macht mich unglaublich betroffen«, sorgte sich der erfolgreiche Unternehmer aus Nordhessen (Braun Melsungen AG). Sogar manchem aktiven Topmanager geht die Selbstbedienung seiner Kollegen zu weit: »Die Kritik an ihnen ist berechtigt, weil sie deutsche Vorstandsverträge mit langen Laufzeiten und hohen Pensionszusagen mit Stock-Options-Programmen nach amerikanischem Vorbild kombinieren. Und das passt nicht zusammen«, bestätigte Hans-Joachim Körber, gut bezahlter Chef des Metro-Handelskonzerns.

Obwohl die Summen, die die Vorstände und ihre nachrangigen Manager abgreifen, in Anbetracht ihrer Leistungen viel zu hoch erscheinen, liegt das eigentliche Ärgernis woanders: in der Art, wie sich die Firmenlenker ihre Gestaltungsmacht zunutze machen. Hartnäckig weigern sie sich beispielsweise bis zuletzt, ihre Bezüge offen auszuweisen. Dies nährt den Verdacht, dass diese in Wahrheit noch sehr viel höher sind, als bisher bekannt wurde. Das Aktiengesetz verpflichtet die Gesellschaften lediglich, die Gesamtbezüge des Vorstands zu veröffentlichen, und nur wenige Unternehmen sind bereit, den Aktionären mehr als nötig Einblick in die Pfründen ihrer obersten Angestellten zu verschaffen.

Ein Konzern wird geplündert

In den Geschäftsberichten sind denn auch lediglich die Barzahlungen an den Gesamtvorstand vermerkt, und die Aktionäre erfahren nichts über die mitunter recht lauten »Nebengeräusche«, die so einen Vorstandsvertrag für gewöhnlich begleiten. Stattliche Dienstvillen und -fahrzeuge samt Chauffeur gehören heutzutage schon zur Grundausstattung. Und mancher Chef sichert sich das Wohnrecht in der standesgemäßen Konzern-Immobilie für sich und seine Familie gleich bis ans Ende seiner Tage, ebenso wie den Privatchauffeur und die Nutzung des Firmenjets.

Da der Wert der Optionsrechte, die heutzutage den größten Bestandteil des Einkommens ausmachen, schwer zu beziffern ist, lässt man sie in der Bilanz der Einfachheit halber außen vor. Als die Kritik an der obszönen Selbstbereicherung der Firmenlenker gar zu laut wurde, sah sich die Regierung in der Pflicht, den Unmut der Aktionäre zu dämpfen. Anstatt aber die Bosse per Gesetz zu mehr Anstand zu verpflichten, setzte die rot-grüne Koalition von Gerhard Schröder lediglich eine Regierungskommission mit dem schönen Namen »Corporate Governance« unter dem Vorsitz des früheren Krupp-Managers Gerhard Cromme ein, die verbindliche Verhaltensregeln für die Unternehmenschefs festlegen sollte.

Das 13-köpfige Gremium, dem auch so prominente Manager wie Rolf E. Breuer von der Deutschen Bank, Wendelin Wiedeking von Porsche und Paul Achleitner von der Allianz angehörten, tat sich äußerst schwer mit der Formulierung und blieb insbesondere bei der Offenlegung der Managerbezüge weit vor dem Ziel stecken. Nur weil mit Gerhard Cromme ihr Aufsichtsratschef den Kommissionsauftrag übernahm, erklärten sich die Vorstände von Thyssen-Krupp schließlich doch dazu bereit, ab 2003 ihre Bezüge einzeln aufzuführen. Das Gleiche versprachen zwar auch die Bosse von Bayer und von der Deutschen Bank, doch die übrigen Vorstände mauerten bis zuletzt, und damit taten sie sich keinen Gefallen. Denn das tiefe Misstrauen, das Aktionäre und Belegschaften mittlerweile eint, ist Gift für jede »Corporate Governance«, daran ändern die schönsten Regeln nichts.

Die Skepsis ist deshalb angebracht, weil allzu viele Topmanager in den vergangenen Jahren hinreichend bewiesen haben, dass sie recht eigennützige Vorstellungen von den Regeln haben, nach denen eine Firma geführt werden soll. Gerade in Gerhard Crommes Thyssen-Krupp-Konzern stinkt es, wie Staatsanwälte in Bochum bestätigen, ganz gewaltig. Erst sorgte ein Verfahren gegen einen Topmanager von Thyssen-Rheinstahl für Aufsehen, der die berüchtigte ehemalige Staatssekretärin im Verteidigungsministerium, Agnes Hürland-Büning, für ein Salär von 4,3 Millionen Euro als Türöffnerin engagierte und sich über eine Liechtensteiner Stiftung einen Teil davon wieder zurückgeholt haben soll.

Bei der 50-prozentigen Thyssen-Krupp-Tochter Hüttenwerke Krupp-Mannesmann (HKM) stießen Steuerfahnder auf korrupte Manager, die sich für Aufträge von dem Rohrleitungsbauer Buchloh schmieren ließen.

Einem dummen Zufall verdankt es der 1999 ausgeschiedene Thyssen-Krupp-Manager Gerhard Beyer, zuletzt Geschäftsführer der Krupp-Hösch Stahlexport GmbH, dass sich Staatsanwälte und Steuerfahnder mit ihm beschäftigten: Auf der Diskette, die ein ungetreuer Mitarbeiter der Liechtensteiner Treuhand-Kanzlei von Herbert Batliner deutschen Medien und Behörden zuspielte, stand auch der Name des Bezugsberechtigten einer »Brasinda-Stiftung«, auf deren Konto ein satter zweistelliger Millionen-DM-Betrag verzeichnet war. Seither müht sich der Ex-Krupp-Direktor, der auch noch eine feudale Villa im südspanischen Millionärsort Marbella und ein schickes Appartement in New York sein Eigen nennt, darum, die Ermittlungsbeamten zu überzeugen, dass nicht er, sondern ein unbekannter indischer Geschäftspartner der wahre Eigentümer des geheimen Schatzes hinter den Liechtensteiner Bergen sei.

Das alles sind freilich Peanuts, verglichen mit dem Coup, den sich Vorstände des Duisburger Handelshauses Klöckner & Co. geleistet haben. Kaum war das traditionsreiche Ruhr-Unternehmen, das mit 11 000 Mitarbeitern einen Umsatz von 5,1 Milliarden Euro erzielte und in 18 Ländern tätig war, vom Düsseldorfer Eon-Konzern für 1,1 Milliarden Euro an den Londoner Werkstoffhandelskonzern Balli verkauft worden, da entdeckten die Finanzverwalter im Duisburger Klöckner-Haus ein riesiges Loch in der Kasse: 120 Millionen Euro fehlten, und schnell fiel der Verdacht auf die neuen Herren aus London. Balli-Großaktionär Vahid Alaghband hatte den Aufsichtsratsvorsitz bei Klöckner übernommen und seine Brüder Hassan und Nasser sowie den Briten David Spriddell zur Verstärkung mitgebracht. Doch ohne Mithilfe deutscher Vorstände, vermuteten die inzwischen eingeschalteten Staatsanwälte, konnte Klöckner kaum um einen so hohen Betrag erleichtert worden sein. Wirtschaftsprüfer, Ermittlungsbeamte und die um ihre Firmenkasse besorgten Klöckner-Angestellten machten Jagd auf die verschwundenen Millionen, die sie mal bei der Schweizer Großbank Union Bancaire Privee, mal bei der iranischen Melli-Bank vermuteten. Entdeckt wurde schließlich ein trauriger Rest von 56,5 Millionen Euro auf der britischen Isle of Man; auf einem Konto, das einer Klöckner Ltd. gehörte, die sich wiederum im Besitz der Balli-Brüder Vahid, Hassan und Nasser Alaghband befand. Doch an dieses Geld kamen die Fahnder nicht heran. Es war ebenso verpfändet wie die restlichen 63,8 Millionen, die verschwunden blieben.

Armutszeugnis für Gewerkschaftsbosse

Immerhin konnten sich die Staatsanwälte nun einen Reim auf das Geschäftsmodell der Balli-Eigner machen. Die hatten nämlich Klöckner quasi zum Nulltarif gekauft. Von den 1,1 Milliarden, die Verkäufer eon haben wollte, waren rund 800 Millionen Klöckner-Schulden, die von den neuen Besitzern übernommen wurden. Von den restlichen 300 Millionen ließen sie sich zwei Drittel von der West LB finanzieren, das letzte Drittel beschafften sie sich offenbar aus der Kasse des Unternehmens, das ihnen nun gehörte. Die weiteren 20 Millionen, die in der Firmenkasse fehlten, waren wohl nötig, um die an dem Raub beteiligten Komplizen zu bezahlen.

Ende April traten Klöckner-Chef Reimund Müsers und sein Vorstandskollege Roland Straßburger, gegen die inzwischen wegen des Verdachts auf Betrug und Untreue ermittelt wurde, von ihren Ämtern zurück.

Die Beutezüge raffgieriger Vorstände lenken den Blick auf deren Kontrolleure, die Aufsichtsräte. Entweder sind sie zu schwach, also der List und Tücke der Räuber in Nadelstreifen nicht gewachsen, oder sie dulden deren Selbstbedienung, weil sie selber irgendwie davon profitieren. In ihrer heutigen Form sind die Aufsichtsräte daher obsolet. Mit Topmanagern, die kraft ihrer Vorstandsposten nebenbei ein paar Aufsichtsratsmandate verwalten dürfen, ist eine wirksame Kontrolle der Unternehmen nicht zu schaffen.

Für die meisten der heutigen Räte sind ihre Mandate nette Hobbys, die ein bisschen Prestige, Macht und auch Geld einbringen und keinen allzu großen Aufwand erfordern. Man trifft sich viermal im Jahr, bereitet sich, wenn überhaupt, ein bis zwei Stunden auf die nächste Sitzung vor und streicht dafür zwischen 50 000 und 300 000 Euro zusätzlich ein. Den Kollegen, die es zu beaufsichtigen gilt, fährt man schon deshalb nicht an den Karren, weil man sich ja möglicherweise irgendwann im gleichen Vorstand wiedersieht. Und außerdem: Eine Krähe hackt der anderen kein Auge aus, solange genug Futter für alle da ist.

Wenn die Aufsichtsräte ihre Funktion wahrnehmen sollen, müssen sie neu besetzt werden. Und zwar mit hauptberuflichen Kontrolleuren, die keinerlei Interessen mit den zu beaufsichtigenden Vorständen verbinden dürfen. In den Räten sollten also eher Wirtschaftsprüfer und branchenerfahrene Manager sitzen als Banker und Honoratioren. Vor allem aber sollte es Vorständen verboten bleiben, nach ihrem Ausscheiden aus dem aktiven Dienst in den Räten ihrer Gesellschaft Platz zu nehmen. Als Kontrolleure können sie dafür sorgen, dass der Mist, den sie als Vorstände gebaut haben, nicht ans Licht kommt.

Das Versagen der Räte ist auch ein Armutszeugnis für die Mitbestimmung. Die Gewerkschaftsvertreter in den Aufsichtsgremien waren offenbar genauso wenig wie die Abgesandten der Kapitaleigner in der Lage, dem Treiben der Vorstände Einhalt zu gebieten. Ein Beispiel dafür die ist die unrühmliche Rolle des IG-Metall-Vorsitzenden Klaus Zwickel in der Abfindungsaffäre um den früheren Mannesmann-Vorsitzenden

Klaus Esser: Rund 220 Millionen Mark kassierten Esser und 18 weitere, teils bereits pensionierte Mannesmann-Manager nach der verlorenen Übernahmeschlacht gegen den britischen Konkurrenten Vodafone. Obwohl die Wirtschaftsprüfungsgesellschaft KPMG darauf hingewiesen haben will, dass die hohen Anerkennungsprämien in keinem Verhältnis zu den Aufgaben der Empfänger stünden, genehmigte der Aufsichtsratsausschuss für Vorstandsangelegenheiten mit der Stimme Zwickels den Geldsegen.

Den 100-Millionen-Vertrag selbst unterzeichnet

Offiziell wird die Zahlung teils als Anerkennungsprämie für die Steigerung des Aktionärsvermögens, teils als Entschädigung für den Verlust der Selbstständigkeit des Unternehmens deklariert. »Das war Bestechungsgeld«, meinten hingegen die Stuttgarter Anwälte Mark Binz und Martin Sorg und stellten Strafanzeige gegen Klaus Esser und einige Mannesmann-Aufsichtsräte wegen »Untreue zum Nachteil der Aktionäre«.

Dieser Ansicht schloss sich später die Düsseldorfer Staatsanwaltschaft an und erhob Anklage auch gegen die Ausschussmitglieder Klaus Zwickel und Josef Ackermann, im Hauptberuf Vorstandsvorsitzender der Deutschen Bank, sowie Klaus Esser und den früheren Mannesmann-Ratspräsidenten Joachim Funk.

Wenn also Gewerkschaftsbosse schon aus mangelnder Kenntnis über die Führung von Großunternehmen gravierende Managementfehler nicht verhindern können, dann sollten sie wenigstens dafür sorgen, dass die Konzerne nicht zu Selbstbedienungsläden fürs Management verkommen. Immerhin verschwand mit Mannesmann einer der traditionsreichsten Namen der deutschen Wirtschaft vom Kurszettel, und das kann ja wohl kaum als reife Managementleistung bewertet werden, auch wenn Vodafone-Chef Chris Gent einen viel zu hohen Preis für den rheinischen Mobilfunkbetreiber mit angeschlossener Röhrenabteilung bezahlte.

Die Millionenabfindungen für gescheiterte Großmanager sind nur ein weiterer Beleg dafür, dass in den Kreisen der angestellten Firmenlenker nicht das Leistungs-, sondern das Versorgungsprinzip gilt. Wenn andere abkassieren, finden sie das skandalös. Für sich selber aber nehmen sie, was sie bekommen können.

Jean-Marie Messier zum Beispiel, Frankreichs prominentester Wirtschaftsboss, mokierte sich noch im Jahr 2000 öffentlich über die üppigen Abfindungen gescheiterter Berufskollegen. Zwei Jahre später war er selber dran, nachdem er Vivendi Universal an die Wand gefahren hatte und abtreten musste. Plötzlich erschien auch ihm eine ordentliche Abfindung in der Größenordnung von 18 Millionen Euro angebracht – immerhin galt es ja auch noch Kredite für den Kauf seines Prachtappartements in New York abzubezahlen. Vivendi Universal aber stand nach einem Bericht der »Financial Times« im Herbst 2002 mit rund 35 Milliarden Euro in der Kreide und kündigte an, in den nächsten 18 Monaten Unternehmen und Beteiligungen für rund zwölf Milliarden Euro abstoßen zu wollen.

Wenig Hemmungen, seiner maroden Firma in die Kasse zu langen, verspürte auch der Schweizer Alex Corti, der die flügellahme Swissair vor dem Absturz retten sollte. Bevor er richtig ans Werk ging, ließ er sich erst mal 12,5 Millionen Franken aufs Konto überweisen, als Vorgriff auf sein Gehalt für die nächsten drei Jahre. So lange freilich brauchte die schweizerische Fluggesellschaft seine Dienste gar nicht, denn wenig später war sie pleite.

Als Abstauber aber sind Esser, Messier und Corti Waisenknaben, verglichen mit dem Schweden Percy Barnevik: Anfang der 90er-Jahre galt der hochgewachsene bärtige Nordländer als einer der fähigsten Manager der Welt, nachdem er den schwedischen Roboterhersteller Asea mit dem schweizerischen Anlagenbauer BBC zum Weltkonzern ABB fusioniert und überraschend schnell in die Gewinnzone gesteuert hatte. Viermal kürten ihn die Wirtschaftsjournalisten zum »Europäischen Manager des Jahres«, und die Machtfülle des autokratisch regierenden Schweden imponierten den Firmenlenkern in der ganzen Welt. Aber Barnevik hinterließ, als er 1996 den Chefsessel räumte und in den Aufsichtsrat wechselte, seinem Nachfolger Göran Lindahl einen Scherbenhaufen. Denn der schwedische Berserker hatte zwar den Konzern in Fahrt gebracht, ihn aber seiner wichtigsten Ressource beraubt: des Vertrauens der Mitarbeiter. Jeder kämpfte bei ABB gegen jeden, häufig hechelten mehrere Mannschaften hinter demselben Auftrag her und verdarben sich gegenseitig die Preise. Da ihm Zahlen mehr imponierten als Menschen, machten bei Barnevik auch Leute Karriere, die ihre Erfolge mit zweifelhaften Methoden erzielten. Schwarze Kassen, dubiose Briefkastenfirmen und Schmiergelder in zweistelliger Millionenhöhe lassen darauf schließen, dass Bestechung zum Geschäft gehörte.

Allzu verwunderlich war es deshalb nicht, dass die Lichtgestalt der schwedischen Wirtschaft beim Griff in die Firmenkasse ertappt wurde. Am 30. Januar 1996, einen Tag, bevor er den Vorstandsvorsitz niederlegte, schloss Percy Barnevik einen lukrativen Vertrag mit sich selber ab. In seiner Eigenschaft als Aufsichtsratschef bewilligte er sich als Vorstandschef ein Altersruhegeld in Höhe von 100 Millionen Schweizer Franken plus Bonuszahlungen von weiteren 48 Millionen Franken. Damit der Großaktionär, die schwerreiche Wallenberg-Familie, davon nichts mitbekam, nutzte er die Abwesenheit von Jakob Wallenberg und ließ den Pensionsvertrag vom stellvertretenden Aufsichtsratsvorsitzenden Robert Jeker blanko unterzeichnen, bevor die Summen eingesetzt waren. Erst als die ABB-Aktien an der New Yorker Börse eingeführt werden sollten, kam die konzerninterne Revision dem dreisten Griff in die Kasse auf die Spur und Percy Barnevik in Erklärungsnot. Obwohl sich der ertappte Sünder unterm Druck der Öffentlichkeit schließlich bereit erklärte, einen Teil seiner Abfindungsmillionen zurückzuzahlen, feuerte Wallenberg seinen teuersten Angestellten fristlos, der mittlerweile die Industrieholding Investor geleitet hatte, und Schweden war um ein Idol ärmer. ABB aber wurde zum Dauersanierungsfall.

Weder Barneviks Nachfolger Göran Lindahl, der nach nur vier Jahren an der Vorstandsspitze mit 85 Millionen Franken ebenfalls fürstlich abgefunden wurde, noch dessen Erbe Jörgen Centerman gelang es, den Konzern wieder auf Gewinnkurs zu trimmen. Dies soll nun Jürgen Dormann schaffen, der einst den Chemiekonzern Hoechst zerschlug und die Pharmasparte mit dem französischen Unternehmen Rhone-Poulenc zum Straßburger Aventis-Konzern zusammenfügte. »Deutschlands rabiatester Manager« kehrt zwar mittlerweile Barneviks Scherbenhaufen mit eisernem Besen zusammen, doch die wichtigste Aufgabe liegt noch vor ihm: Er muss den Mitarbeitern des krisengeschüttelten Anlagenbauers wieder Selbstvertrauen und Zuversicht vermitteln.

Sorglos-Service für »Neutronen-Jack«

Im schwedischen Fernsehen versuchte sich Percy Barnevik mit dem Argument zu rechtfertigen, er habe lediglich »ein amerikanisches Vergütungsniveau in einem europäischen Milieu erhalten«. Bezeichnend ist das »lediglich«, denn mittlerweile weiß jedes Kind, dass die einst in der ganzen Welt bewunderten US-Bosse nur, wenn's ums Kassieren geht, zulangen wie die Kesselflicker. Als vorbildlich bewerteten beispielsweise amerikanische Wirtschaftsjournalisten die Abfindungsregeln für den ehemaligen Chef von General Electric, Jack Welch, dem nach offizieller Lesart eine jährliche Pension von 86 000 Dollar zustand und der darüber hinaus, so hieß es im Kleingedruckten des Geschäftsberichts, »Zugang zu Dienstleistungen und Anlagen von General Electric« habe. Die Legende vom bescheidenen Konzernboss hielt freilich nur bis zu seinem Scheidungsprozess: Nachdem der greise GE-Boss in seinem letzten Dienstjahr Gefallen an Suzy Wettlaufer gefunden hatte, der 42-jährigen Chefredakteurin des Fachblatts »Harvard Business Review«, verlangte Gattin Jane nach 13 Ehejahren die Scheidung und dazu mindestens die Hälfte des auf eine Milliarde Dollar geschätzten Familienvermögens. Um ihrer Forderung Nachdruck zu verleihen, gab sie vor Gericht pikante Details über die Versorgungsansprüche ihres ungetreuen Gatten preis: Hinter der harmlosen Formulierung, dass Welch »Zugang zu Dienstleistungen und Anlagen von General Electric« habe, verbarg sich demnach offenbar ein Rundum-Service der gehobenen Art. Wohin der Pensionär seinen Schritt auch lenkte, die dienstbaren Geister des Konzerns begleiteten ihn in alle Winkel dieser Welt. Für längere Distanzen durfte er, wann immer er wollte, kostenlos die Firmen-Boeing 737 besteigen, am Zielort stand dann für gewöhnlich eine noble Limousine samt Chauffeur für ihn bereit. Ansonsten brauchte »Neutronen-Jack«, wie der Ex-Boss in seiner aktiven Zeit wegen seiner rüden Methoden genannt wurde, nicht viel Bares zum Leben – der Konzern zahlte alles: das Luxusappartement am Columubus Circle in Manhattan ebenso wie den Mercedes 500 SLR, die Karten für die Metropolitan Opera gleich nebenan sowie für sämtliche Sportveranstaltungen, Golfclubs und Olympische Spiele, die er mit seiner Anwesenheit zu beehren beabsichtigte. Klar, dass die gesamte Haushaltsführung einschließlich der Ausgaben für den Weinkeller, das Dienstpersonal und sogar die Gebühren fürs Satellitenfernsehen auf Firmenkosten gingen.

Die neun Millionen Dollar, die er im Rahmen seines Pensionsplans jährlich von GE ausbezahlt bekommt, brauchte er also ebenso wenig anzugreifen, wie die Dividenden und Zinsen aus den Wertpapieranlagen, deren Wert Mrs. Welch konservativ auf etwa 900 Millionen taxierte. Erst als die »New York Times« Welchs Rundum-Sorglos-Paket publik gemacht und General Electric in Erklärungsnot gebracht hatte, bequemte sich das einstige Manageridol zum teilweisen Verzicht auf seine Privilegien. »Was zählt«, heißt die millionenfach verkaufte Biografie des Erfolgsmannes, und Jack Welch wusste offenbar ganz genau die Antwort: die Möglichkeit, eine reiche Firma auszuplündern.

Während der Kurssturz an der Börse etwa ein Drittel des amerikanischen Aktienvermögens vernichtete und viele US-Bürger ihrer Altersversorgung beraubte, geht es den gescheiterten Bossen blendend. Auch die Schaumschläger und Betrüger, die einen wesentlichen Beitrag zum Börsenschwindel geleistet haben, lassen es sich gut gehen. Dennis Kozlowski zum Beispiel, ehemaliger Vorstandschef des Mischkonzerns Tyco, verstand es aufs Schönste, Geschäft und Privates so zu verquicken, dass er auch nach seinem Ausscheiden aus dem Konzern ein Luxusleben führen kann, ohne dafür bezahlen zu müssen.

Der Chefanwalt saß mit im Boot

Wenn Kozlowski einkaufen ging – und dabei handelte es sich nicht um den Kauf von Zahnbürsten, sondern um den von Luxusvillen und Kunstwerken der obersten Preisklasse –, beglich immer Tyco die Rechnung, die Ware aber blieb in Kozlowskis Besitz. Dazu zählten ein 18-Millionen-Dollar-Appartement an der New Yorker Fifth Avenue ebenso wie eine Luxusvilla in der Millionärssiedlung Boca Raton, geschmückt mit Bildern von Renoir und einem burgunderrot-goldenen Duschvorhang, der allein rund 6000 Dollar kostete.

Nach Recherchen des »Wall Street Journal« steuerte der sanierungsreife Tyco-Konzern rund 135 Millionen Dollar zu den Lebenshaltungskosten seines Ex-Chefs bei, obwohl der ganz offiziell auch nicht schlecht verdiente. In den drei Jahren vor seinem erzwungenen Rücktritt kassierte Kozlowski 98 Millionen Dollar in bar und in Aktien, dazu weitere 240 Millionen durch die Ausübung von Optionsrechten.

Damit sein Griff in die Konzernkasse nicht so auffiel, machte der Tyco-Tycoon seinen Finanzchef Mark Swartz zum Komplizen und ließ ihn und weitere 51 Topmanager ordentlich mitverdienen. Insgesamt 91 Millionen Dollar sollen geflossen sein. Auch der Chefanwalt des Unternehmens, Mark Belnick, saß mit im Boot und bekam zinslose Darlehen von 14 Millionen Dollar. Systematisch beutete die Kozlowski-Bande das 270 000-Mann-Unternehmen so lange aus, bis ihnen Staatsanwälte und die Börsenaufsichtsbehörde SEC das Handwerk legten.

»Sullis« Badewanne misst fünf Quadratmeter

Übertroffen wird ihr Raubzug noch von Gary Winnick, der als Präsident von Global Crossing die viertgrößte Pleite in der amerikanischen Wirtschaftsgeschichte hinlegte und etwa 54 Milliarden Dollar Aktienkapital vernichtete. Zwischen 15 und 30 Millionen Dollar kostete die Renovierung der wohl teuersten Villa von ganz Los Angeles an der Bellagio Road im noblen Bel-Air-Bezirk. Als Winnick das 65 Jahre alte Anwesen mit dem schönen Namen »Casa Encantada« für 92 Millionen Dollar kaufte, brauchte er keinen Bankkredit aufzunehmen, denn kurz zuvor hatte er Global-Crossing-Aktien im Wert von rund 700 Millionen zu noch guten Kursen verkauft. Zwei Jahre später war das Papier, das in der Spitze über 60 Dollar gekostet hatte, nur noch wenige Cents wert.

Eine Vorliebe für standesgemäße Immobilien entwickelte auch Scott Sullivan, ehemaliger Finanzchef des bankrotten Worldcom-Konzerns und zusammen mit seinem Chef Berny Ebbers einer der Hauptverantwortlichen der spektakulärsten Firmenpleite der USA. Rund 1500 Quadratmeter Wohnfläche haben die Architekten seiner Villa an der LeLac Road in Boca Raton für den des Betrugs und der Bilanzfälschung angeklagten »Meister des Megamergers« vorgesehen, davon allein fünf Quadratmeter für die Badewanne. Die Baukosten für den Gebäudekomplex, der unter anderem ein Kino, ein Fitness-Studio und sechs Whirl Pools beherbergt, werden auf gut 15 Millionen Dollar taxiert. Weitere zehn Millionen brauchte »Sulli« für die Kaution, damit ihn das Bundesgericht von Manhattan wieder auf freien Fuß setzte. Da er zuletzt ein Grundgehalt von 700 000 Dollar und Boni von mehr als 14 Millionen sowie Aktienoptionen von weit größerem Wert bezog, dürfte ihn die Finanzierung vor keine größeren Probleme gestellt haben.

Wenn es darum ging, ihre Firmen zu plündern, kannte die Kreativität der Manager keine Grenzen. Erst deckten sie sich mit Aktien und Optionen ein, dann trieben sie die Kurse mit erfundenen Erfolgsmeldungen und frisierten Bilanzen in die Höhe, und schließlich stießen sie die Papiere mit gigantischen Gewinnen ab, kurz bevor sie den Aktionären reinen Wein einschenken mussten. Die Beute legten sie krisensicher in Immobilien, Gold und alten Meistern an, dieweil ihr Unternehmen vor die Hunde ging und die Aktionäre ihr Geld verloren.

So machten es nicht nur die Räuberbarone von Pleitefirmen wie Enron, Worldcom und Global Crossing; das Abräumspiel beherrschten auch die Chefs renommierter Konzerne, die nicht dem Insolvenzverwalter anheim fielen. Rechtzeitig Kasse machten beispielsweise 15 Führungskräfte des Medienriesen AOL Time Warner, darunter AOL-Gründer Steve Case und Vorstandschef Richard Parsons, indem sie kurz vor dem Kurssturz Aktien für rund 500 Millionen Dollar verkauften.

Auch Larry Ellison, Gründer der Softwarefabrik Oracle, wusste, wann der richtige Zeitpunkt zum Aussteigen gekommen war. Nachdem er sich von 22 Millionen Aktien zum Preis von 706 Millionen Dollar getrennt hatte, gab sein Unternehmen eine Gewinnwarnung heraus, und der Kurs stürzte ins Bodenlose.

Wenn sie von ihrem Vorauswissen nicht durch Aktienverkäufe profitieren konnten, dann gestalteten sie die Optionsprogramme so trickreich, dass sie immer verdienten, egal wie weit der Kurs ihrer Anteilsscheine auch fallen mochte. Als die Optionen der Manager des Cisco-Konzerns nach dem Kurssturz der Aktien wertlos geworden waren, setzten sie den

Ausübungspreis einfach unter den aktuellen Kurs, und schon hatten die Papiere wieder einen Wert. Ähnlich hielten es die Führungskräfte beim Software-Giganten Microsoft.

Eine andere Spielart wählte Steve Jobs, Herr über den Computer-Konzern Apple. Obwohl er sich Aktienoptionen im Wert von 872 Millionen Dollar aushändigen ließ, mehr als jeder andere Topmanager, verlangte und bekam er auch noch einen Gulfstream-Jet im Wert von 90 Millionen Dollar.

»Waldspaziergang« zur Rupf-Villa

Als ob das alles noch nicht genug wäre, ließen sich manche US-Manager von ihren Firmen auch noch großzügige Kredite einräumen, die in Wahrheit Geschenke waren. Michael Capellas zum Beispiel, der Chef des Computer-Konzerns Compaq, genehmigte sich ein zinsloses Darlehen über fünf Millionen Dollar. Mit dem geliehenen Geld sollte der neue Chef Aktien des eigenen Unternehmens kaufen und dadurch einen Anreiz haben, für höhere Aktienkurse zu sorgen. Tatsächlich aber verfehlte Capellas das Ziel, der Aktienkurs sank immer tiefer. Den Kredit aber zahlte Capellas nach Recherchen des US-Wirtschaftsmagazins »Business Week« dennoch nicht zurück; dafür strich er zunächst 5000 Stellen und flüchtete sich dann in die Arme des größeren Konkurrenten Hewlett Packard.

Bei solchen Chefs braucht sich niemand zu wundern, wenn die Mitarbeiter lustlos am Arbeitsplatz erscheinen. US-Notenbank-Chef Alan Greenspan sprach denn auch bereits von der »exzessiven Gier« der Manager, die das Vertrauen der Anleger in den Kapitalmarkt ruiniert hätten. Und selbst der als liberaler Wirtschaftstheoretiker bekannt gewordene Nobelpreisträger Gary Stanley Becker empfahl den Aufsichtsräten: »Also, lasst uns diese Leute los werden.« Gemeint waren die Raffkes in den Chefetagen. Immerhin standen im Jahr 2001 bereits 327 von ihnen unter Anklage, 60 Prozent mehr als im Jahr zuvor.

So toll wie in den USA trieben es die Chefs deutscher Unternehmen zwar noch nicht, doch der Unmut über die Profiteure der Betrügerwirtschaft wächst auch hierzulande. »Die Selbstbedienung hat rein gar nichts mit einer funktionierenden Marktwirtschaft zu tun. Sie ist das Ergebnis von Machtmissbrauch«, tadelte Wolfgang Kaden, Chefredakteur des »Manager Magazins«, die eigene Klientel. Selbst der bei den Bossen wohlgelittene Unternehmensberater Augustinus Graf Henckel von Donnersmarck warnte: »Volkswirtschaftlich hauen uns die hohen Gehälter nicht um, aber unter dem Gesichtspunkt der sozialen Kompetenz sind sie skandalös.« Wohl wahr.

Wie die Firmenlenker in die Grauzone der Betrügerwirtschaft hineingeraten, schildert der ehemalige Shell-Manager Manfred Kets de Vries so: »Die Grenze wird jeden Tag ein bisschen weiter verschoben. Man probiert etwas aus, das eben noch oder schon nicht mehr erlaubt ist. Statt der Strafe wird man mit einem Erfolg belohnt. So geht das Maß dafür, was richtig oder falsch ist, nicht mit einem Schlag, sondern Stück für Stück verloren.«

Einen Vorgeschmack dessen, was den Egomanen in den Chefetagen blüht, wenn sie weitermachen wie bisher, bekamen die Verantwortlichen der Berliner Bankgesellschaft bereits zu spüren. Am 7. September 2002 erschienen gut 1300 Berliner, die dem Aufruf der »Initiative Berliner Bankenskandal« gefolgt waren, vor den Villen der Manager, die sie für Milliardenverluste des größten Berliner Geldhauses verantwortlich machen. »Wir demonstrieren gegen das Prinzip ›Rendite aufs Privatkonto, Risiken an das Land Berlin‹«, verteidigte Initiator Peter Grottian, Professor an der Freien Universität, die »Waldspaziergänge« der empörten Steuerzahler.

Ihrem Ärger machten sie zum Beispiel vor der Dienstvilla des geschassten Vorstandsvorsitzenden Wolfgang Rupf Luft. Das stattliche Objekt mit 723 Quadratmeter Wohnfläche, Schwimmbad, klimatisiertem Weinkeller und Park wurde von der Bankgesellschaft für rund sechs Millionen Euro eigens für ihren Vorsitzenden angeschafft und nach dessen Vorstellungen ausgebaut. Die Ansprachen der Protestierer aber ersparte sich der Bankmanager, gegen den die Staatsanwaltschaft wegen Untreue ermittelt, genauso wie seine Ex-Kollegen Klaus-Rüdiger Landowsky und Christian Grün. Die Banker waren ausgeflogen, als die Demonstranten mit Pferdegespannen, Musik und frechen Sprüchen vor ihren Häusern aufzogen.

Der Zorn der Betrogenen richtete sich nicht allein gegen die Privilegien der Bosse, sondern auch gegen das Missverhältnis zwischen ihrem Luxusdasein und den trostlosen Ergebnissen ihres Schaffens. Wenn Verluste auf die Gesellschaft abgewälzt werden, einige wenige sich aber die Taschen füllen, dann kocht logischerweise die Volksseele über. Dies sollten sich alle jene Manager zu Herzen nehmen, die bislang von derlei Attacken verschont geblieben sind, obwohl es Gründe dafür gegeben hätte.

Als in den Krisenjahren 2001 und 2002 viele Unternehmen von ihren Belegschaften Opfer verlangten und zehntausende Stellen strichen, waren nur ganz wenige Vorstände bereit, selbst zurückzustecken wie beispielsweise die Chefs der nach den Terroranschlägen von New York arg gebeutelten Deutschen Lufthansa. »Man muss die Dinge, die man von seinen Mitarbeitern einfordert, selber vorleben«, befand LH-Chef Jürgen Weber und verlangte von seiner Führungscrew einen Gehaltsverzicht von zehn Prozent. Prompt gelang der Turnaround, und die »Wirtschaftswoche« ernannte Weber zu »Deutschlands bestem Manager«.

Deutsche Misstrauens-Kultur

Umso deutlicher heben sich davon die vielen Blender und Bluffer in den Vorstandsetagen ab, die ihre Bilanzen frisieren, Mitarbeiter schikanieren, Konkurrenten niederprozessieren und ihre Aktionäre hintergehen. Ist schon die von Jahr zu Jahr zunehmende Kriminalisierung des Wirtschaftslebens ein Zeichen für die nachlassende Qualität des Führungspersonals, so geben die inneren Verhältnisse in den Unternehmen erst recht Anlass zur Besorgnis: Die ständige Umstrukturierung der Unternehmen, der An- und Verkauf großer Betriebsteile, entfremdete Management und Belegschaften so sehr, dass beide einander nicht mehr viel zu sagen haben. Beinahe jeder zweite Mitarbeiter eines Unternehmens, fand der Münchner Wirtschaftssoziologe Dieter Frey nach einer Befragung von 3000 Arbeitnehmern aus den Branchen Autoindustrie, Maschinenbau, Pharmazie, Versicherungen und Schiffbau heraus, hat innerlich gekündigt und kein Interesse am Schicksal seiner Firma.

Bestätigt wird der Befund von der Rendsburger Unternehmensberatung von Studnitz & Partner, die nach der Befragung von 1456 Mitarbeitern norddeutscher Firmen den Führungskräften eine »5« ins Zeugnis schrieben. 79 Prozent der Befragten beklagten, dass Anerkennung und Kritik durch Vorgesetzte absolut unausgewogen seien, und 68 Prozent beschwerten sich über das mangelnde Interesse der Manager an den Sorgen und Problemen ihrer Untergebenen. Lediglich acht Prozent gaben an, mit Spaß und Motivation bei der Arbeit zu sein.

Kein Wunder, wenn sie nicht wissen, ob sie morgen noch zur selben Firma gehören wie gestern, wenn sie kontrolliert, bespitzelt, gemobbt und für die schlechten Ergebnisse verantwortlich gemacht werden. Etwa 800 000 Deutsche werden jedes Jahr Opfer regelrechter Schikanekampagnen, so steht es im ersten Mobbingreport der Bundesregierung, und die Übeltäter sind meistens die Vorgesetzten: Sie streuen kompromittierende Gerüchte, üben lautstarke Kritik auch dann, wenn dafür kein Grund vorliegt, und untergraben systematisch das Ansehen wie das Selbstwertgefühl der ihnen anvertrauten Mitarbeiter. Weil sie von tiefem Misstrauen geprägt sind, lassen sie Telefone abhören, überwachen den Internetverkehr und lesen die E-Mails ihrer Mitarbeiter. Manche Chefs, etwa im Handel oder im Dienstleistungsgewerbe, sind sich nicht zu schade, ihre Belegschaften von Wirtschaftsdetektiven bespitzeln zu lassen oder gar deren Büros zu verwanzen.

Mit Umsatzsteigerungen von zehn bis 20 Prozent bilden Detekteien und Sicherheitsfirmen eine der letzten Wachstumsbranchen der deutschen Wirtschaft. Rund eine Million Abhörgeräte wurden in Deutschland verkauft, und die wenigsten dienen der Überwachung ungetreuer Ehepartner. Eingesetzt werden sie, vermutet Heinz Hülser, Geschäftsführer der Arbeitsgemeinschaft für Sicherheit in der Wirtschaft (ASW), entweder um der Konkurrenz auf die Schliche zu kommen oder aber um ungetreue Angestellte zu bespitzeln.

Sogar im Chefbüro des Heidelberger Finanzdienstleisters MLP wurde ein nur stecknadelkopfgroßer Minispion entdeckt, und Büroinhaber Bernhard Termühlen vermutete einen Racheakt verprellter Mitarbeiter. Niemand ist offenbar vor einem Lauschangriff mehr sicher; deshalb leisten sich Großunternehmen wie Siemens oder BMW technisch hochgerüstete Abwehrtrupps, die nicht nur Spione der Konkurrenz enttarnen, sondern auch die Weitergabe brisanter Informationen durch die eigene Mannschaft verhindern sollen.

Die »Misstrauenskultur« (so der Essener Managementtrainer Reinhard Sprenger) in deutschen Unternehmen führt mitunter zu grotesken Ergebnissen. Als die Münchner Mitarbeiter der Hornblower Fischer Bank, Hauptsitz ist Frankfurt, am letzten Augustfreitag des Jahres 2002 morgens ihre Büros am Stiglmaierplatz aufsuchen wollten, standen sie vor verschlossenen Türen. Die Schlösser waren ausgetauscht worden, und ein Abgesandter des neuen Bankbesitzers Alexander Falk erklärte den verdutzten Brokern: »Wir führen eine Innenrevision durch.«

Stundenlang wussten weder die Broker noch ihre Kunden, wie es um die verwalteten Einlagen stand, die teilweise in höchst riskante Termingeschäften investiert waren. »Vertrauen führt«, heißt der Titel des jüngsten Sprenger-Buchs, aber weil so wenig Vertrauen in der Wirtschaft herrscht, führt Deutschland beinahe nirgendwo mehr im internationalen Wettbewerb.

Je häufiger in den Festreden der Vorstände wie auf den Fortbildungsseminaren der Führungskräfte das gegenseitige Vertrauen beschworen wird, desto weniger ist davon in den Betrieben zu spüren. »Die Führungskräfte halten daran fest, dass sie ihre Leute kontrollieren müssen – weil die angeblich sonst nichts tun. Derweil glauben die Mitarbeiter, dass ihre Chefs sie nur auspressen wollen und an ihnen als Personen nicht interessiert sind«, beschreibt Sprenger die Realität.

Der bisher umfassendste Vergleich der Management-Kulturen in den verschiedenen Industrieländern bescheinigt den deutschen Firmenlenkern ebenfalls ausgesprochen rüde Führungsmethoden. Sieben Jahre lang befragten 180 Sozialwissenschaftler rund 17 000 Manager in 60 Ländern, wie sie die Gesellschaft, in der sie leben, und die Firma, in der sie arbeiten, empfinden. Geleitet wurde das Projekt namens »Globe« von Robert House, Professor an der berühmten Wharton School in Pennsylvania. Die Forscher bestätigten den deutschen Managern zwar eine sehr hohe Leistungsorientierung, gleichzeitig aber eine äußerst geringe »Humanorientierung«. Kommentierte die »Wirtschaftswoche«: »In keinem anderen großen Industriestaat der westlichen Welt halten Führungskräfte den Umgang im Unternehmen für so wenig fair, respektvoll und fürsorglich wie in Deutschland.«

Schleichwerber für den schönen Schein

Ruppig geht es also zu in der Ego-AG. Konkurrenten werden ausspioniert und ihre Ideen geklaut, der Staat wird um die Steuer betrogen, den Aktionären macht man ein X für ein U vor, und die Mitarbeiter sind bloße Manövriermasse. Produkte, vom Auto bis zum Arzneimittel, werden unausgereift auf den Markt geworfen, Preise mit der Konkurrenz abgesprochen, öffentliche Subventionen erschlichen, Kritiker und Mitwisser zu Tode prozessiert. Schöne neue Wirtschaftswelt – so schlimm kann sie doch wohl nicht wirklich sein?

Natürlich nicht, wofür bezahlt man denn die vielen Presse- und PR-Abteilungen! Je schlechter es den Medien geht – Verlage und TV-Sender meldeten für die Jahre 2001 und 2002 Umsatz- und Ertragsrückgänge im zweistelligen Bereich –, desto geringer ist logischerweise ihre Neigung, sich mit den Werbekunden anzulegen. Die Wahrheit ans Licht zu bringen, ist teuer und mit Risiken verbunden. Aufwendige Recherchen ersetzt man deshalb gern durch Produkt- und Unternehmenspräsentationen, die den schönen Vorzug haben, die Medien kein Geld zu kosten, sondern ihnen welches zu bringen.

Die Auftraggeber haben natürlich längst den angegriffenen Gesundheitszustand der Medien erkannt und nutzen ihn konsequent aus. Die PR-Branche ist denn auch der einzige Zweig der Medienindustrie, der noch Zuwächse erzielt. Zwar reichte es nicht mehr zu den 25 Prozent wie im Jahr 2000, doch selbst im folgenden Krisenjahr legten die Schleichwerber um flotte sieben Prozent zu.

Längst ist die Darstellung von wirtschaftlichem Erfolg ein Riesengeschäft geworden, fast noch schöner als jenes, das den Erfolg erzielen soll. Exemplarisch machte die Finanzbranche vor, wie der schöne Schein sich wenigstens für eine Weile in klingende Münze verwandeln lässt. Als die Aktionäre das Spiel noch nicht durchschaut hatten, konnte man ihnen Anteilsscheine der übelsten Bruchbuden zu sagenhaften Kursen verkaufen. Und weil das am Neuen Markt so gut funktionierte, fingen selbst gestandene Konzerne, von Daimler bis VW, an, so genannte Investor-Relations-Abteilungen aufzubauen. Die sollten die Verwalter des großen Geldes mit »tollen Storys« davon überzeugen, dass ihre Papiere mehr wert waren, als ihnen die Börse zugestand. Und auch hier klappte der Schwindel – wenigstens eine Weile lang.

Inzwischen freilich, nachdem die Deutsche Telekom nur noch ein Zehntel und der mächtige Allianz-Versicherungskonzern nur noch ein Viertel so viel wert sind wie im Frühjahr 2000, lassen sich nicht mal mehr die Kleinanleger von den Märchenerzählern aus den Investor-Relations-Abteilungen beeindrucken. Die Betrügerwirtschaft ist an ihrem Nullpunkt angelangt. Jetzt geht es nur noch um die Frage, wie man als

Angestellter und Selbstständiger, Anleger und Verbraucher, Bauherr und Patient verhindern kann, dass man unter die Räder kommt. Es geht um Überlebensstrategien in einer Welt ohne Illusionen, aber voller Gefahren.

Revolvermänner aus Mammut-Kanzleien

Es ist die Stunde der Juristen. Nie zuvor forderten so viele Opfer von Wirtschaftsbetrügern vor den Schranken der Gerichte Vergeltung und Schadenersatz wie nach dem Zusammenbruch der Aktienmärkte, und auch der Umgang zwischen den Unternehmen wird in allen Branchen immer häufiger von Anwaltskanzleien geregelt.

Da die Wirtschaft kaum noch wächst, jeder jedem misstraut, verwandeln sich einfache Geschäftsvorgänge schnell in Aktenzeichen. Wie einst der Revolvermann für den Rancher im Wilden Westen, ist der Rechtsanwalt in der Betrügerwirtschaft der gutbezahlte Gefährte des Geschäftsmannes. Je mehr Juristen sich einer leisten kann, desto weniger verwundbar kommt er sich vor. Von Leo Kirch, dem gescheiterten Medien-Tycoon, ist überliefert, dass er zeitweilig nicht weniger als 27 Anwaltskanzleien gleichzeitig beauftragt hatte. Weil Konkurrenten und Gegner eingeschüchtert werden müssen, genügt es nicht mehr, einen guten Anwalt zu beschäftigen – der Brief einer Kanzlei mit Dutzenden Namen und Stützpunkten auf der ganzen Welt wirkt da viel eindrucksvoller.

Kunden wie Konkurrenten sollen wissen: Leg dich nicht mit uns an, wir sind auf jeden Fall die Stärkeren. Gesetze, die dem eigenen Vorteil dienen, werden gnadenlos exekutiert, andere so weit wie möglich ignoriert. Stehen hohe Umsätze auf dem Spiel, ziehen ganze Bataillone teurer Anwälte ins Feld, und nicht selten bleibt dabei das öffentliche Interesse auf der Strecke. So im Fall des bisher größten Verfahrens gegen rund 100 Beschuldigte einer Zigarettenschmuggelmafia, der in Hamburg der Prozess gemacht werden sollte. Obwohl dem Staat durch die schwarz verkauften Glimmstängel mindestens 300 Millionen Euro an Steuern entgangen sein sollen, droht das aufwendige Ermittlungsverfahren mit einem Flop zu enden. Die Staatsanwälte hatten die Überwachung von 230 Telefonanschlüssen angeordnet und dies mit dem Verdacht auf Geldwäsche und Steuerhehlerei begründet. Das Oberlandesgericht aber ließ die Gesprächsprotokolle nicht als Beweismaterial zu, da Telefonüberwachung nur bei Geldwäsche, nicht jedoch bei Steuerhehlerei zulässig ist. Die Abhöraktion, befand das Gericht, sei deshalb rechtswidrig. Die ersten Angeklagten sind bereits wieder auf freiem Fuß, der Schmuggel geht weiter.

Strafverfahren aber sind noch die stärkste Waffe im Überlebenskampf zwischen Tätern und Opfern. Anders als im Zivilprozess, wo das Opfer oft Mühe hat, Schadenersatzansprüche durchzusetzen, enden Strafprozesse meist mit einem Sieg der Staatsanwälte. Sie haben andere Möglichkeiten der Beweissicherung als Rechtsanwälte und sind, glaubt man dem Berliner Rechtsprofessor und Buchautor (»Risiko Rechtsanwalt«) Uwe Wesel, auch bessere Juristen. Staatsanwälte können Telefone abhören, Büros durchsuchen, Verdächtige beschatten und notfalls auch verhaften lassen. Doch ehe sie aktiv werden, muss »ein begründeter Anfangsverdacht« für eine Straftat vorliegen, und an dieser Hürde scheitern bereits viele der geprellten Opfer, wenn sie keine stichhaltigen Beweise dafür vorlegen können, dass sie rechtswidrig um ihr Geld gebracht wurden.

Da der Staat das Gewaltmonopol besitzt, darf sich der Betrogene nicht einfach zurückholen, was ihm der Betrüger genommen hat. Er ist auf den Rechtsweg angewiesen, und der kann mitunter beschwerlich werden. Zivilprozesse dauern mehrere Jahre, bis ein rechtsgültiges Urteil vorliegt – der Betrüger hat also genügend Zeit, nicht nur seine Beute in Sicherheit zu bringen, sondern auch für eine hinreichend verworrene Faktenlage zu sorgen. Gegen Zeugen der Anklage werden Zeugen der Verteidigung in Stellung gebracht, Gutachten mit

Gegengutachten beantwortet, klare Tatbestände durch ständig neue Behauptungen vernebelt. Am Ende eines solchen Verfahrens weiß dann auch der Richter nicht mehr so genau, was eigentlich vorgefallen ist, und man einigt sich auf einen Vergleich, der dem Betrüger wenigstens die Hälfte seines unrechtmäßig erworbenen Gewinns lässt. Da er aber meist nicht selbst, sondern immer nur als handelndes Organ einer Firma auftritt, fällt es dem Opfer schwer, die ihm zugesprochene Vergleichssumme einzutreiben. Denn sein Prozessgegner, für gewöhnlich eine 25 000-Euro-GmbH, meldet rechtzeitig Konkurs an. Das Opfer erkennt: außer Spesen nichts gewesen. Rechtsanwälte müssen bezahlt, Gerichtskosten überwiesen werden; gewonnen hat man nur an Erfahrung.

Gute Adressen für den Rechtsweg

So begünstigt die Betrügerwirtschaft den Betrüger. Wer die Beute hat, ist Sieger im »freien Spiel der Kräfte«, wie die Anhänger der neoliberalen Wirtschaftstheorie den Wildwestzustand gern glorifizieren. Aber große Raubzüge rufen unweigerlich Gegenkräfte auf den Plan. Wo sich viele geschädigte Opfer zusammenfinden, wittern auch Rechtsanwälte der oberen Preisklasse ein Geschäft. Da Sammelklagen in Deutschland bisher nicht erlaubt sind, werden sie im Namen einer Interessen- oder Schutzgemeinschaft tätig, die das Honorar bei ihren Mitgliedern eintreibt. Spezialisten für Kapitalanlagebetrug sind zum Beispiel die Münchner Anwälte Michael-Christian Rößner und Klaus Rotter, die Kanzlei Tilp & Kälberer in Kirchentellinsfurth bei Tübingen sowie der Göttinger, auch in den USA zugelassene Anwalt Reiner Füllmich und Klaus Kratzer aus Nürnberg. Als Wirtschaftsdetektive, die das erforderliche Beweismaterial sicherstellen, haben sich bewährt Medard Fuchsgruber aus Ottweiler im Saarland und Klaus-Dieter Matschke aus Frankfurt, dem ein eher zweifelhafter Ruf nachgesagt wird. Eine gute Informationsquelle über die

Anbieter von Kapitalanlagen ist nach wie vor das Archiv von Heinz Gerlachs Informationsdienst »Direkter Anlegeschutz« in Oberursel.

Da die Justiz überlastet ist und in Deutschland wenig Neigung zeigt, den geprellten Opfern von Börsenschwindlern und Kapitalanlagebetrügern zu ihrem Recht zu verhelfen, versuchen es clevere Anwälte immer öfter mit einem Umweg über die USA. Zwar zeigen sich amerikanische Gerichte bei Schadenersatzforderungen meistens großzügiger als deutsche, doch sind sie für Betrügereien, die in Deutschland begangen wurden, nicht zuständig.

Wenn jedoch amerikanische Staatsbürger geschädigt wurden, kann eine Klage vor einem US-Gericht auch für deutsche Übeltäter nachteilige Folgen haben, sofern sie über Vermögenswerte in den Vereinigten Staaten verfügen. So verklagte der US-Investor Guy Wyser-Pratte den früheren Babcock-Borsig-Chef Klaus Lederer mitsamt seinem Aufsichtsratsvorsitzenden Friedel Neuber vor einem New Yorker Gericht auf Schadenersatz von 15 Millionen Euro. Der Amerikaner gehört zu den Leidtragenden der Babcock-Pleite, für die er das Management mitsamt dem Aufsichtsrat und der Wirtschaftsprüfergesellschaft PWC verantwortlich macht. Auch der Göttinger Anwalt Reiner Füllmich will mit einer Sammelklage vor einem US-Gericht die Münchner HypoVereinsbank zwingen, Kunden, die im Vertrauen auf die Finanzierungszusage des Münchner Instituts überteuerte Immobilien gekauft hatten, für ihre Verluste nach amerikanischen Maßstäben zu entschädigen.

Bei all ihrer Unzulänglichkeit aber ist die Justiz die einzige Instanz, die der Betrügerwirtschaft Einhalt gebieten kann. Solange der Staat kein stärkeres Interesse an der Überwachung des wirtschaftlichen Geschehens zeigt und die Anbieter von sich aus keinerlei Anstalten machen, zu einem korrekten Geschäftsgebaren zurückzukehren, bleibt dem Bürger nur der Rechtsweg, um das zu bekommen, was ihm zusteht. Weil dieser Weg so beschwerlich und wenig aussichtsreich ist, lohnt sich jede Anstrengung, die Fallen der Betrüger zu umgehen.

6 Verführungskräfte

Für Deutschlands Arbeitnehmer, so die gängige Meinung, beginnt die Betrügerwirtschaft erst jenseits der Werktore. Am Arbeitsplatz herrschen geregelte und gesittete Verhältnisse. 35-Stunden-Woche, sechs Urlaubswochen und fantastische Gehälter – so sieht man im Ausland den deutschen Luxusbeschäftigten. Das Bild stammt jedoch von gestern. Der Shareholder Value ging zu Lasten des Arbeitnehmerwerts, und die Mitarbeiter mutierten für die Manager aus der Machergeneration zur bloßen Manövriermasse.

Was haben die angestellten Firmenchefs ihren Leuten in den vergangen Jahren nicht alles zugemutet: massiven Stellenabbau und Teilzeitarbeit, erhöhte Mobilität und Telearbeit, permanente Veränderung der Arbeitsabläufe und den Verkauf ganzer Betriebsteile. Die künstlich erzeugte Unruhe erhöhte den Leistungsdruck, doch nicht die Leistung. Das Betriebsklima erreichte arktische Minusgrade, und die ehemals in aller Welt bestaunte Sozialpartnerschaft im rheinischen Kapitalismus machte der Ellbogengesellschaft angelsächsischen Zuschnitts Platz. Als sich dann auch noch herausstellte, dass das ganze Change-Management nicht viel mehr erzeugte als heiße Luft und gefälschte Bilanzen, marschierten die Belegschaften geschlossen in die innere Emigration. Misstrauen regiert wieder in den Betrieben, und der Graben zwischen denen da oben und jenen da unten war seit Jahrzehnten nicht mehr so breit wie in der Gegenwart.

Als das Gallup-Institut in Potsdam im Sommer 2002 mal wieder das berufliche Engagement der deutschen Arbeitnehmer untersuchte, war das Ergebnis eine Ohrfeige fürs Management. Nur noch 15 Prozent der befragten Mitarbeiter zeigten ernsthaftes Interesse an ihrer Tätigkeit, und 69 Prozent gaben offen zu, dass sie sich ihrem Unternehmen gegenüber nicht besonders verpflichtet fühlten. Lustlose Mitarbeiter, lange Fehlzeiten und geringer Produktivitätszuwachs verursachen nach den Berechnungen des Instituts jährlich einen Schaden von 220 Milliarden Euro – fast so viel, wie der gesamte Bundeshaushalt fürs Jahr 2003 ausmacht. Als Ursache der verheerenden Verhältnisse in den Betrieben diagnostizierte Gerald Wood, Deutschlandchef von Gallup, »schlechtes Management«.

Weder ein gedeihliches Betriebsklima noch eine vernünftige Personalpolitik hatte für die Bosse der deutschen Unternehmen in den vergangenen Jahren höchste Priorität. Mehr Aufmerksamkeit widmeten sie modischen Reengineering-Programmen und der Steigerung ihres Börsenwertes durch Fusionen und Übernahmen. Damit verspielten sie freilich das wertvollste Kapital, über das sie verfügten, nämlich den Sachverstand und das Engagement ihrer Mitarbeiter. Kein Wunder, dass nicht nur die Aktienkurse einbrachen, sondern auch die Wettbewerbsfähigkeit der deutschen Wirtschaft nachließ. Im viel beachteten World Competitiveness Report des International Institut for Management Development in Lausanne belegte Deutschland unter 49 Nationen zuletzt nur noch den zwölften Platz.

Die miese Stimmung in der Ego-AG zeigt sich in einer wachsenden Kontrollwut der Vorgesetzten, die von den Mitarbeitern mit Gleichgültigkeit, nicht selten auch mit Obstruktion beantwortet wird. Als in den Büros der Nation die Bildschirme endlich ans Internet angeschlossen waren, fingen die gelangweilten Mitarbeiter sogleich an, statt der Kundenbeziehungen ihren Spieltrieb zu pflegen. Per Mausklick übten sie das Online-Golfen ebenso wie die Moorhuhn-Jagd, derweil sich die elektronische Post auf dem Server stapelte.

Als die Chefs endlich merkten, wofür ihre teuren Computer benutzt wurden, fingen sie an, »Big Brother« zu spielen und ihr

Büropersonal der totalen Kontrolle zu unterwerfen. Technisch war das kein Problem. Mithilfe von Programmen wie »Spector« oder »PC-Spion« konnten sie auf Anhieb feststellen, ob sich ein Mitarbeiter mit einem Porno oder der Kalkulationstabelle vergnügte, und ihm sofort eine Abmahnung mailen. Prompt liefen die Betriebsräte Sturm, und die Gewerkschaften verbaten sich »Eingriffe in die Intimsphäre« ihrer Mitglieder. Die Misstrauenskultur in den deutschen Betrieben hatte einen neuen Höhepunkt erreicht.

Der Terror kommt auf leisen Sohlen

Management und Belegschaften leben offenbar in verschiedenen Welten. Die Chefs versuchen sich und der Welt einzureden, dass sie im Grunde nichts falsch gemacht hatten und weder für den Absturz der Börsenkurse noch für die desolate Lage ihrer Unternehmen verantwortlich sind. So, wie sie Analysten und Aktionäre mit geschönten Berichten und Geschäftszahlen hinters Licht führten, möchten sie auch die eigenen Belegschaften über die wahre Lage zu täuschen. Selbst Konzerne, die sich ihrer vorzüglichen Kommunikationsarbeit rühmen, lassen aus den hausinternen Pressespiegeln alle unangenehmen Nachrichten tilgen und in ihren Mitarbeiterzeitschriften nur noch unkritische Artikel veröffentlichen. »Zu groß ist die Gefahr, dass kritische Stimmen aus der Presse das Unternehmensklima zersetzen – egal ob es sich um Berichte über Stellenabbau handelt, Spekulationen zu Übernahmen oder Krisenszenarien für die ganze Branche«, kommentierte die »Wirtschaftswoche« das üble Spiel der Kommunikationsabteilungen.

Bei den Betroffenen kam eine ganz andere Botschaft an: Rette sich, wer kann! Die Entlassungswelle, die im Jahr 2001 begann und Ende 2002 noch lange nicht zu Ende war, hatte eine neue Qualität. Statt der üblichen »Minderqualifizierten« erfasste sie nun auch hochqualifizierte Banker und Versicherungskaufleute, Informatiker und Investmentfondsmanager. Doch die Führungskräfte ließen sich nicht so ohne weiteres feuern, sondern kämpften verbissener denn je um die rarer werdenden Jobs. Selbst in scheinbar krisensicheren Häusern wie der Allianz-Versicherung, der Deutschen und der Dresdner Bank zeigten sich immer häufiger Mobbing-Symptome.

Und die Machtspiele der Konzernchefs fanden bei den Bodentruppen so viel Gefallen, dass sich die Zahl der Mobbing-Opfer binnen weniger-Jahre vervielfachte: Etwa 1,2 Millionen Arbeitnehmer werden nach Untersuchungen des nordrhein-westfälischen Landesinstituts Sozialforschungsstelle in Dortmund jährlich von Kollegen und Vorgesetzten so sehr drangsaliert, dass sie mit schweren psychischen Schäden rechnen müssen, wenn sie dem Terror nicht entfliehen. Besonders betroffen sind nach dem im Juni 2002 veröffentlichten Mobbing-Report der Bundesregierung Manager, Frauen und junge Beschäftigte.

»Häufig mobben Vorgesetzte ungeliebte Mitarbeiter, um kostengünstig von ihnen loszukommen«, stellte die selbstständige Mobbing-Beraterin Gerda Kümmel aus Wilhelmshaven fest. Zehn Prozent aller Selbstmörder, schätzen die Dortmunder Sozialforscher, wählen den Freitod aus Verzweiflung über den Psychoterror am Arbeitsplatz. Bundesweit bekannt wurde der Fall der Fliegerärztin Christine Bauer, die sich im Jahr 1999 vergiftete, als Vorgesetzte ein Disziplinarverfahren gegen sie eingeleitet hatten. In ihrem Abschiedsbrief begründete die gut aussehende und als resolut geltende Hubschrauberpilotin ihren Entschluss: »Ich habe mir das Leben genommen, weil ich diesem widerwärtigen Mobbing nicht mehr standhalte.«

Der Terror kommt für gewöhnlich auf leisen Sohlen. Erst wird getuschelt, wenn das Opfer den Raum betritt, dann fallen hämische Bemerkungen, einige Kollegen wenden sich ostentativ ab. Dem Chef kann der Gemobbte nichts recht machen; er wird häufig vor versammelter Mannschaft rüde abgekanzelt. Seine Arbeit leidet darunter, dass plötzlich wichtige Unterlagen fehlen, dass ihn Telefongespräche oder Faxe nicht erreichen.

Wirft er dann noch immer nicht das Handtuch, wird er auf einen undankbaren Außenposten versetzt, notfalls auch des Spesenbetrugs oder Geheimnisverrats bezichtigt. Spätestens jetzt muss ihm klar sein, dass der Kampf verloren ist.

Fühlten sich die meisten Opfer solcher Kampagnen bisher wehrlos, so bekommen sie mittlerweile Hilfe von den verschiedensten Seiten. Zahlreiche Fachbücher geben Rat, einige Gewerkschaften haben Beratungsstellen für Mobbing-Opfer eingerichtet, und im VW-Konzern gibt es sogar schon eine Betriebsvereinbarung auf höchster Ebene, die das Mobbing unter Strafe stellt. Auch die ersten Gerichtsurteile sind bereits ergangen, obwohl das deutsche Strafrecht den Begriff Mobbing noch gar nicht kennt.

Jetzt zählen wieder die harten Werte

Das Landesarbeitsgericht Thüringen bestätigte im Jahr 2001 dem Sparkassenangestellten Reinhard Möller aus Gera, dass er »systematischem Psychoterror« ausgesetzt war, und hob die Degradierung des früheren Hauptgeschäftsstellenleiters auf. Sein Vorgesetzter hatte ihn um sechs Gehaltsstufen auf den wenig aussichtsreichen Sachbearbeiterposten für Pfändungsangelegenheiten zurückversetzt. Einem anderen Banker billigte das Landesarbeitsgericht Rheinland-Pfalz sogar 15 000 DM Schadenersatz zu. Zahlen musste sein Vorgesetzter, weil er die persönliche Ehre und das berufliche Selbstverständnis seines Mitarbeiters verletzt hatte.

Gemobbt wird auf allen Ebenen der betrieblichen Hierarchie. Arbeitskollegen machen sich das Leben zur Hölle, weil sie einander das Gehalt, den Posten oder auch nur das Auto nicht gönnen, Chefs tyrannisieren ihre Untergebenen, weil sie selbst unsicher sind und Angriffe auf ihre Position fürchten oder weil sie ihre Abteilung verkleinern und Mitarbeiter billig loswerden wollen. Aber auch die Chefs selbst stehen immer häufiger im Fadenkreuz ehrgeiziger Untergebener, die sich für besser halten. Es herrscht Krieg in den Büros der flachen Hierarchien, wo die Jungen systematisch gegen die Alten aufgehetzt werden und niemand mehr sicher sein kann, dass er morgen noch den gleichen Job wie gestern hat.

Für diesen Krieg sind insbesondere die älteren Semester schlecht gerüstet, die in Zeiten aufwuchsen, als von sanfter Führung, Sozialpartnerschaft und Kooperation die Rede war. Jetzt aber zählen plötzlich wieder die harten Werte: Selbstbehauptung, Durchsetzungsvermögen, Stressstabilität, Erfolgsstreben um jeden Preis. Solidarität war gestern, heute kämpft jeder gegen jeden.

Taktik-Regeln für Bürokrieger

Brutalo-Ratgeber wie »Karriere im Minenfeld«, »Die Strategie des Krieges« oder »Der kleine Machiavelli für Manager« stimmen die Bürokrieger, kaum dass sie die Uni verlassen haben, auf das Gefecht um Karriere und Knete ein, und wenn sie sich dann noch immer nicht fit genug fühlen, pilgern sie zuhauf in die Seminare von Positivdenkern und Negativhandlern wie Vera F. Birkenbihl, Jürgen Höller oder Erich J. Lejeune. Arglose Zeitgenossen, die im Büro nichts anderes wollen, als ihre Arbeit ordentlich zu erledigen, werden von den hochmotivierten Westentaschen-Machiavellis ausmanövriert, noch ehe sie begriffen haben, dass hier überhaupt ein Krieg stattgefunden hat. So nimmt es nicht wunder, dass an der Spitze der Unternehmen häufig jene intriganten Machtmenschen landen, denen ihre Mitarbeiter und Kollegen ebenso gleichgültig sind wie ihre Aktionäre. Nicht Paul Coelhos großherzige »Krieger des Lichts« beherrschen die Unternehmenslandschaften der Gegenwart, sondern kleingeistige Soldaten der Finsternis. Die folgenden zehn Taktikregeln sind geeignet, ihre Pläne zu durchkreuzen:

1. Den Gegner identifizieren

Wer nicht weiß, woher die Pfeile fliegen, hat bereits verloren. Die erste Aufgabe jedes Bürokriegers besteht deshalb darin, potenzielle Gegner und Rivalen ausfindig zu machen. Das können Mitglieder der eigenen Crew sein, gleichrangige Kollegen aus anderen Abteilungen, aber auch Vorgesetzte und sogar außerhäusige Berater oder Kunden. Meistens findet sich der schlimmste Feind in unmittelbarer Nähe, auch wenn er sich als treuester Kumpel ausgibt. Untrügliche Zeichen für den potenziellen Feind sind: gleiches Alter, gleiche Ausbildung, gleiche Qualifikation. Neben ernst zu nehmenden Karrierekonkurrenten sind auch Heckenschützen aus der zweiten Reihe zu beobachten, die aus Frust und Neid gefährlich werden können.

2. Die Motive des Gegners herausfinden

Geht es um Geld, Prestige, Karriere? Wird man um sein Aussehen, seine Familie, sein Auto beneidet? Hat ein anderer Angst, man würde ihm etwas wegnehmen? Hat jemand etwas zu verbergen? Ist er oder sie möglicherweise in unsaubere Geschäfte verwickelt? Handelt es sich gar um verschmähte Liebe oder kann einen er oder sie einfach nicht riechen? Erst wenn man weiß, welche Motive dem Handeln des Gegners zugrunde liegen, kann man ihm wirksam begegnen.

3. Den Krieg vermeiden

Besser als ein gewonnener Krieg ist einer, der gar nicht stattfindet. Man spart sich Zeit, Geld und Energie, wenn es gelingt, den Gegner auf andere Weise auszuschalten. Eine friedliche Lösung aber wird nur funktionieren, wenn man dem Gegner das geben kann, wonach er strebt, ohne dafür selbst Einbußen in Kauf nehmen zu müssen. Will er zum Beispiel unbedingt Abteilungsleiter werden, dann kann man ihm zusichern, seinen Ambitionen nicht im Weg zu stehen, sofern man selber bereits das Ticket für einen besseren Job in der Tasche hat. Geniale Krieger schaffen es, ihre Gegner zu Verbündeten zu machen und dennoch die eigenen Ziele zu erreichen. Bei notorischen Intriganten und emotional gestörten Neidern sind solche Versuche aber zwecklos.

4. Aufgezwungenen Kriegen ausweichen

Schießt der Gegner los, bevor man selber gerüstet ist, auf keinen Fall eine Auseinandersetzung riskieren. Man beschwichtigt, wirft dem Gegner eine kleine Beute hin oder lenkt das Feuer auf jemand anderen.

5. Unvermeidliche Kriege vorbereiten

Ist der Kampf unausweichlich, gilt es, sich in eine Position größtmöglicher Stärke zu bringen. Man sucht Verbündete, schmiedet Allianzen, knüpft Netzwerke mit dem Ziel, den Gegner zu isolieren. Ideale Waffenbrüder sind Chefsekretärinnen und Vorstandsassistenten, aber auch einfache Mitläufer und rangniedere Hilfskräfte leisten als Informanten und Claqueure wertvolle Dienste.

6. Das Kriegsziel definieren

Soll der Gegner gedemütigt, versetzt oder degradiert werden? Will man ihn zur Kündigung veranlassen oder ihn bloß wegloben? Vielleicht genügt es auch, ihm durch die Demonstration der eigenen Macht den Schneid abzukaufen, doch das kann gefährlich werden.

7. Den Gegner ins Unrecht setzen

Je mehr man über den Feind weiß, desto eher findet man einen Angriffspunkt. Man lässt seine Hilfstruppen ausschwärmen, um so viel wie möglich über das feindliche Lager zu erfahren, sammelt Beweismaterial und macht sich mögliche Zeugen für ein unrechtmäßiges Verhalten des Feindes gewogen. Ist der Gegner bereits zur Attacke übergegangen, kann es nicht schaden, regelmäßig Tagebuch zu führen, um ihn bei einem Fehler zu ertappen.

8. Ort und Zeit selbst bestimmen

Das Überraschungsmoment kann schon den halben Sieg bedeuten. Der erste Schlag muss deshalb hart und völlig unerwartet kommen. Vielleicht spielt man der Sekretärin des Vorgesetzten anonym ein Dossier mit sämtlichen Fehlleistungen des Gegners zu, oder man streut über seine Hilfstruppen tödlich wirkende Gerüchte aus. Sorgfältig präparierte Fallen gehören ebenso zum Arsenal des Bürokriegers wie handfeste Sabotageakte. So ist es schon vorgekommen, dass Personalakten manipuliert, Festplatten von Computern gelöscht, Terminkalender gefälscht und Kundenkontakte zerstört wurden. Surft man zum Beispiel nach Büroschluss auf dem PC des Gegners ausgiebig durch die Schmuddelseiten des Internets, von der Nazi-Propaganda bis zur Kinderpornographie, obwohl man weiß, dass der gesamte Internetverkehr des Büros überwacht wird, dann hat der Feind ein Problem. Mancher Bürokrieg wurde auch schon durch Propagandamaterial der Scientology-Sekte entschieden, das von einer Sekretärin »zufällig« im Schreibtisch einer Führungskraft entdeckt wurde.

9. Die Spielregeln ändern

Hat der Gegner wider Erwarten die Offensive überlebt und geht zum Gegenangriff über, muss man die Regeln ändern. Man gibt sich äußerst friedfertig und beklagt in Konferenzen oder auf Betriebsversammlungen die bösartigen Attacken irgendwelcher Kollegen, die einen Angriff auf die Leistungsfähigkeit der Abteilung darstellen. Namen nennt man natürlich nicht, doch der Gegner weiß Bescheid. Nun bietet man ihm öffentlich die Versöhnung an und schlägt insgeheim an anderer Stelle los. Diesmal darf nichts schief gehen, darum muss der zweite Schlag noch härter ausfallen als der erste. Wenn der Gegner Rang und Namen hat, hilft vielleicht eine anonyme Anzeige bei der Staatsanwaltschaft oder ein Hinweis an die Presse, in mindergewichtigen Fällen genügt auch schon eine handfeste, mit gefälschten Beweisen untermauerte Verleumdung im eigenen Haus.

10. Den Gegner entwaffnen

Der geschlagene Feind darf keine Chance zur Rache bekommen. Am besten soll er gar nicht wissen, wer ihm das Ganze eingebrockt hat. Deshalb müssen alle Spuren zum Explosionsherd sorgfältig verwischt werden. Zu 100 Prozent hat man sein Ziel erst erreicht, wenn der Gegner die Firma verlässt.

Da bei keinem Krieg am Anfang feststeht, wie das Ende aussieht, muss man logischerweise auch eine Niederlage einkalkulieren. Deshalb empfiehlt es sich, schon vor der Entscheidungsschlacht einen Alternativplan auszuarbeiten. Der sollte auf jeden Fall einen Notausgang in Form eines Jobangebots enthalten. Denn nach einem verlorenen Krieg bleibt nur die Kündigung. Alles andere verbietet die Selbstachtung.

»Fahren Sie mal rechts ran!«

Wer zu solcher Perfidie nicht fähig ist, der sollte den Büroschlachten aus dem Weg gehen und seine Karriereträume begraben. Es sei denn, er ist in einer Firma tätig, die wider Erwarten nicht von einem geltungssüchtigen Vertreter der Betrügerwirtschaft, sondern von einem anständigen Menschen geleitet wird. Dann kann es sogar passieren, dass man für gute Arbeit belohnt und befördert wird. Solche Glücksfälle kommen aber, wie dieses Buch beweist, immer seltener vor.

Seit Beginn der Rezession brandet die Kündigungswelle auch über das Management hinweg. Hatten die Unternehmen zuvor ihre Führungskader immer weiter aufgestockt, so können sie nun aus dem Vollen schöpfen und die hoffnungsvollen Nachwuchskräfte gnadenlos gegeneinander ausspielen. Überzählige Manager werden jetzt nicht mehr, wie in den alten Zeiten, auf gut bezahlten Außenposten sanft entsorgt, sondern, zack, zack, gefeuert.

Nicht nur bewährte Raubeine wie Jürgen Schrempp von DaimlerChrysler, Hajo Neukirchen von MG Technologies oder Ferdinand Piëch von VW erwarben sich einen Ruf als Rausschmeißer, sogar der behördenähnlich organisierte Münchner Siemens-Konzern entsagte seiner Tradition und wechselte zwischen 2000 und 2002 nicht weniger als 40 Prozent sämtlicher Bereichsvorstände aus. In der Eile des »Gesundschrumpfens« vergaßen manche der gefeierten Konzernlenker sogar die elementaren Umgangsformen. Den Deutschland-Statthalter eines US-Konzerns erreichte die Botschaft auf der Autobahn. »Fahren Sie mal rechts ran«, befahl der Boss durchs Autotelefon und verkündete dann die Neuigkeit: »Sie sind gefeuert.« Der perplexe Manager brauchte ein paar Minuten um zu begreifen, was ihm da widerfahren war. Für gewöhnlich aber kündigt sich die Katastrophe vorher an. Untrügliche Zeichen für den Niedergang eines Managers sind zum Beispiel:

- **Kompetenzverlust**: Wird ihm zur »Entlastung« ein gleichrangiger Kollege zugeteilt, der sich mit ihm die Verantwortung für den Bereich, den er zuvor allein regierte, teilen soll, ist die höchste Alarmstufe angesagt.
- **Statusverlust:** Muss er in ein ungünstiger gelegenes Büro umziehen, auf einen prestigeträchtigen Titel verzichten oder mit einem kleineren Dienstwagen vorlieb nehmen – dann ist über sein Schicksal bereits entschieden.
- **Informationsverlust**: Erreicht ihn seine Post erst nach Tagen, werden Anrufe nicht mehr sofort zu ihm durchgestellt, bleiben die Einladungen zum regelmäßigen Chefgespräch aus, ist der Vorgesetzte nicht mehr jederzeit für ihn zu sprechen – dann ist es höchste Zeit für ein ernstes Gespräch mit dem Headhunter.

Eine besonders fiese Falle ist die Aufforderung zur offenen Aussprache. Wenn der Chef verkündet, dass man sich entschlossen habe, eine »Kultur des Vertrauens« zu pflegen, und seine Mitarbeiter zur Kritik an seiner Geschäftsstrategie wie an seiner Person auffordert, ist höchste Vorsicht angebracht. Sein wahres Ziel ist natürlich nicht, zu erfahren, was er für ein Ekelpaket ist, das weiß er wahrscheinlich längst von seiner Frau. Stattdessen will er notorische Nörgler und künftige Rivalen um die Macht ausfindig machen, um sie aus seinem Dunstkreis zu entfernen.

In der Betrügerwirtschaft kann es jeden treffen. Ein Rausschmiss ist kein schicksalhaftes Ereignis, das zu Verzweiflung und Selbstvorwürfen Anlass geben sollte, sondern die Chance für einen Neubeginn. Die für den rheinischen Kapitalismus typischen Karrieremodelle – entweder der systematische Aufstieg in einer Firma oder Job Hopping im 5-Jahres-Rhythmus – sind heutzutage selten geworden. In den Zeiten der Swindle Economics dominieren die Patchwork-Karrieren, der schnelle

Wechsel von Firma zu Firma, von Branche zu Branche, von Projekt zu Projekt. Lebenslange Beschäftigung im selben Unternehmen kommt bei den Managern im 21. Jahrhundert so selten vor wie ein korrekter Gewinnausweis in den Bilanzen ihrer Unternehmen.

Da die Firmen keine Rücksicht auf die Lebensplanung ihrer Führungskräfte mehr nehmen, verhalten die sich ebenso konsequent egoistisch. Sie engagieren sich nicht mehr für das Unternehmen und seine Produkte, sondern nur noch für sich selbst. Genau beobachten sie Wechsel in der Firmenstrategie wie im Vorstand, um so früh wie möglich Gefährdungen der eigenen Position wittern zu können. Sie wissen: Jeder Job gleicht einem Sandwich, mit einer Unter- und einer Oberseite. Der Druck kommt aus beiden Richtungen, und wer nicht zerquetscht werden will, muss entweder hart wie Beton oder beweglich wie Ketchup sein.

Äußerlich sollte man ruhig bleiben, die veränderte Lage scheinbar gelassen ertragen und selbst demütigende Befehle gehorsam hinnehmen. Insgeheim aber plant man längst den Gegenschlag. Man holt sich Rat bei einem versierten Arbeitsrechtler, sammelt Belege für die eigene Unschuld wie für die Fehler des Chefs, und wenn man Glück hat, dann entdeckt man vielleicht auch einige angreifbare Machenschaften. Ist man zu der Überzeugung gekommen, dass der Machtkampf verloren gegeben werden muss, geht es nur noch um die Höhe der Abfindung.

Hartgesottene Vorstände weichkochen

Da sich die Sieger damit brüsten wollen, den Kontrahenten preiswert losgeworden zu sein, werden sie sich bemühen, Gründe für eine fristlose Kündigung hervorzuzaubern. Schon deshalb ist es ratsam, sich während solcher kritischer Phasen absolut korrekt zu verhalten. Das gilt für Spesenabrechnungen ebenso wie für die Benutzung aller dem Betrieb gehörenden

Anlagen, vom Computer bis zum Dienstwagen. Arbeitsgerichtsprozesse können sich lange hinziehen, deshalb sollte man sie nach Möglichkeit vermeiden, auch wenn etwa 90 Prozent aller Verfahren mit einem Sieg der Arbeitnehmer enden. Damit die Firma aber bereit ist, einem gut dotierten Vergleich zuzustimmen, muss man ihr erst mal tüchtig einheizen. Respekt haben hartgesottene Vorstände vor

- der Vorladung wichtiger Kunden als Zeugen in einem Arbeitsgerichtsprozess: Kunden wollen nicht in innerbetriebliche Auseinandersetzungen hineingezogen werden und könnten auf die Idee kommen, die Beziehungen zu dieser Firma abzubrechen.
- dem Vorwurf der Untreue: Wer Beweise dafür hat, dass die Chefs sich auf Kosten der Firma ein flottes Leben gönnten, kann sie praktisch nach Belieben erpressen.
- der Denunziation bei den Aufsichtsbehörden: Fast in jeder Firma gibt es Mängel bei der Beachtung von Sicherheitsvorschriften, für die sich Berufsgenossenschaften oder auch das Amt für Arbeitsschutz interessieren – am wirkungsvollsten aber ist natürlich die Drohung mit dem Finanzamt, sofern Indizien auf Steuerschwindeleien hinweisen.
- der Information von Großaktionären und Aufsichtsräten: Die könnten, sofern sie über zweifelhafte Vorgänge im Unternehmen Bescheid wissen, dem Vorstand gehörig auf die Füße treten.
- Auftritten auf der Hauptversammlung: Schon eine einzige Aktie genügt, um das Rederecht zu bekommen. Kein Vorstand aber hat es gern, wenn gut informierte Mitarbeiter aus der Schule plaudern.

Wer dieses Instrumentarium richtig einsetzt, darf sich zwar möglicherweise mit einem goldenen Handschlag verabschieden, muss aber damit rechnen, dass er in seiner Branche keinen Fuß mehr in die Tür bekommt. Vorstände kennen und treffen sich, und bei solchen Gelegenheiten tauscht man gern seine Erfahrungen mit dem Nachwuchs aus. Das muss freilich kein Unglück sein, denn dem beweglichen Manager stehen in der chaotischen Unternehmenslandschaft der Gegenwart viele Türen offen.

Ist die Konkurrenz nicht an seinem Insiderwissen interessiert, kann er mithilfe eines Headhunters leicht die Branche wechseln, einen befristeten Job als Projektmanager antreten, sich mit seinem ersparten Geld in eine kleine Firma einkaufen oder sich selbstständig machen. Absolut verboten aber sind im Haifischbecken der Führungskräfte menschliche Gefühle wie Trauer, Melancholie oder gar Selbstzweifel.

Tödlich ist der Griff zur Flasche wie zur Psychopille, denn sonst landet man schnell als Karriereleiche im Niemandsland der Gescheiterten. Um die Verlierer kümmert sich mittlerweile eine ganze Branche von Entsorgern, vom individuellen Psychocoach bis zur wohlorganisierten Telefonseelsorge der Fairness-Stiftung in Frankfurt unter ihrem Vorsteher Norbert Copray. Die Opfer der Bürokriege erhalten dort Zuspruch, bis die seelischen Wunden verheilt sind und sie sich wieder frohen Mutes ins Getümmel der Karrieristen stürzen können.

Für die Mitarbeiter in den Betrieben aber ergibt sich das Problem, wie sie mit den seelischen Krüppeln in den Führungsetagen zurecht kommen sollen. Manager wollen mehr als gewöhnliche Menschen bewundert und gelobt werden. Sie haben sich ein Leben lang angestrengt, besser zu sein als ihre Mitmenschen, haben geackert, Prüfungen bestanden und sich an die Spitze vorgekämpft. Und nun müssen sie erfahren, dass die wirkliche Spitze in immer weitere Ferne rückt, dass ihnen niemand Trost und Liebe spendet, keiner ihre wahren Qualitäten erkennt.

Den Alphatieren im Betrieb sind sie devot zu Diensten, den Angestellten des Hauses gegenüber aber treten sie auf wie Herrscher von Gottes Gnaden. Doch ihre Lust am Führen und Gestalten endet kläglich vor der Gewerkschaftsmacht. Wer sich mit dem Volk anbiedert, hat es sich bald mit den Chefs verdorben, also hält man Distanz nach unten. Da in der Betrügerwirtschaft nur Zahlen zählen, werden diese eben wunschgemäß produziert. Der erfolgreiche Manager muss kein Gespür für Mitarbeiter haben, sondern nur wissen, wie man aus roter Tinte schwarze macht. Partnerschaft ist für ihn nur ein leeres Wort, und seine Fähigkeit zur Gestaltung erschöpft sich im Schönrechnen trostloser Zustände.

Die Belegschaften haben längst gelernt, wie das Spiel gespielt wird. Der Ego-Arbeiter von heute ist nicht mehr stolz darauf, bei Daimler, Bosch oder Krupp zu malochen; ihn interessiert nur das, was er am Monatsende auf dem Konto hat. Anstatt über Verbesserungsvorschläge nachzudenken wie ihre japanischen Kollegen, marschieren die deutschen Arbeiter nach Feierabend lieber in den Fortbildungskurs der IG Metall, um das Betriebsverfassungsgesetz zu studieren. Die aufgeklärten Werktätigen kennen ihre Rechte, verlangen Einsicht in ihre Personalakten und melden Übergriffe und Gesetzesverstöße des Managements sofort dem Betriebsrat. Mancher Betriebsratsvorsitzende ist deshalb mächtiger als der Vorstand, und so machen die Geführten den vielen kleinen Führern in den Betrieben das Leben zur Hölle.

So gern sie sich im Betrieb aus dem Weg gehen, so schnell treffen sich Führer und Geführte wieder, wenn der Laden endgültig dicht gemacht hat. Nicht auf dem Arbeitsamt, sondern im Seminar positiv denkender Erfolgstrainer versuchen sie sich Seit an Seit wieder fit zu trimmen für den Überlebenskampf in der Betrügerwirtschaft. Vom Tankwartslehrling über den Pharmareferenten bis hin zum gescheiterten Banker reicht die Zielgruppe der großen Motivatoren.

Große Klappe, nichts dahinter

Wenn es ein Phänomen gibt, das den Zustand der Wirtschaft deutlicher charakterisiert als der Börsencrash und die gefälschten Bilanzen, dann ist es der Erfolg von Leuten wie Jürgen Höller, Bodo Schäfer, Jörg Löhr oder Emile Ratelband.

Suchten die verführbaren Zeitgeister früher das Erweckungserlebnis in den Predigten eines Billy Graham oder die ewig währende Liebe beim Baghwan Rajneesh im indischen Poona, so wollen sie heute um beinahe jeden Preis das Geheimnis materiellen Erfolgs erkaufen.

Zehntausende ließen sich zu Preisen zwischen 100 und 1000 Euro auf den »Power Tagen« des gelernten Speditionskaufmanns Jürgen Höller wie in den Seminaren der übrigen Pseudo-Gurus mental aufrüsten. Erst als die Aktionäre aus ihrem Börsenwahn erwachten und die Firmen anfingen, sich ihrer überzähligen Kostgänger zu entledigen, verflüchtigte sich auch der Zauber der Motivatoren. Jürgen Höller zum Beispiel, der sich noch vor kurzem damit gebrüstet hatte, dass er 50 000 Mark am Tag verdiene und 20 Millionen im Jahr, musste für seine Aus- und Fortbildungsfirma Inline AG Insolvenz anmelden. Im Oktober 2002 wurde der selbsternannte Guru sogar verhaftet. Höller soll, so argwöhnt die Würzburger Staatsanwaltschaft, 900 000 Euro beiseite geschafft und den Konkurs verschleppt haben.

Nicht viel erfolgreicher agierte Deutschlands ebenfalls selbsternannter »Money Coach Nr. 1« Bodo Schäfer mit seiner Firma »Schäfer Finanzcoaching GmbH«, die im Juni 2000 zahlungsunfähig wurde. Trotz der offenkundigen Inkompetenz des Ex-Strukis, der einst beim übel beleumundeten HMI Versicherungspolicen und später bei NSA Wasserfilter und Vitamine verkaufte, fanden Schäfers Banal-Seller (»Endlich mehr verdienen«) Anklang beim Publikum. Ungeniert präsentierte sich der »Money-Münchhausen« – so die Münchner Diplom-Psychologin und Buchautorin Bärbel Schwertfeger (»Die Bluff-Gesellschaft«) – in den Medien mit geliehenem Rolls Royce und Lear Jet als Erfolgsmensch, obwohl er seinen Gläubigern 1,7 Millionen Mark schuldig blieb. Aber so wie die ertappten Bilanztrickser immer weiter machen, streuen auch die gescheiterten Erfolgsdarsteller ihre Plattitüden unverdrossen unters Volk.

Die Menschheit will offenbar betrogen werden, sonst gäbe es vermutlich die Betrügerwirtschaft nicht. Noch während die

Staatsanwaltschaft Würzburg gegen »Power Trainer« Höller wegen des Verdachts der Konkursverschleppung, der Untreue und des Betrugs ermittelte, war das Großmaul aus der fränkischen Provinz schon wieder unterwegs, diesmal mit der Formel »Misserfolge gehören zum Leben dazu«. Ob sie sich ihren Frust mit Emile Ratelbands Schlachtruf »Tsjakka, tsjakka, tsjakka!« aus dem Leib schreien, bei Höller mit bloßen Füßen über glühende Kohlen laufen, bei Jörg Löhr Begeisterung tanken oder beim Münchner Chip-Broker Erich J. Lejeune die Kraft in sich entdecken – die Seminarbesucher haben in jedem Fall nur einem mit Gewissheit zum Erfolg verholfen: dem Trainer. Während er sich mit dem Honorar von dannen macht und seine Macht über die Gläubigen genießt, erwartet die zahlenden Gäste nach dem Hochgefühl des inszenierten Größenwahns wieder der triste Alltag. Und hier gibt es weder »Wohlstand ohne Stress« (Bodo Schäfer), noch ist man »Forever young« (Ulrich Strunz), und auch »Sprenge deine Grenzen« (Jürgen Höller) fällt ein wenig schwer.

»Positives Denken macht krank«

Den ebenso platten wie austauschbaren Botschaften der Erfolgversprecher aber attestieren ernsthafte Psychologen verhängnisvolle Wirkungen. »Positives Denken macht krank«, behauptet zum Beispiel der Psychotherapeut Günter Scheich aus dem westfälischen Oelde, da den so konditionierten Opfern der Sinn für die Wirklichkeit abhanden kommt. Der Münchner Sozialpsychologe Heiner Keupp warnt vor einer »Patchwork-Identität«, dem aus fremden Versatzstücken zusammengestückelten Ich, und Colin Goldner, Leiter des Forums kritische Psychologie in München, diagnostiziert bei den auf Erfolg trainierten Durchschnittsmenschen erhebliche »Denk- und Wahrnehmungsdefizite«.

Blind für die Realität, besessen vom Streben nach Geld und kaum geplagt von Skrupeln, bildeten die aufgeputschten Erfolgsstreber keine geringe Gefahr für die Gesellschaft – wenn die Rezepte der Gurus tatsächlich funktionierten. Doch das Problem löst sich möglicherweise von selbst, da nicht nur die Schüler, sondern ebenso die Trainer allmählich in der Wirklichkeit ankommen. Neben den Pleitiers Höller und Schäfer schafften auch einige andere Heilsbringer nicht das, was sie wollten. Ratelbands Fernsehsendung wurde wegen schlechter Quoten abgesetzt, und Erich Lejeunes Brokerfirma CE Consumer Electronics entwickelte sich zu einem veritablen Börsenflop.

»Eine Branche, die die Welt nicht braucht, hat ausgedient«, folgerte der »Spiegel« und entdeckte einen neuen Trend auf dem Milliardenmarkt der beruflichen Weiterbbildung. Sustainability, auf deutsch: Nachhaltigkeit des erlernten Wissens, sei jetzt gefragt – wer hätte das gedacht! So werden sich die Pausenclowns des Seminarbetriebs verabschieden und ernsthafteren Erfolgspaukern Platz machen. Am Ende wird man in ihnen noch das kleinere Übel sehen müssen, denn es ist nicht auszudenken, wie die ohnehin schon ziemlich anstrengende Betrügerwirtschaft ihr Gesicht veränderte, wenn Hunderttausende wirklich gut geschulter Erfolgsstreber auf sie losgelassen werden. Eine Horrorvorstellung auch für jene Personalchefs, die ihre Firmen zu intrigenfreien Zonen erklärt haben – so etwas soll es ja hin und wieder mal geben.

So bietet die Betrügerwirtschaft den abhängig Beschäftigten einige reizvolle Perspektiven. Sie können getrost davon ausgehen, dass sie von ihren Chefs nur in Ausnahmefällen richtig informiert werden, und müssen sich deshalb selbst auf dem Laufenden halten. Es empfiehlt sich, die Unternehmenspolitik genau zu verfolgen, Bilanzen und Geschäftsberichte zu studieren, um deren Risiken und Nebenwirkungen auf den eigenen Job hin abzuklopfen. Im Kollegenkreis sollte man es tunlich vermeiden, potenziellen Gegnern Angriffspunkte zu liefern, da man ständig mit Attacken aufgeputschter Bürokrieger rechnen muss.

Zu trauen ist niemandem und nichts mehr, weder den Zusicherungen der Vorgesetzten noch den Ergebenheitsadressen seiner Mitarbeiter. Jeder ist sich in der Ego-AG selbst der Nächste, und Allianzen gelten nur so lange, bis das allen dienliche Ziel erreicht ist. Wer die Kriegslisten nicht beherrscht, wird auf der Strecke bleiben, denn in Zeiten der flachen Hierarchien schrumpft die Zahl der wirklich interessanten Jobs von Tag zu Tag. Die wenigen Sieger aber können mehr denn je zuvor verdienen, sofern sie stark genug sind, sich die Meute vom Hals zu halten. Die schöne neue Arbeitswelt ist geprägt vom Kampf und hat für die Solidarität der Genossen nur noch Verachtung übrig. Kein Wunder, dass sich immer mehr Mitarbeiter aus dem legalen Beschäftigungssystem verabschieden und abtauchen in die Schattenwirtschaft, wo der Konkurrenzdruck erträglich, die Arbeitsbedingungen human und die Verdienstmöglichkeiten enorm sind.

Das Multi-Job-Modell »Aldo«

Unser Freund Aldo beispielsweise arbeitet »bei der Gemeinde«. In einem kleinen norditalienischen Städtchen, malerisch an einem See gelegen, ist er für die Erteilung von Baugenehmigungen zuständig. Das heißt natürlich nicht, dass er im Alleingang darüber entscheiden kann, wer wo und wie bauen darf, aber als Leiter des Ufficio Tecnico hat er einigen Einfluss. Im Büro ist er nur selten anzutreffen. Wer ihn sprechen möchte, ruft ihn auf dem Handy an, denn er sitzt meistens in einer kleinen Espresso-Bar und schaut von der Piazza aus den Schwänen zu.

Pünktlich um neun Uhr betritt er für gewöhnlich den hässlichen Betonbunker, in dem die Gemeindeverwaltung untergebracht ist, erledigt schnell und zügig den dringendsten Schriftverkehr und ist spätestens gegen 10.30 Uhr wieder bei den Schwänen. Das heißt aber nicht, dass er dort tatenlos herumlungern würde, im Gegenteil: Jetzt beginnt sein Dienst erst richtig. Bis um zwölf Uhr telefoniert er pausenlos mit allen möglichen Antragstellern, Architekten, Bauleitern, aber auch mit seiner vorgesetzten Behörde von der Regionalverwaltung in Milano, dem Bürgermeister und einzelnen Gemeinderäten. Von hier aus steuert er sein kleines Reich, und niemand weiß so ganz genau, warum es in seiner Gemeinde so viele schöne Neubauten gibt, die sich mehr oder weniger harmonisch ins Landschaftsbild einfügen.

Zwischen zwölf und 14.00 Uhr ist Aldo grundsätzlich für niemanden zu sprechen, es sei denn, es handelt sich um einen wirklich wichtigen »Clienti«. Dass Aldo überall Kredit hat und nie Bargeld in der Tasche, wissen seine Freunde längst. Kein Wirt, kein Friseur und nicht einmal die Polizei wagt es, ihm eine Rechnung zu präsentieren. Nachmittags lässt er sich ab 16 Uhr wieder im Büro blicken, aber nur, um spätestens gegen 17.30 Uhr das Haus zu verlassen. Jetzt verwandelt sich Aldo blitzschnell vom Leiter des Stadtbauamtes in den freiberuflichen Architekten, der seinen Kunden erklärt, wie sie bauen müssen, damit er in seiner Eigenschaft als Leiter des Ufficio Tecnico die Genehmigung erteilen kann.

So hat Aldo also mindestens drei Jobs: einen bei der Gemeinde und zwei als Consigliere für Baufirmen und Architekten auf der einen, für private Bauherren auf der anderen Seite. Da alle drei wunderbar zusammenpassen, hat Aldo keinerlei Koordinationsprobleme und überdies ein Einkommen, um das ihn sogar der Bürgermeister beneidet. Wie viel er so nebenbei verdient, weiß niemand außer ihm und Carla, seiner Frau. Es reicht jedenfalls für ein sorgenfreies Leben der gehobenen Mittelklasse.

Aber Aldo ist kein Angeber. Er fährt keinen S-Klasse-Mercedes, den er sich locker leisten könnte, sondern einen Lancia, und auch seine Doppelhaushälfte erregt keinerlei Argwohn. Nur das Konto bei der Banco San Gottardo im nahen Lugano, jenseits der Schweizer Grenze, dürfte selbst manchen gestandenen Bauunternehmer in Erstaunen versetzen – sofern er je davon Kenntnis erhielte. Das Modell »Aldo« hat viele Nachahmer in Italien, und niemand wundert sich mehr über die offensichtlich so gut betuchten Azzuri, wenn sie in London,

Paris, München oder Berlin Suiten in den teuersten Hotels buchen und den Anbietern edler Uhren und hochkarätiger Juwelen zu stattlichen Umsätzen verhelfen. In Italien ist der Staat arm, aber seine Bürger sind es nicht. Bei uns ist es umgekehrt.

Nur im Schatten blüht das Geschäft

Während unser Freund jenseits des Brenners unbehelligt seinen Geschäften nachgehen kann, solange er sich an die Spielregeln hält und nicht zu ostentativ mit seinem Dreifacheinkommen protzt, leben Schwarzarbeiter in der deutschen Neidgesellschaft gefährlicher. Aufgestachelt von Wirtschaftsverbänden und Sozialkassen, inszenieren Arbeitsämter und Zollbehörden seit Jahren einen medienwirksamen Kampf gegen die Schattenwirtschaft. Fast 5000 Fahnder sind täglich im Einsatz, um auf den Baustellen der Nation illegal beschäftigte Portugiesen, Türken oder Afrikaner einzusammeln und abzuschieben. Doch die monumentale Drohgebärde des um seine Einnahmen bangenden sozial-fiskalischen Komplexes konnte nicht verhindern, dass sich auch in Deutschland die Schattenwirtschaft prächtig entwickelt.

An der Universität Linz in Österreich gibt es sogar einen Lehrstuhl, der sich hauptsächlich mit der Brutto- für Nettowirtschaft in allen ihren Schattierungen beschäftigt. Ordinarius Friedrich Schneider hält mittlerweile die Schattenwirtschaft für den dynamischsten Sektor im lethargischen deutschen Wirtschaftsgeschehen. Immer mehr Arbeiter, Angestellte und Selbstständige verabschieden sich nach den langjährigen Beobachtungen des Linzer Volkswirtschaftsprofessors vom Fiskus und den Sozialversicherungen, um den Lohn für ihre Tätigkeiten abzugsfrei verbuchen zu können. Nach Schneiders Berechnungen wurden im Jahr 2002 bereits 16,5 Prozent des Bruttosozialprodukts brutto für netto erwirtschaftet.

Zusammen bilden die deutschen Schwarzarbeiter einen

Konzern, der mit 360 Milliarden Euro mehr umsetzt als DaimlerChrysler und Volkswagen zusammen. Und er wächst auch schneller als der Rest der deutschen Wirtschaft. Legte das offiziell erwirtschaftete Bruttosozialprodukt 2002 nur kümmerliche 0,5 Prozent zu, so registrierte Professor Schneider bei den unversteuerten Einnahmen einen Zuwachs von sechs Prozent, für 2003 gar rechnete er mit einem Plus von sieben Prozent. Weil der Faktor Arbeit in Deutschland unverhältnismäßig hoch belastet wird mit Steuern und Sozialabgaben, sehen offenbar immer weniger Bürger einen Sinn darin, ihre Fähigkeiten und Kenntnisse auf dem offiziellen Arbeitsmarkt anzubieten.

Nach Schneiders Recherchen ist der Zusammenhang zwischen der Höhe der Lohnnebenkosten und dem Ausmaß der Schwarzarbeit in einer Volkswirtschaft evident. Überall da, wo sich der Staat zurückhält, wird wenig schwarz gearbeitet. So hat die Schattenwirtschaft in den USA nur einen bescheidenen Anteil von 8,7 Prozent des Bruttosozialprodukts, in Italien hingegen, der Heimat unseres Freundes Aldo, gehen mehr als ein Viertel aller Wirtschaftsleistungen steuer- und abgabenfrei über den Tisch. Deutschland zählt mit einem Anteil von 16,5 Prozent gleich nach den Spitzenreitern Italien und Spanien zu den Ländern mit der höchsten Schattenquote.

Da die Lohnnebenkosten hierzulande zwischen 80 und 100 Prozent des Nettolohns ausmachen, verteuert sich die menschliche Arbeit so sehr, dass immer weniger Kunden bereit sind, sie zu bezahlen. Die Arbeitsstunde eines Schreiners zum Beispiel kostet den Kunden etwa viermal so viel, wie der Geselle netto auf die Hand bekommt. Er muss also, um sich eine Stunde seiner eigenen Arbeit als Kunde leisten zu können, vier Stunden dafür arbeiten. Deshalb halten die Deutschen mit Vorliebe überall da, wo die Arbeit von Handwerkern oder anderen Dienstleistern benötigt wird, den Fiskus fern: Ganze Häuser werden mithilfe von Freunden und Bekannten schwarz gebaut oder renoviert, und überall finden sich freundliche Helfer, wenn es gilt, ein Auto preiswert zu reparieren, den Garten zu pflegen oder die Heizungsanlage wintertüchtig zu machen. Seit die Gewerkschaften die 35-Stunden-Woche erkämpft haben, fühlen sich viele Werktätige nicht nur im Schwabenland unzureichend ausgelastet. Nach Feierabend und am Wochenende bieten sie ihre Dienste feil, gleich ob es sich um Elektriker, Dachdecker oder Computerexperten handelt.

Sogar in den Amtsstuben der Nation gilt der steuerfreie Nebenerwerb beinahe als staatsbürgerliche Pflicht, und so verkaufen Deutschlands Beamte Lebensversicherungen und Bausparverträge, steuerbegünstigte Kapitalanlagen und mitunter auch ihren Rat beim Abfassen von Steuererklärungen. Ohne ihre Schwarzarbeiter kämen weder Baufirmen noch Gastronomiebetriebe, Taxiunternehmen und Schausteller über die Runden. Jeder versucht, so gut er kann, der Betrügerwirtschaft zu entkommen und wird deshalb zwangsläufig selber zum Betrüger. Die Politiker mögen noch so raffgierig sein, das Tarifkartell von Großindustrie und Gewerkschaften noch so wirtschaftsfeindlich – solange sie das Legalitätsprinzip verkörpern, ist jeder, der die gültigen Gesetze und Verordnungen zu unterlaufen trachtet, ein Krimineller.

Viele Häuser blieben ungebaut…

Dabei ist längst erwiesen, dass die Schattenwirtschaft so schädlich nicht ist, wie sie von den Vertretern des Staates und der Wirtschaftsverbände gern dargestellt wird. Denn der größte Teil der steuerfrei kassierten Beträge fließt nach den Erkenntnissen des Linzer Professors in den offiziellen Geldkreislauf zurück. Die Schwarzverdiener leisten sich teurere Autos, luxuriösere Urlaube und insgesamt einen höheren Lebensstandard, an dem der Fiskus schon über die Mehrwertsteuer partizipiert. Viele der schwarz erbrachten Leistungen, gibt Professor Schneider zu bedenken, würden höchstwahrscheinlich gar nicht in Anspruch genommen, wenn sie nur zu den offiziellen Kosten zu bekommen wären. Viele Wohnungen blieben unrenoviert, manche Häuser würden nie gebaut, Gärten würden verwildern, Babies blieben unbeaufsichtigt, und über eine Million Putzstellen blieben in deutschen Haushalten wohl unbesetzt, müssten die dienstbaren Geister ganz offiziell bezahlt werden.

Ohne die Schattenwirtschaft gäbe es zweifellos mehr Armut, mehr Arbeitslose und noch mehr Löcher in den Haushalten von Bund, Ländern und Gemeinden. Der Staat wäre also gut beraten, meint Schattenwirtschaftsprofessor Schneider, nicht allzu rigoros gegen die nützlichen Helfer, die nach dem BAT(Bar-auf-Tatze)-Tarif abrechnen, vorzugehen.

Tatsächlich richten sich die spektakulären Fahndungsaktionen von Arbeitsämtern und Zollbehörden vor allem gegen die organisierte Schwarzarbeit auf den Großbaustellen zwischen Füssen und Flensburg. Wenn Konzerne wie Hochtief, Bilfinger + Berger oder Strabag Autobahnen und Schienenstränge durch die Landschaft treiben oder Bürokomplexe und ganze Stadtteile hochziehen, dann erledigen sie nur noch die anspruchsvollsten Teile solcher Aufträge mit eigenen Leuten. Die Routinetätigkeiten werden im Wettbewerbsverfahren an so genannte Subunternehmer vergeben. Den Zuschlag bekommt, wer das niedrigste Gebot abgibt, und dem gnadenlosen Preiskampf sind die Subunternehmer nur gewachsen, wenn sie sich der billigsten Arbeitskräfte bedienen. So heuert der Subunternehmer weitere Subunternehmer an, die mit kopfstarken Trupps aus Portugal, Griechenland oder der Türkei anrücken. Macht dann der Zoll, von der im Bieterverfahren unterlegenen Firma informiert, auf der Baustelle eine Razzia, stößt er häufig auf jede Menge sprachunkundiger Ausländer ohne Ausweis, Arbeitserlaubnis und Sozialversicherungsnummer. Ihre Pässe wurden den Schwarzarbeitern von den Schleppern abgenommen, die sie über die Grenze brachten, und ihre Löhne betragen nur einen Bruchteil dessen, was ein deutscher Facharbeiter verdient. Doch die 1000 Euro, die sie vielleicht im Monat auf die Hand bekommen, sind immer noch mehr als das, was sie in ihrer Heimat verdienen können.

Sogar der Kanzler regiert im Schwarzbau

Auch die Öffentliche Hand macht, wie zahlreiche Untersuchungen ergeben haben, regen Gebrauch von den billigen Arbeitskräften ohne Steuernummer. Als bayerische Zollfahnder von der Sonderkommission »Formica« ihren Berliner Kollegen den Tipp gaben, sie möchten sich doch mal um die angesehene Baufirma Pegel & Sohn kümmern, da herrschte in der Hauptstadt Verwirrung. Pegel-Geschäftsführer Uwe Foitzik soll, so Erkenntnisse der Fahnder, an vier Großbauten des Bundes mindestens 500 illegal Beschäftigte unter- und dabei den Staat um mehr als 20 Millionen Euro gebracht haben. Bei den Schwarzbauten handelte es sich um den Reichstag, das Bundeskanzleramt, das Bundeswirtschaftsministerium und den Lehrter Bahnhof. Wir lernen: Der Staat will billig bauen, duldet aber keine Schwarzarbeit.

Die vielen medienwirksam inszenierten Razzien können nicht darüber hinwegtäuschen, dass der Schattenwirtschaft mit Gewalt nicht beizukommen ist. Statt weiter aufzurüsten und findige Bürger, die dem Diktat von Bürokratie und Tarifkartellen entkommen wollen, zu kriminalisieren, sollte das Problem der Schwarzarbeit an der Wurzel gepackt werden. Erst wenn es sich wieder lohnt, offiziell zu arbeiten, werden die Schwarzarbeiter ihr Gewerbe anmelden. Erst wenn die Lohnnebenkosten sinken und die bürokratischen Zäune, die die einzelnen Berufsverbände um ihre Reviere errichtet haben, wegfallen, wird die legale Wirtschaft wieder attraktiv und die Dunkelzone verschwinden. Bis dahin bildet die Schattenwirtschaft das dynamische Gegenstück zur siechen Betrüger-Ökonomie. Die eine ist kriminalisiert, die andere wirklich kriminell, amoralisch aber sind sie beide.

7 Der betrogene König

Niemand hat unter der Betrügerwirtschaft so zu leiden wie jenes seltsame Wesen, um das sich der ganze Zirkus dreht. Mal wird es höflich als Kunde angesprochen, gar zum König befördert, häufiger allerdings einfach abgewickelt. Ob das Fabelwesen eine Kneipe ansteuert, um sich an Speis und Trank zu laben, ob es sich an der Supermarktkasse anstellt, als Patient den Schnupfen oder Schlimmeres kurieren, per Flugzeug, Auto oder Bahn die Welt erkunden möchte, ob es mittels Telefon oder Internet kommuniziert, ein festes Dach über dem Kopf anstrebt, den Fernseher reparieren lässt, schließlich gar sein Geld zur Bank trägt – zuverlässig kann es damit rechnen, um Hab und Gut gebracht zu werden.

Am Verbraucher halten sich alle schadlos; er muss die Gewinne der Deutschen Bank erarbeiten, Herrn Schrempp von DaimlerChrysler das Salär bezahlen und nebenbei das Bruttosozialprodukt erwirtschaften. Damit er seiner Aufgabe gerecht werden kann, darf der Verbraucher natürlich auch ein bisschen was verdienen. Dann ist er entweder Unter- oder Arbeitnehmer und muss den Verbraucher in sich selbst bescheißen. Normalerweise aber besorgen das die anderen sehr viel besser.

Wie korrekt sich die Anbieter verhalten, war bei der letzten Währungsreform schön zu beobachten. Obwohl das Statistische Bundesamt darauf beharrt, dass die Umstellung von der D-Mark auf den Euro keinen Preisschub ausgelöst habe, waren sich Deutschlands Verbraucher ausnahmsweise mal einig. Als sogar die »Bild«-Zeitung den »gierigsten Euro-Abzockern« einen hauseigenen Teuro-Sheriff auf den Hals hetzte, gestand die Regierung immerhin eine »gefühlte Teuerung« ein. Das Gefühl hat die geschröpften Verbraucher wohl kaum getrogen. Wenn ein Pullover, ein Paar Schuhe oder auch nur die Maß Bier auf dem Münchner Oktoberfest heute in Euro so viel kosten wie noch vor kurzer Zeit in D-Mark, dann müssen unsere Statistiker schon die höhere Mathematik bemühen, um den saftigen Preisaufschlag, den die Betrügerwirtschaft den Verbrauchern abverlangt, klein zu rechnen.

Wie heutzutage kalkuliert wird, zeigt sich deutlich am Beispiel des wohl elementarsten Produkts: des Wassers. Das unverzichtbare Lebenselixier wird in der Gastronomie, wenn nicht als Bier, Wein, Cola oder Fruchtsaft, hauptsächlich als Mineral- oder Tafelwasser ausgeschenkt. Eine 0,7-Liter-Flasche San Pellegrino zum Beispiel kostet heutzutage in der gehobenen Gastronomie zwischen sechs und sieben Euro und damit so viel wie eine gute Flasche Wein im Supermarkt. In Italien aber kauften wir die doppelte Menge, also 1,5 Liter, in der PET-Kunststoffflasche für 0,6 Euro ein. Die Restaurants kalkulieren also mit einem Aufschlag von 2000 Prozent auf den Einstandspreis in der Eurozone für Kleinabnehmer.

Kalkuliert wird mit 400 000 Prozent

Damit verhalten sie sich jedoch noch ausgesprochen verbraucherfreundlich, denn wenn sie statt des modischen Pellegrino-Labels schlichtes Tafelwasser verkaufen, können sie noch ganz anders zulangen. Nach dem Gesetz (Paragraph 11 der so genannten Mineral- und Tafelwasserverordnung aus dem Hotel- und Gaststättenrecht) dürfen sie gewöhnliches Trinkwasser aus der Leitung zapfen und es, vielleicht mit ein wenig Kohlensäure angereichert, als Tafelwasser verkaufen. Da der Kubikmeter selbst in einer teuren Stadt wie München nur 1,23 Euro kostet, errechnet sich ein Literpreis von 0,00123 Euro oder 0,123 Cent. Kaum ein Gast aber bestellt gleich einen ganzen Liter, sondern gibt sich mit einem Glas von üblicherweise

0,4 Liter zufrieden, und das stellt ihm der Wirt zu Preisen zwischen zwei und drei Euro auf den Tisch. Bezogen auf den Grundpreis von 0,123 Cent pro Liter, ergibt das einen Aufschlag von wenigstens 400 000 Prozent. Wer will da noch meckern, wenn Parkhäuser, Fitness-Center, Reinigungen, Friseure, Sparkassen oder Verkehrsbetriebe läppische 30 bis 60 Prozent auf den alten DM-Preis draufschlagen?

Noch teurer ist das Wasser nur, wenn es, schnittfest gemacht, Kochschinken oder Geflügelfleisch beschwert. Zwar ist der Trick mit den Wasserinjektionen schon so alt, dass er dem Prüfer vom Gesundheitsamt nur noch ein müdes Lächeln abnötigt. Die Fleischpanscher unserer Tage aber wissen ganz genau, dass das Lebensmittelgesetz ein bestimmtes Verhältnis zwischen (nahrhaften) Eiweißbestandteilen und Wasser vorschreibt. Deshalb injizieren sie einem Brathähnchen nicht einfach Leitungswasser, sondern eine Lösung aus Salzwasser und Gelatine, einem billigen Eiweißträger, der aus Schwarten und Knochen hergestellt wird. So bleibt das vom Gesetz vorgeschriebene Mischverhältnis erhalten, doch das Gewicht hat kräftig zugelegt und damit auch der Preis, den der Kunde zu bezahlen hat.

Bei einer Hähnchenbrust mag es sich um Cent-Beträge handeln, die auf diese Weise ergaunert werden; hochgerechnet auf den Fleischverbrauch der Nation aber ergeben sich Milliardengewinne. Dass derlei Manipulationen bei Schinken, Fleisch und Geflügel keine Seltenheit sind, weiß man im Verbraucherschutzministerium schon seit langem. Zuerst kam das chemische Untersuchungsamt in Hamm dem Schwindel auf die Spur, als bei mehr als der Hälfte von 83 Schinkenproben ein zu hoher »Fremdwasseranteil« festgestellt wurde. Kurz danach meldete Bielefeld hohe Wasserstände auch bei Hähnchen, und schließlich berichtete der »Spiegel« von Ermittlungen gegen 19 Lieferanten aus Nordrhein-Westfalen, Thüringen, Niedersachsen, Berlin und Bayern. Da der Nachweis der Panscherei nur mithilfe aufwendiger Analysen gelingt, darf man getrost davon ausgehen, dass Fleisch und Geflügel aus der Massenproduktion nicht nur den Hunger, sondern auch den Durst löschen.

Der Etikettenschwindel gehört zum Geschäft, und er macht auch nicht vor Öko- und Bio-Waren halt, die auf dem Lebensmittelmarkt in den letzten Jahren die höchsten Zuwachsraten erzielten. Am Gesundheitsfimmel der Deutschen aber stößt sich längst die Lebensmittelindustrie gesund. Da die Verbraucher bereit sind, für Gesundes mehr zu zahlen, wimmelt es in den Lebensmittelabteilungen der Supermärkte nur so von Öko- und Bio-Labels. Auf den Eierschachteln prangen beispielsweise stilisierte Bauernhöfe, idyllische Landschaften oder glückliche Hühner, auch wenn der Inhalt aus Legefabriken stammt, in denen geschundene Kreaturen bei Kunstlicht vor sich hindämmern, mit Billignahrung und Pharmazeutika notdürftig am Leben gehalten.

Als die Verbraucherzentrale Bundesverband (VZBV) gegen den Rewe-Konzern wegen offensichtlicher Verbrauchertäuschung klagte, gab ihr das Landgericht Wiesbaden nur zum Teil Recht. Zwar musste der Handelskonzern die Angaben auf der Innenseite seiner Eierpackungen ändern, doch außen durfte er weiter mit der Abbildung eines Fachwerkbauernhofes in ländlicher Idylle werben. Wie dem Ei die »artgerechte Bodenhaltung«, hilft dem toten Huhn der Hinweis auf die Herkunft von »ausgesuchten Bauernhöfen« oder aus »Landkornfütterung« zum Premiumpreis über den Tresen. Jedes fünfte Etikett enthält unrichtige oder unvollständige Angaben über Herkunft und Aufzucht des Mastgeflügels, stellten Mitarbeiter der hessischen Verbraucherzentrale nach Stichproben in 120 Einzelhandelsgeschäften von 44 Städten fest.

Dass auch dem aus Ökogetreide gewonnenen Mehl nicht immer zu trauen ist, bewies der Nitrofen-Skandal zur Genüge. Der mit dem hochgiftigen Unkrautvernichtungsmittel Nitrofen verseuchte Weizen stammte von der niedersächsischen Handelsgenossenschaft GS Agri aus Schneiderkrug bei Cloppenburg und wurde hauptsächlich als Tierfutter verkauft.

Nicht der Gesundheit, aber dem Geldbeutel der Verbraucher abträglich waren dagegen die 29 000 Tonnen gewöhnliches Getreide, die von der Berliner Firma Euro-Biokorn als angeblich hochwertige Ware aus »kontrolliert ökologischem Anbau« mit einem Gewinn von mehr als fünf Millionen Mark verhökert wurden. Als mutmaßlichen Drahtzieher des Ökoschwindels identifizierte die Trierer Staatsanwaltschaft den mehrfach vorbestraften Großbetrüger Hans-Ernst Bastian, der sich für die Abwicklung des Geschäfts der Firma seines Schwagers bediente.

Auch wenn Bastian vom Bad Kreuznacher Landgericht verurteilt wurde, hält sich das Risiko für die Betrüger in der Lebensmittelbranche in Grenzen, obwohl sie mit ihren Geschäften Gesundheit und Leben der Verbraucher gefährden. So kommt die Firma GS Agri als Verursacher des Nitrofen-Skandals wohl mit einem Bußgeld davon, und auch die Schuldigen an der BSE-Krise haben nicht viel zu befürchten. Die meisten Verfahren gegen die Importeure des von lebensbedrohlichen Krankheitserregern befallenen Rindfleisches wie gegen die Labors, die zehntausende fehlerhafte Tests zu verantworten haben, wurden inzwischen eingestellt.

Nur der Fatalist lebt glücklich weiter

Wo hohe Gewinne winken und geringe Strafen kaum schrecken, hat der Verbraucher schlechte Karten. So wird weiterhin Tiermehl an Rinder verfüttert, kommt aufgetautes Fleisch als Frischware in den Handel, werden Kälber und Schweine mit gesundheitsschädlichen Hormonen aufgepäppelt. Die Gaunereien werden meistens nur durch Zufall entdeckt, etwa wenn ein Zollbeamter an der deutsch-holländischen Grenze mal etwas genauer hinschaut.

Im Mai 2002 blieben rund 7500 mit dem gesundheitsschädlichen Hormon MPA (Metroxy-Progesteron-Acetat) belastete Schweine aus den Niederlanden im Netz der Zollfahnder hängen. Als Verursacher identifizierten die Gesundheitsbehörden die Firma »Bioland Sugars« im belgischen Arendonk, die dem Futter für die holländischen Schweine einen hormonverseuchten Glukosesirup beigemischt hatten. Als drei Prüfer der Europäischen Union nach den Ursachen der vielen Lebensmittelskandale forschten, entdeckten sie auch in deutschen Ställen »schwerwiegende Mängel und lasche Kontrollen«.

Schweinemäster und Hühnerbarone arbeiten oft Hand in Hand, um aus dem Schlachtvieh mit geringstmöglichem Aufwand maximalen Ertrag herauszuholen. Der Kunde muss also, wenn er die Regale des Lebensmittelhandels durchstreift, mit allem rechnen. Weder in der Gaststätte noch in der Kantine, weder im Feinschmeckerparadies noch im Supermarkt ist er außer Gefahr. Die Fälscher und Panscher haben es zwar nur auf sein Geld, nicht auf sein Leben abgesehen, doch dessen Beeinträchtigung nehmen sie, wie ein Staatsanwalt es ausdrückte, »billigend in Kauf«. In Cornflakes, Kartoffelchips, Pommes frites oder manchen Brotsorten lauert zum Beispiel das krebsauslösende Acrylamid auf Opfer, und kein Hersteller hielt es bisher für angebracht, auf seinen Packungen vor reichlichem Verzehr zu warnen.

Da kein Mensch in der Lage ist, Qualität und Preis der benötigten Lebensmittel ständig zu kontrollieren, bleibt nur der Einkauf bei zuverlässigen Quellen. Weder sind preiswerte Lebensmittel immer schädlich, noch sind teure immer ungefährlich. Da keinem Etikett zu trauen ist, lässt sich der verwirrte Kunde beim Einkauf von Gaumen und Geldbeutel leiten. Aber im Dickicht der Betrügerwirtschaft liefern weder Gefühl noch Verstand verlässliche Daten, nur der Fatalist lebt glücklich weiter.

Beistand erhalten gesundheitsbewusste Verbraucher neuerdings vom ehemaligen Greenpeace-Chef Thilo Bode, der nach dem Umwelt- jetzt den Konsumentenschutz entdeckt hat. Mit seiner Nonprofit-Organisation »Foodwatch« will er für verträgliche Lebensmittel sorgen und dafür »auch den Gang vor die Gerichte nicht scheuen«. Bode: »Die Verbraucher haben es satt, dass ihre Gesundheit auf dem Altar wirtschaftlicher Interessen und politischer Ignoranz geopfert wird.«

Die Herrschaft der Verweigerer

Als die Angst vor dem Rinderwahnsinn das Land heimsuchte, schien sich aus der trägen Masse der Verbraucher plötzlich ein schlagkräftiges Heer zu formieren. Wie auf Kommando ließen selbst notorische Fleischfresser Rinderkeulen und Hüftsteaks, Schulterstücke und Filetspitzen links liegen und zwangen damit binnen weniger Wochen die gesamte Rindfleischbranche in die Knie. Feinste Filetsteaks waren plötzlich zum Preis eines Suppenknochens zu haben, und an den Fleischtheken der Nation wurden die Kunden hofiert wie nie zuvor. Die von Panik diktierte Abstinenz aber hielt nicht lange vor. Kaum verschwanden die BSE-Berichte aus den Medien, war es vorbei mit der Herrschaft der Verweigerer. Die Fleischbranche ging gestärkt aus dem Debakel hervor, und das Kilo Rinderfilet kostet jetzt in Euro so viel wie zuvor in Mark.

Da er weder mit der Vernunft noch mit der Einigkeit seiner 80 Millionen Standeskollegen rechnen kann, muss der clevere Konsument seinen Weg durchs Angebot der Betrügerwirtschaft selber finden. Zwar gibt eine übermächtige Bürokratie vor, sich fürsorglich um seinen Schutz zu kümmern, doch im Ernstfall schützt der Verbraucherschutz allenfalls die Anbieter vor dem Verbraucher.

Nachdem steinzeitliche Relikte wie das Rabatt- und das Ladenschlussgesetz ad acta gelegt wurden, gibt es noch genug Paragraphen, die den Konsumenten an der Entfaltung seiner Fähigkeiten hindern. Da ist zum Beispiel das schöne Gesetz gegen den unlauteren Wettbewerb aus dem Jahr 1909. Es soll irreführende Werbung ebenso verhindern wie ruinöse Preiskämpfe, Verrat von Geschäftsgeheimnissen oder die Verleumdung von Konkurrenten. Die durchaus lobenswerte Absicht des Gesetzes aber verkehrt sich ins Gegenteil, wenn es so ausgelegt wird, dass es nicht nur den unlauteren, sondern jeden Wettbewerb verhindert.

Schön war das während der Währungsumstellung zu beobachten, als der Bekleidungsfilialist C & A Brenninkmeyer allen Kunden, die den Euro-Betrag bargeldlos entrichteten, einen Rabatt von 20 Prozent einräumte. Prompt erblickte das Landgericht Köln einen Verstoß gegen Paragraph 7 UWG. Trotz der Androhung von Geldbußen in Millionenhöhe setzten die Brenninkmeyers ihre Aktion fort und entfachten damit eine lebhafte Diskussion über Sinn und Unsinn solcher Gesetze.

Gefährliche Datensammler

Tatsächlich schützt das UWG vor allem die schwächeren Anbieter vor den stärkeren, aber es entmündigt den Verbraucher, der heutzutage sehr wohl Preise und Leistungen miteinander vergleichen kann. Das Handeln allerdings, seit Abschaffung des Rabattgesetzes erste Konsumentenpflicht, ist seine Sache nicht. Nach dem ersten Jahr Rabattfreiheit lässt die Ausweitung der Kampfzone noch immer auf sich warten. Aus stocksteifen Germanen werden wohl erst nach Jahrzehnten der Zuwanderung geschmeidige Levantiner.

Typisch für das Verhalten preisbewusster Konsumenten ist unser Freund Max. Als Vertriebsleiter eines größeren milchverarbeitenden Nahrungsmittelherstellers erhielt er eines Tages Post von der Karstadt-Quelle AG: »Wir bitten Sie um einen Beitrag zur Verwirklichung des geschilderten Ziels (Expansion). Unsere jeweiligen Konzernunternehmen werden deshalb ab Wareneingang 15. August 2001 eine zusätzliche Bonifizierung zur Sicherung unseres gemeinsamen Wachstums in Höhe von 2,5 Prozent des Rechnungsbetrages für Wareneingänge in Abzug bringen.« Auf Deutsch: Karstadt kürzte ab sofort jede Rechnung um 2,5 Prozent.

Als Vertriebsleiter musste Max gute Mine zum bösen Spiel machen, als Karstadt-Kunde musste er das nicht. Also kopierte er das Schreiben, erhöhte den Rabatt auf fünf Prozent und schickte es an die Geschäftsleitung des örtlichen Karstadt-Hauses mit der Bitte um schriftliche Bestätigung. Die bekam er natürlich ebenso wenig wie den gewünschten Rabatt, doch Max schaffte es immer wieder, für Verwirrung an der Kasse zu sorgen, wenn er beim Bezahlen seinen Schrieb herauszog und auf einem Nachlass bestand.

Viel besser als die Kunden nutzten die Anbieter den Fall des Rabattgesetzes. In immer größerer Zahl gewähren sie Scheinrabatte, um dafür ans Allerheiligste der Kunden zu gelangen: ihr Kundenprofil. Beinahe jeder zweite Konsument ließ sich bereits eine oder mehrere so genannter Kundenkarten andrehen, mit denen er scheinbar günstig und bargeldlos Heringe einkaufen, telefonieren, Flüge buchen oder auch Autos mieten kann. Doch die bunten Plastikkärtchen, eine moderne Form der alten Rabattmarken, sind nichts anderes als Spione im Dienste seiner Majestät, des Anbieters. Jedes Mal, wenn ein Kunde die Karte zückt, registriert der Kassencomputer nicht nur die Höhe des Rechnungsbetrags, sondern auch Ort, Zeit und Art des Einkaufs. Diese Daten werden gesammelt, mit allen anderen Daten, die der Kunde hinterlässt, verknüpft und zu immer umfangreicheren Käuferdateien verdichtet. Und je mehr Anbieter sich auf eine gemeinsame Karte verständigen, desto perfekter gelingen die Kundenprofile. Das Karstadt-Marketing weiß dann nicht nur ganz genau, welche Unterwäsche eine bestimmte Kundin bevorzugt, sondern auch, wie oft sie nach Hamburg fliegt und wie hoch ihre monatliche Telefonrechnung ist – sofern der Handelskonzern mit der Telekom und der Lufthansa eine gemeinsame Karte herausgibt. Die zwei bis drei Prozent Rabatt, die die Kunden, die mit Karte zahlen, ohne Preisverhandlung anstandslos bekommen, haben sich allein schon durch den Zugriff auf seine Einkaufsgewohnheiten bezahlt gemacht, ganz abgesehen davon, dass man sie natürlich längst in den Verkaufspreis einkalkuliert hat.

Der gläserne Kunde ist keine Utopie, sondern ein lukratives Geschäft für Adressenhändler wie die Schober Information Group aus dem schwäbischen Ditzingen. Nahezu jeder erwachsene Deutsche hat seine Spur in Schobers Datenspeicher hinterlassen, und der verkauft sie für gutes Geld an Versandhäuser und andere Direktvermarkter. Eine Adressenliste mit den über 800 000 gespeicherten Heimwerkern etwa ist für rund 120 000 Euro zu haben. Zusatzinformationen, etwa über besondere Vorlieben, kosten extra.

Mit Schober verbunden ist die Pforzheimer Unternehmensberatung Informa, die es sich zur Aufgabe gemacht hat, aus einfachen Kundendaten komplexe Konsumentenprofile zu mixen. Trotz des strikten Datenschutzes in Deutschland floriert der Handel mit vertraulichen Informationen prächtig. Neben der Schufa in Wiesbaden, die Daten über die Kreditwürdigkeit nahezu sämtlicher Bank- und Sparkassenkunden sammelt, privaten Auskunfteien wie die Vereinte Creditreform in Neuss und Adressverlagen wie Schober haben sich auf dem Datenmarkt Spezialisten eingenistet, die George Orwells Big Brother ziemlich alt aussehen lassen.

Die Heidelberger Niederlassung des Software-Herstellers SAS Institute aus Cary in North Carolina zum Beispiel betreibt das »Data Mining«. Gemeint ist die systematische Suche nach verborgenen Schätzen im Ozean der Kundeninformationen. Kreditkartengesellschaften etwa setzen SAS auf Leute an, die ihre Plastikkarte zur Geldwäsche benutzen oder Großeinkäufe mit leerem Bankkonto tätigen. Mit der Software des Heidelberger Instituts aber lassen sich auch die paar tausend potenziellen Abnehmer von Daimlers Luxuskarosse Maybach herausfiltern mitsamt ihren Vermögens- und Einkommensdaten, Konsumgewohnheiten und sonstigen Neigungen, sodass die Stuttgarter Autoverkäufer jeden einzelnen Kunden individuell ansprechen können.

So wie das Bundeskriminalamt in einer Rasterfahndung auch noch den diskretesten Terroristen auf die Spur kommt, können auch die kommerziellen Datendetektive von jedem Konsumenten ein wirklichkeitsgetreues Bild anfertigen – alles mit dem Ziel, ihm mehr zu verkaufen, als er eigentlich benötigt. Sogar noch aus den Meckerern haben die Datenhändler ein Geschäft gemacht. Die Münchner Firma Vocatus zum Beispiel sammelt systematisch Kundenbeschwerden und leitet sie für gutes Geld an die Hersteller weiter. Wem in der Kneipe ein zu warmes Bier serviert wurde, der kann seinem Ärger über die Internetadresse Vocatus.de ebenso Luft machen wie der Besitzer eines 7er-BMWs, der mit dem i-Drive nicht klar kommt. Für seine Auftraggeber aus der Industrie fertigt der Beschwerdesammler auch schon Schwächen- und Stärkeprofile an und weiß Verbesserungsvorschläge.

Gewitzte Kunden machen sich die Datensammelei der Anbieter auf vielfältige Weise zunutze. Wer beispielsweise der Bonner Werbe-Community mit der Internetadresse Promio.net beitritt, der erhält für die Vermarktung seiner persönlichen Daten Geld. Anders als die Adressverlage geben die Bonner einen Teil der Einnahmen, die sie von den Anbietern fürs Adressenmaterial kassieren, an ihre Mitglieder weiter. Zwischen zehn und 30 Cent bringt eine Internetwerbeaktion oder eine Postwurfsendung. Außerdem können die Mitglieder selbst bestimmen, von wem sie Werbesendungen bekommen wollen und von wem nicht.

Uhren im Januar, Pelze im März

Schutz gegen den Werbemüll der Direktvermarkter bieten auch die so genannten Robinson-Listen des Adresshändlers Schober, in die man sich per E-Mail (www.erobinson.de), Fax oder SMS eintragen lassen kann. Den virtuellen Kummerkasten Vocatus hingegen nutzen Kunden, um ihren Frust über schlechten Service oder miese Produktqualität abzuladen. Mithilfe von Freundeskreisen treten sie ganze Beschwerdelawinen gegen einzelne Anbieter los und sorgen so für Stress in den Vertriebsabteilungen.

Die meisten Smart-Shopper aber streifen so diskret wie möglich durch die Läden und achten penibel darauf, keine verwertbaren Spuren zu hinterlassen. Muss ein Teil bestellt oder verändert werden, hinterlässt man einen Alias-Namen, und bezahlt wird grundsätzlich cash. Wer Bares in der Tasche hat, ist in der besseren Verhandlungsposition. Bei größeren Anschaffungen lassen sich locker Rabatte herausschlagen, die ein Vielfaches der läppischen zwei bis drei Prozent einer Kundenkarte ausmachen.

Der Ego-Kunde kennt die tausenderlei Verkaufstricks des Handels, umgeht die Luxusfallen und prüft streng das Preis-Leistungsverhältnis. Bei Markenartikeln kontrolliert er stets die Packungsgrößen. Er weiß, dass manche Hersteller Produkte wie Handcreme, Kaffee und Körperlotion in immer kleineren Portionen ins Regal stellen, aber die Preise auf gleicher Höhe halten. Ein Ärgernis der besonderen Art ist die systematische »Unterfüllung« von Verpackungen. Bei jedem zehnten von 27 473 kontrollierten Produkten entdeckten die deutschen Landes-Mess- und Eichämter Fehlmengen. »Viele Unternehmen kassieren die Verbraucher ab, indem sie die Verpackungen nicht ordnungsgemäß befüllen«, klagte Edda Müller von der Verbraucherzentrale Bundesverband (vzbv) im November 2002. Teure Luft wurde in den Packungen von Waschpulvern und Kosmetika ebenso entdeckt wie bei Arznei- und Lebensmitteln. Der Schokoladehersteller Lindt & Sprüngli zum Beispiel musste 33 000 Euro Geldbuße dafür bezahlen, dass in seinen Geschenkdosen »1001 Weihnachtsträume« rund 30 Prozent zu wenig Süßes steckte. Harsch reagiert der wachsame Konsument auch auf die systematische Verschlechterung mancher Artikel des täglichen Bedarfs, vom Klopapier bis zur Küchenfolie, und holt sich, der Werbung zum Trotz, lieber gleich die preiswerte Handelsmarke bei Aldi oder Schlecker. Die No-Name-Produkte, das hat er längst gelernt, stammen oft aus denselben Fabriken wie die Teuermarken. Bevor er sein Geld herausrückt, sondiert er die Marktlage und orientiert sich stets am jeweils günstigsten Angebot. Saisonartikel kauft er grundsätzlich antizyklisch, Schmuck und Uhren zum Beispiel nach Weihnachten, Lederwaren und Pelze im März, Wintersportartikel im April und Mai, Sommersachen im September. So zahlt er nie zu viel und bekommt einen einigermaßen vernünftigen Gegenwert für sein Geld.

Wichtigste Voraussetzung für das Überleben in der Betrügerwirtschaft aber ist die Resistenz gegenüber den Verführungskünsten der Anbieter. Konsequent zappt der Konsument Werbespots beim Fernsehen weg, überblättert Anzeigenseiten und wirft Prospekte und Werbebroschüren in den Müll, ohne einen Blick darauf geworfen zu haben. Denn er weiß, der ganze Aufwand dient nur dazu, ihm das Geld aus der Tasche zu ziehen. Der aufgeklärte Kunde kauft grundsätzlich nur das, was er wirklich benötigt, und hält sich strikt an seinen Einkaufszettel. Spontankäufe verbietet er sich so konsequent wie ein Mönch des Trappistenordens die Völlerei. Dabei ist er keineswegs ein Geizkragen, sondern eher ein Sportstyp, der die Täuschungsversuche der Anbieter als intellektuelle Herausforderung begreift.

Schnäppchen, die keine sind

Seit dieser Typ in immer größerer Zahl durch die Innenstädte streicht und der Handel über das »Preisbewusstsein« wachsender Käuferschichten lamentiert, lohnt sich das Rechnen bei scheinbar günstigen Offerten noch mehr. Statt mit Glanz und Gloria wie zu Zeiten des Börsenbooms, werben die Bauernfänger von Industrie und Handel jetzt mit Schnäppchen, die keine sind. Vorsicht ist immer angebracht, wenn irgendwo Fantasiepreise annonciert werden. Wenn ein Ladenhüter weg muss, dann verhökert man ihm zum Purzelpreis, Partnerschaftspreis, Gute-Laune-Preis, Zauberpreis, Alles-raus-Preis, und die ganze Preiserei gilt dann oft auch nur »solange Vorrat reicht« oder »bis Freitagmittag 12.00 Uhr«. Selbst dann, wenn es sich wirklich um außergewöhnlich günstige Offerten handelt, stecken sie voller Tücken. Der Kunde soll in den Laden gelockt und dort zum Kauf normal kalkulierter Artikel veranlasst werden. Ausverkaufszeiten lassen den Smart-Shopper cool, denn er weiß, dass jetzt nur noch Ramsch verhökert wird.

Das auf List und Täuschung aufgebaute Hochpreissystem des deutschen Einzelhandels unterläuft er systematisch durch Einkäufe im Factory Outlet oder direkt beim Hersteller. Klamotten gibt es bei Boss in Metzingen, bei Windsor in Bielefeld, bei Bogner in Heimstetten bei München beinahe zum EK. Tafelbesteck und anderes Haushaltsgerät ist bei WMF im badenwürttembergischen Geislingen im Direktverkauf wohlfeil, und preiswerte Ski holt man sich günstig bei Völkl in Straubing ab. Der weltgewandte Shopper kennt natürlich sämtliche internationalen Schnäppchenführer und auch die oft erstaunlich preiswerten US-Versandhändler, von L.L.Bean bis Lands End. Globalisierung ist für ihn kein Wort des Schreckens, sondern eine Chance zum preisgünstigen Einkauf. Was die Teilebeschaffer von Daimler, VW oder Siemens können, das kann er schon lange. So durchforstet er das Internet ständig nach den günstigsten Quellen für Markenartikel, über deren Beschaffenheit er sich keine Gedanken machen muss. Digitalkameras, Computer und anderes elektronisches Spielzeug findet er dort zu Preisen, die ihm kein einheimischer Händler gewährt. Bei den Autos hat er es sich längst abgewöhnt, etwas auf die entsprechenden »Testberichte« deutscher Fachzeitschriften zu geben, stattdessen interessieren ihn die Pannenstatistiken von TÜV und ADAC. So verschmäht er grundsätzlich jedes neue Modell, da die ersten Kunden vom Hersteller für gewöhnlich als Testfahrer missbraucht werden. Erst wenn das Gerät mindestens zwei Jahre lang produziert wird, kann man von einer anständigen Qualität ausgehen.

Natürlich kauft er nie ein Auto zum empfohlenen Richtpreis, sondern feilscht mit dem Händler auf Biegen und Brechen. Unter zehn Prozent Nachlass geht bei ihm gar nichts, notfalls holt er sich die Kiste bei einem Reimporteur, denn fast überall im Ausland sind auch deutsche Autos billiger als auf dem heimischen Markt. Wohnt er in einer grenznahen Region, dann lässt er bei den Nachbarn sein Vehikel auch reparieren, denn die Stundensätze der deutschen Werkstätten sind in Europa einsame Spitze – im Gegensatz zu den Leistungen, wie die Werkstättentests von »Auto Bild« oder »Autor, Motor und Sport« immer wieder eindrucksvoll bestätigen.

Wie die Preise der Autohändler sind ihm auch die günstigsten Telefontarife geläufig. Erscheint auf dem Display seines Handys eine unbekannte Nummer, drückt er nicht die Rückruf- sondern die Löschtaste. Zu groß ist die Gefahr, von einem unbekannten Abzocker zum kostenträchtigen Telefonat nach Japan, in die Südsee oder zu irgendeinem Pornoladen verleitet zu werden. Aus Prinzip meidet er sämtliche 0190er-Nummern, denn hinter diesen so genannten Mehrwertdiensten verbergen sich häufig kleine Gauner, die es nur aufs Telefongeld abgesehen haben. Die Gesprächsminute kostet dort bis zu drei Euro und wird auch dann berechnet, wenn der Teilnehmer nur zehn Sekunden lang in der Leitung war.

Noch zahlreicher lauern die Telefonbetrüger im Internet auf arglose Surfer. Leicht kann da jemand, der eine harmlos aussehende Spieleseite anklickt, unversehens in den Fängen eines 0190-Dialers landen, der über die Telefonrechnung ein paar hundert Euro abkassiert. Die illegalen »Dialer« verändern, ohne dass es der Nutzer merkt, die Standardeinwahl für die Internetverbindung, die nun nicht mehr über den gewohnten Provider, sondern über eine teure 0190er-Servicenummer erfolgt. Gaunereien dieser Art nehmen in erschreckendem Tempo zu. Im Jahr 2001 registrierte die Kripo bereits 80 000 Fälle von Computerkriminalität, 490 Prozent mehr als im Jahr zuvor.

Der EGO-Kunde lässt sich nichts gefallen

Als Schutz gegen die Telefonpiraten empfehlen Fachleute, sämtliche 0190x- und 0193-Nummern sperren zu lassen. Informationen über die gefährlichen Nummern liefert auch die

Internetseite Dialerschutz.de. Flattert dennoch mal eine Telefonrechnung ins Haus, deren Höhe absolut unerklärlich ist, muss nicht unbedingt eine ungewollt angewählte Servicenummer die Ursache sein. Die Deutsche Telekom hat in den vergangenen Jahren hinreichend bewiesen, dass ihr Abrechnungssystem alles andere als zuverlässig ist: In einem von der Einkaufsgenossenschaft Communitel aus Meckenheim bei Bonn in Auftrag gegebenen Gutachten kommt der vereidigte Sachverständige Reinhold Scheffel nach der Analyse von rund 100 Millionen Datensätzen zu dem Schluss, dass der Telefonkonzern seinen Kunden regelmäßig 20 Prozent zu viel berechnete. Seither haben Telekomkunden, die wegen überhöhter Rechnungen vor Gericht ziehen, wieder bessere Erfolgsaussichten, meint der Münchner Rechtsanwalt Volker Thieler.

Der in der Ego-AG gestählte Kunde lässt sich heutzutage nichts mehr gefallen. Handwerker, die nicht pünktlich erscheinen, werden sofort abgemahnt. Bevor er einen Auftrag erteilt, klärt der clevere Kunde sämtliche Details vorher ab und lässt sie sich schriftlich bestätigen Dazu gehören die Anfahrtpauschale ebenso wie die genaue Definition der zu erbringenden Leistungen und der Preis, der dafür zu bezahlen ist. Bei größeren Aufträgen wird eine Vertragsstrafe für den Fall vereinbart, dass der gesetzte Fertigstellungstermin nicht eingehalten wird. Bezahlt wird erst, wenn die Arbeit tipptopp erledigt ist.

Bei größeren Vorhaben wie dem Bau eines Hauses oder der Renovierung einer Wohnung behält er einen Kaufpreisrest von fünf bis zehn Prozent so lange ein, bis ausgeschlossen werden kann, dass verdeckte Mängel zum Vorschein kommen. Grundsätzlich arbeitet der erfahrene Auftraggeber nur mit Firmen zusammen, die über einen guten Leumund verfügen und seit Jahren in seiner Region ansässig sind. So läuft er keine Gefahr, von betrügerischen Bautrupps, Schlüsseldiensten oder Dach- und Fassadenreinigern übers Ohr gehauen zu werden.

Bei der kostspieligsten Investition im Leben eines Normalbürgers, dem Haus- oder Wohnungskauf, lässt er größtmögliche Sorgfalt walten. Kauft er bei einem Bauträger, lässt er sich eine Bankbürgschaft zur Absicherung des Konkursrisikos geben und den Kaufvertrag von einem sachkundigen Rechtsanwalt überprüfen. Bezahlt wird nur nach Baufortschritt über einen Treuhänder, und für die Endabnahme engagiert er einen Mann vom Fach. Er weiß, dass die meisten Fehler dort gemacht werden, wo das Auge des Bauherrn nicht hinreicht, nämlich beim Mauerwerk in der Erde.

Schlechter Beton, mangelhafte Isolation und eingesparte Drainage-Systeme verursachen neben undichten Dächern die schlimmsten Schäden am Bau. Ohne zuverlässigen Architekten und Bauingenieur aber ist auch ein misstrauischer Bauherr dem Treiben der Maurer, Zimmerleute, Installateure und Elektriker hilflos ausgeliefert, die jede Gelegenheit zu Einsparungen nutzen, die ihn später teuer zu stehen kommen. Gegen den Pfusch am Bau schützt deshalb nur permanente Kontrolle sämtlicher Arbeiten.

Fast ebenso viele Fehler wie beim Bau werden bei seiner Finanzierung gemacht. Die Angebote der Banken, Versicherungen und Bausparkassen sind tückisch und schwer zu vergleichen. Auch hier lohnt sich die Einschaltung neutraler Experten, die eine optimale Mixtur aus effektivem Jahreszins, Tilgungsraten, Zinsbindungsfristen, Bereitstellungszinsen und Vorfälligkeitsentschädigungen zusammenkomponieren können.

Solidarität unter Leidensgenossen

So ist der Kunde, Patient, Bauherr oder Versicherungsnehmer ständig auf der Hut, um nicht in eine der vielen Fallen zu tappen, die in der Betrügerwirtschaft auf ihn lauern. Er kennt seine Rechte und zögert keinen Augenblick, sie einzufordern. Da er weiß, dass die viel beschworene Kundenorientierung, neudeutsch auch »Customer Relation Management« genannt, bei den meisten Firmen nur auf dem Papier steht, lässt er sich nicht in die Warteschleifen der aufs Abwiegeln getrimmten Call Center drängen, sondern setzt sofort seinen Anwalt in Marsch, wenn das neue Auto streikt, der Fernseher nicht funktioniert oder die Stereoanlage ihren Geist aufgibt.

Das neue Gewährleistungsrecht sichert ihm die Herstellergarantie für zwei Jahre, statt bisher nur für sechs Monate, und kehrt die Beweislast um. Jetzt muss der Hersteller nachweisen, dass das Produkt beim Verkauf mängelfrei war, während er sich früher damit herausreden konnte, dass es erst durch unsachgemäßen Gebrauch defekt wurde. Weil das Verbraucherrecht noch immer viele Lücken hat, ist der beste Freund des Kunden in der Ego-AG nach wie vor ein guter Rechtsanwalt.

Zwar pflegen die Parteien immer rechtzeitig vor der jeweils nächsten Wahl ihr Herz für die Verbraucher zu entdecken, doch wenn es Ernst wird, kapitulieren sie regelmäßig vor der Wirtschaftslobby. Erfolgreich torpedierten die Anbieter den im Gesetzesentwurf vorgesehenen Anspruch der Verbraucher auf lückenlose Produktinformation und ersetzten ihn durch die freiwillige Selbstverpflichtung der Hersteller.

Was in unseren Lebensmitteln zum Beispiel alles enthalten ist, erfahren wir nur bruchstückhaft. Nach wie vor muss der Kunde selbst sehen, wo er bleibt. Vom öffentlich finanzierten Verbraucherschutz ist nicht viel zu erwarten. In Zeiten leerer Kassen bleibt zur Freude der Anbieter kein Geld mehr übrig für die Verbraucherschutzverbände. Stattdessen darf die Werbewirtschaft Jahr für Jahr zweistellige Milliardenbeträge dafür ausgeben, ihre Kunden für dumm zu verkaufen.

So sehr sich der einzelne Bürger auch bemüht, im ungleichen Kampf mit den mächtigen Interessen der Anbieter nicht unter die Räder zu geraten, ist er letzten Endes doch auf die Solidarität seiner Leidensgenossen angewiesen, wenn er seine Trumpfkarte ausspielen will: den Boykott.

Die Macht der Verbraucher bekam bereits der britisch-niederländische Ölmulti Royal Dutch/Shell zu spüren, nachdem die Umweltschützer von Greenpeace zum Boykott seiner Tankstellen aufgerufen hatten, um zu verhindern, dass die ausgediente Ölplattform Brent Spar in der Nordsee versenkt wurde. In weitem Bogen umfuhren Deutschlands Autofahrer für eine Weile die gelb-roten Shell-Tankstellen, solange ihr Herz für die bedrohte Nordsee schlug.

Je edler der Zweck, desto leichter fällt dem deutschen Verbraucher der Verzicht. Mit Missachtung bestrafte er die Hersteller von Thunfischdosen, die sich in den Regalen des Lebensmittelhandels stapelten, solange er die geliebten Delphine in den Schleppnetzen der Fischfangflotten zappeln sah, und um der bedrohten Pelztiere wegen verzichtete sogar die Dame von Welt für eine Weile auf Biber und Nerz. Doch wenn es um seine materiellen Interessen ging, schreckte der Germane vor dem – nach dem englischen Gutsverwalter Charles C. Boycott (1832–1897) benannten – Kaufstreik bislang zurück.

Anders als Amerikaner, Briten, Italiener oder selbst Japaner mochten sich die Deutschen bisher nicht so recht zur Verweigerung aus egoistischen Motiven bekennen. Als gierige Geschäftsleute überall in Europa den Euro zu unverschämten Preiserhöhungen nutzten, ließen sich die Deutschen mit fragwürdigen Statistiken und vollmundigen Politikersprüchen abspeisen, während die empörten Italiener landesweite Kaufstreiks organisierten und die Regierung zwangen, für rund 40 Artikel des täglichen Bedarfs einen Preisstopp zu verhängen. Der Versuch eines unbekannten Internetnutzers, in Deutschland eine ähnliche Protestaktion auf die Beine zu stellen, scheiterte kläglich, obwohl viele enttäuschte Verbraucher ihrem Ärger in den Leserbriefspalten der Zeitungen Luft machten.

Ganz ungehört verhallten die Proteste gegen die »Abzocker«

und »Teuro-Schwindler« aber auch nicht. Ohne viel Aufhebens schränkten Millionen Deutsche ihren Konsum ein und stürzten Händler wie Gastwirte in die wohl »schlimmste Krise der Nachkriegszeit«, so Hubertus Pellengahr vom Hauptverband des Deutschen Einzelhandels in Köln. Die neue Macht der Verbraucher aber bietet Raum für noch ganz andere Aktionen. Sollten die Deutschen eines Tages beschließen, nicht immer nur gut zu hungernden Äthiopiern oder vom Aussterben bedrohten Tierarten sein zu müssen, dann könnte es in der Ego-AG noch für manchen Anbieter recht ungemütlich werden.

Die Antiraucher-Kampagne in den USA zum Beispiel, von militanten Nikotingegnern organisiert, verlangte den führenden Tabakkonzernen bereits weit über 100 Milliarden Dollar Schadenersatz ab und erzwang rauchfreie Zonen nicht nur in Flugzeugen, Bussen und Eisenbahnen, sondern auch in Gaststätten, Hotels und auf vielen öffentlichen Plätzen.

Auch in Japan machten die Verbraucher vor, wie man einzelne Anbieter in die Knie zwingt. Als Nippon Meat Packers, der größte fleischverarbeitende Konzern des Inselstaats, dabei erwischt wurde, wie er für 1,3 Tonnen importiertes Rindfleisch aus den USA Zuschüsse der öffentlichen Hand erschwindelte, die nur für heimische Ware gewährt werden sollen, bestraften ihn die Japaner gleich zwiefach: Als Konsumenten verschmähten sie die Produkte des Marktführers, die der Handel umgehend aus den Regalen entfernte, und als Aktionäre kickten sie die Papiere des Fleischkonzerns aus ihren Depots, sodass sich dessen Handelskurs binnen weniger Tage halbierte.

Ähnlich wie den Fleischlieferanten, zwangen sie zuvor den großen Lebensmittelkonzern Snow Brand in die Knie, nachdem dieser gesundheitsschädliche Milchprodukte verkauft hatte. Eine Zeit lang verzichteten sie auch auf die Fahrzeuge von Mitsubishi Motors, als sich herausstellte, dass der Konzern jahrelang systematisch technische Mängel verharmlost oder verschwiegen hatte. Japans viertgrößter Automobilhersteller hätte den Boykott wohl kaum überlebt, wäre ihm nicht der deutsch-amerikanische DaimlerChrysler-Konzern zu Hilfe gekommen, der bei Mitsubishi Motors inzwischen das Sagen hat.

Je besser die Verbraucher informiert sind und je selbstbewusster sie auftreten, desto leichter können sie heutzutage einzelne Unternehmen oder ganze Branchen in Schwierigkeiten bringen. Die Abstinenz der von Kursverlusten gebeutelten Aktionäre und Investmentfondsparer stürzte die Banken und Finanzdienstleister in eine existenzbedrohende Krise, und die Kaufzurückhaltung der Verbraucher ließ das Gespenst einer weltweiten Deflation auferstehen.

Was der Wirtschaft blühen kann, zeigte sich, als die von kanadischen Mennoniten ins Leben gerufene globale »buy-nothing«-Bewegung die Verbraucher in aller Welt übers Internet (www.buynothingchristmas.org) zum absoluten Konsumverzicht aufrief. Am letzten Novemberfreitag des Jahres 2002 stürmten die Verweigerer, als »blinde Konsumschafe« verkleidet, die Shopping-Malls der kanadischen Großstädte, zerschnipselten in London öffentlich ihre Kreditkarten, trafen sich in Japan zur Gruppenmeditation bei »Zen-ta Claus« und stellten in New York vor Kaufhäusern eine »Shopping Police« auf, die kaufbereiten Kunden symbolische Geldbußen verpassten.

Zu viel Macht in den Händen eines amorphen Kollektivs aber nutzt dem Einzelnen wenig. Sie gleicht der Zerstörungskraft einer Atombombe, die nur wirksam ist, solange sie nicht eingesetzt wird. In den Arsenalen der Supermächte finden sich daher schon lange kleine, handliche Nuklearwaffen, die auch bei lokalen Konflikten jederzeit eingesetzt werden könnten. Im Arsenal des deutschen Verbrauchers aber fehlen sie noch. Gezielte Boykott-Aktionen, über Telefon, Fax und Internet leicht zu organisieren, könnten helfen, unbotmäßige Anbieter zu disziplinieren. Niemand würde es angesichts einer solchen Bedrohung noch wagen, überhöhte Preise zu kassieren, fehlerhafte Waren zu verkaufen oder auf andere Weise seine Kunden zu betrügen.

Kampf gegen die Marketing-Strategen

Die neuen Egoisten sind keine schwärmerischen Globalisierungsgegner, sondern sie wollen aus der Globalisierung das Beste für sich machen. Sie prügeln sich nicht wie die jugendbewegten Attac-Mitglieder auf Weltwirtschaftsgipfeln mit Polizisten herum, sondern bekämpfen die Betrüger-Ökonomie auf ihre Weise. Sie haben gelernt, sich mental zu immunisieren gegen die Glitzerwelt der Logo-Gesellschaft, fallen auf keinen Schwindel mehr herein und halten ihr Geld zusammen, denn sie haben gelernt: Nur wer Bares hat, hat Macht.

Dabei sind sie keine Geizhälse, sondern selbstbestimmte Individuen. Wenn sie großzügig sind, dann aus eigenem Willen. Wenn sie sich Luxus gönnen, dann, weil sie sich dazu aus freien Stücken entschieden haben. Je größer der Reiz einer Sache, desto zugeknöpfter geben sie sich. Denn sie wollen nicht auf Reize reagieren, sondern nüchtern das Für und Wider abwägen. Die dümmlichen Werbespots und -sprüche der Anbieter empfinden sie als Beleidigung für ihre Intelligenz, die opulente Ausstattung und das schicke Design der Konsumtempel als Angriff auf ihr Selbstwertgefühl.

Mit Missachtung bestrafen sie alles Blendwerk. Ihr ausgeprägter Realitätssinn sucht sofort nach dem Kern jeder Offerte. Kühl wägen sie Nutzen und Kosten gegeneinander ab und treffen in aller Ruhe ihre Entscheidung. Ihre Energie verzetteln sie nicht im vergeblichen Kampf gegen die Systeme, sondern konzentrieren sie auf den Mittelpunkt ihrer eigenen Interessen.

Die neuen Egoisten sind keine Anarchokapitalisten vom Schlag der amerikanischen Kultautorin Ayn Rand und ihrer deutschen Jünger von der Zeitschrift »Eigentümlich frei« und auch keine Konsumrevoluzzer wie die kanadischen »Adbusters«, die der Werbeindustrie den Kampf angesagt haben. Sie wollen nicht den Kapitalismus neu erfinden, sondern sich in einer Welt voller Lug und Trug behaupten.

Konsum ist für sie kein Ersatz für Glück und Zufriedenheit, und beim Einkaufen empfinden sie niemals jene glückhaften Rauschzustände aus den Verheißungen der Werbeindustrie. Dafür dürfen sich die Verkäufer auf manches Erlebnis gefasst machen, wenn ein Vertreter der Ego-AG den Laden betritt. Nur wer sich innerlich frei macht von den Zwängen der Konsumgesellschaft, wer weder die Hierarchien am Arbeitsplatz noch jene der Warenwelt zur Leitlinie seines Handelns macht, bleibt souverän.

Ihren Ehrgeiz befriedigen die neuen Egoisten im Kampf gegen die Strategen der Markenwelt; Glück und Zufriedenheit aber suchen sie im privaten Bereich. Das Überraschendste an ihnen aber ist, dass sie sich so schnell vermehren. Glaubt man der jüngsten Shell-Jugendstudie vom Jahr 2002, so wächst allmählich eine Generation junger Egoisten heran, denen der Idealismus verdächtig erscheint, die von den Parteien und ihren Vertretern nichts mehr erwarten, denen aber auch der Romantizismus und das Phlegma der Null-Bock-Generation fremd ist. Sie wollen sich keinen faulen Lenz machen, sondern persönlich vorwärts kommen.

Die Shell-Forscher unterschieden vier prägnante Typen, die den Wertekanon der Heranwachsenden am besten charakterisieren: die »selbstbewussten Macher«, die »pragmatischen Idealisten«, die »zögerlichen Unauffälligen« und die »robusten Materialisten«. Von der »Generation Golf« unterscheidet sich die »Generation Ego« vor allem dadurch, dass ihnen die Labels und Logos der Markenmacher nicht mehr so wichtig erscheinen und dass sie wieder ungeniert ihre egoistischen Ziele deklarieren. Sie wollen etwas erreichen im Leben und sind offenbar auch bereit, dafür etwas zu leisten.

Vor allem die Mädchen und jungen Frauen lassen deutlich erkennen, dass sie auf dem Vormarsch sind. »Macht und Einfluss« streben sie fast genauso intensiv an wie ihre männlichen Altersgenossen; »Karriere machen«, »Verantwortung übernehmen« oder »sich selbstständig« machen sind ihre wichtigsten Lebensziele.

Zunächst aber müssen sie erst mal mit dem Scherbenhaufen fertig werden, den ihnen die Betrügerwirtschaft hinterlässt: Zusammenbruch der so genannten New Economy, Massenentlassungen in der Banken- und IT-Branche, ungezählte Karrierebrüche, zerstörte Lebensentwürfe, gigantische Vermögensverluste und eine pessimistische Grundstimmung, die das ganze Land durchzieht. Etwa 40 000 Pleitefälle pro Jahr, ein wachsendes Arbeitslosenheer und ständige Steuererhöhungen sind nicht gerade dazu angetan, die Stimmung unter den Hoffnungsträgern der Nation aufzuhellen.

Wachen Auges konnten die heute 20-Jährigen verfolgen, wie die Karrieren ihrer Mütter und Väter abrupt im Nichts endeten, wie sich das in Aktien und Investmentfonds angesammelte Familienvermögen verflüchtigte und die Aufbruchstimmung der Boomjahre umschlug in jähes Entsetzen. »Die verratene Generation« taufte der »Stern« die hoffnungsvoll gestarteten 30-Jährigen, die sich trotz glänzender Diplome und erster beruflicher Erfolge bei den Beratungsstellen der Arbeitsämter die Klinke in die Hand geben oder zu Hause die hundertste Bewerbung in den Laptop tippen.

Ihre jüngeren Brüder und Schwestern dürfen sich nun Gedanken machen über ihre Chancen in einem Land, das erst viel Geld und Mühe aufwendet, seinen Bürgern zu einer ordentlichen Ausbildung zu verhelfen, und das dann rund 235 000 Akademiker zum Stempeln schickt (Stand Ende 2002). Sie müssen eine Antwort auf die Frage finden, ob sie ihr Leben in der unkalkulierbar gewordenen Welt an eine Firma binden wollen, die morgen vielleicht schon jemand anderem gehört, andere Dinge herstellt und vielleicht auch gar keinen Wert mehr auf ihre Talente und Fähigkeiten legt.

Verratene Generation? Die jungen Egoisten werden sich wohl von niemandem mehr verraten lassen. Sie werden erkennen, dass niemand anderer für ihr Leben und ihren beruflichen Erfolg verantwortlich ist als sie selbst. Sie werden nicht auf Namen wie Allianz, Daimler, Deutsche Bank oder Siemens vertrauen, weil sie mit ansehen konnten, wie selbst die solidesten Konzerne der Nation sich einen Teufel um ihre Belegschaften scherten, wenn ein paar Topmanager nach mehr Prestige und Einkommen strebten.

Das Wissen der Firma nehmen sie mit

In der Betrügerwirtschaft ist sich jeder selbst der Nächste, und von keinem Arbeitgeber darf man mehr erwarten als das, was im Arbeitsvertrag steht. Die Vertreter der Ego-Generation lassen sich nur noch fest anstellen, um zu lernen; sie wollen wissen, wie die Firmen funktionieren, alles über die Herstellungsprozesse und Kundenbeziehungen herausfinden und ihr Wissen dann selbst so gewinnträchtig wie möglich verwerten. Den Firmen werden sie sich präsentieren als Träger des jeweils neuesten Wissens, in Wahrheit aber geht es ihnen nur darum, einen Fuß in die Tür des Wirtschaftsgeschehens zu bekommen.

Bevor sie rausgeschmissen werden, gehen sie selbst und nehmen alles Wissen mit, das sie zusammentragen konnten. Ihre Vorbilder sind nicht mehr die Kaminkarrieristen, die ihr Leben auf der Ochsentour zubringen, um es vom Abteilungsleiter zum Konzernvorstand zu schaffen, sondern gerissene Job-Hopper wie José Ignacio Lopez de Arriortua, der ehemalige Einkaufschef von General Motors, der sich von VW-Chef Ferdinand Piëch für ein Millionensalär abwerben ließ und nicht nur seine ganze Mannschaft, sondern auch noch ein paar Kisten voller wertvoller Blaupausen mitbrachte.

Die desillusionierten Angehörigen der Ego-Generation glauben nichts und niemandem, sondern sie vertrauen auf sich selbst. Vom Kanzler und den Wirtschaftsbossen haben sie gelernt, dass Tricksen und Täuschen heutzutage zum Handwerk gehören. Wer an die Macht will, muss lügen und betrügen bis zuletzt, und wer sie nicht abgeben möchte, muss alle Schuld auf den jeweiligen Gegner abwälzen.

Wenn die Hochschulabsolventen des Jahrgangs 2002 die rarer gewordenen Stellenanzeigen durchblättern, bekommen sie bereits einen guten Eindruck davon, was ihnen in der freien Wirtschaft bevorsteht. Überall gibt es »spannende Aufgaben«, lockt »schnelle Übernahme von Verantwortung«, reizt ein »überdurchschnittliches Gehalt«. Der Allianz-Konzern verstieg sich in einem Magazin für Hochschulabsolventen gar zu folgender Formulierung: »Querdenker, die Vordenker sind, finden bei der Allianz den Freiraum, ihre Visionen in die Realität umzusetzen.«

Visionen? Realität? Quatsch! Wer darauf hereinfällt, ist selbst schuld. Gesucht werden junge Männer und Frauen mit dem Wissen von Nobelpreisträgern und dem Gemüt von Mutter Teresa, aber gebraucht werden vor allem nützliche Idioten. Also plustern sich die Bewerber, die das längst durchschaut haben, auf wie die Politclowns in den Talksendungen des Fernsehens, schwadronieren von Erfolgen, die sie nie erzielt haben, und geben sich als lammfromme Gefolgsleute ihrer bewunderten Chefs aus. Tatsächlich aber lauern sie nur darauf, die Chefs abzusägen, ihnen Dienstwagen, Gehalt und Titel abzunehmen. Statt zu arbeiten, lungern die cleveren Egoisten auf den Fluren herum und erzählen von ihren Großtaten. Sie machen sich an die Sekretärinnen heran, um sie über die Schwächen ihrer Chefs auszufragen, knüpfen Freundschaften mit Leuten, die sie morgen nicht mehr kennen werden, und bandeln, sobald sie an die Firmengeheimnisse herangekommen sind, mit der Konkurrenz an. Sich in Netzwerke einzuklinken, an Seilschaften anzuhängen, hat für sie einen größeren Reiz als die öde Schufterei am Schreibtisch. Von Vorbildern wie DaimlerChrysler-Chef Jürgen Schrempp oder Deutsch-Bankier Rolf E. Breuer haben sie gelernt, dass auf dem Weg nach oben die richtigen Verbindungen mehr zählen als berufliche Erfolge. Wer an jeder Station seines Managerlebens scheitert und dennoch bis an die Spitze des größten deutschen Konzerns befördert wird, muss über Fähigkeiten verfügen, die nicht im Karrierehandbuch stehen. Wer die Deutsche Bank in die schlimmste Krise seit ihrem Bestehen steuert, aber dennoch das höchste Gehalt aller deutschen Führungskräfte kassiert, der hat nicht nur das kleine Einmaleins der Ego-AG begriffen.

Der Lehrstoff, den solche Karrieren bieten, interessiert die ehrgeizigen Nachwuchskräfte mehr als das, was ihnen ihre BWL-Professoren vermitteln können. »Es sind selten die schlauesten Studenten, die am Ende in einer Firma nach oben kommen«, erklärte Jürgen Schrempp einem Reporter die Karrieremechanismen im Großunternehmen, »weil es mir überhaupt nichts bringt, wenn ich das Richtige weiß, solange ich es nicht durchsetzen kann.«

Wohl wahr. Auf Durchsetzungsfähigkeit also kommt es an, aber nicht nur. Wer zu früh auftritt wie Napoleon nach der Schlacht von Austerlitz, der macht seinem Chef Angst und findet sich auf dem Abstellgleis wieder, wo er sich doch im Fahrstuhl nach oben wähnte. Zum Wesen der Betrügerwirtschaft gehört der Bluff wie zum Kanzler die Steuerlüge. Also tarnt man seine Ziele, gibt sich lammfromm und spielt genau die Rolle, die Vorgesetzte von einem erwarten.

Nicht das, was einer kann, zählt, sondern der Eindruck, den er hinterlässt. Wer es in großen Organisationen, Firmen oder Parteien bis an die Spitze bringen will, der muss deshalb auch das Handwerk des Schauspielers beherrschen. Dazu gehört jedoch nicht nur die überzeugende Darstellung des umgänglichen, hilfsbereiten, tatendurstigen und charakterlich sauberen Erfolgsmenschen – neben der Mimik und Gestik sollte der Kandidat auch das Werbefach beherrschen. Er darf also nicht nur die Rolle spielen, sondern muss gleich noch die Kritik mitliefern. So kann er Fehler weginterpretieren, Patzer zu gewollten Versprechern umwidmen und das Publikum auch dann für sich einnehmen, wenn die Leistung wenig überzeugend war.

Allerdings sollte sich der Neuling hüten, zu dick aufzutragen. So wie man schlechte Schauspieler an ihren übertriebenen Gesten erkennt, entlarvt sich der allzu dynamische Erfolgsmensch schnell als Aufschneider. Nach den Exzessen der New Economy ist derzeit wieder ein wenig Understatement angesagt. Gesucht wird jetzt von den Epigonen der Betrügerwirtschaft die ehrliche Führungskraft, die so ganz anders sein soll als die Figuren, die man soeben dem Staatsanwalt überlassen musste.

Wer mit den Wölfen fressen will …

Ein bisschen Revoluzzertum kann nicht schaden, wenn der Ruf nach neuen, anständigen und soliden Managern erschallt. Mit der Ehrlichkeit freilich sollte man es nicht übertreiben, denn das Sagen haben noch immer jene verschlagenen Typen, die die Unternehmen zu dem gemacht haben, was sie heute sind. Mit treuherzigem Augenaufschlag darf die Nachwuchskraft zu erkennen geben, dass sie kleinen Mauscheleien nicht abgeneigt ist. Noch besser: Sie liefert sich ihrem Gönner aus, indem sie eine kleine Schummelei, etwa bei der Verkaufsstatistik oder der Kalkulation, eingesteht, um von den wirklichen Missetaten abzulenken. Wer mit den Wölfen fressen will, muss mit ihnen heulen – an der Grundregel der modernen Führungskultur darf nicht gerüttelt werden.

Dennoch sollte sich der Aufsteiger des Jahres 2003 in Acht nehmen. Selbst wenn er alles richtig machte – sich also frühzeitig einen Gönner suchte, Rivalen ausbootete, den Bürokrieg zu seinen Gunsten entschied –, kann ihn dennoch plötzlich der Tritt in den Allerwertesten ereilen. Im Chaos nach dem Börsencrash geraten auch sorgfältig geplante Karrieren außer Kontrolle. Allein bei den börsennotierten Gesellschaften verloren im Jahr 2002 einige hundert Vorstände und einige tausend mittlere Manager ihren Job. Da jeder Wechsel eines Platzhirsches in der Firmenhierarchie für gewöhnlich einen ganzen Rattenschwanz von Um- und Neubesetzungen nach sich zieht, ging es in den Führungsetagen der deutschen Unternehmen in den letzten Jahren zu wie am Münchner Hauptbahnhof um fünf Uhr nachmittags.

Das rege Kommen und Gehen aber entwertet jeden Einzelnen. Wenn Führungskräfte nur als Durchlaufposten begriffen werden, können sie bei ihren Belegschaften nicht mehr viel ausrichten, und die Einzigen, die von dem ganzen Durcheinander profitieren, sind die so genannten Personalberater oder Headhunter. Der Manager aber wird, als leicht verderbliche Handelsware, nur so lange gut bezahlt, wie er den Frischestempel trägt. Ist sein Verfallsdatum überschritten, bleibt er als Ladenhüter im Regal und landet schließlich auf dem Abfallhaufen einer Outplacement-Agentur. Schon deshalb ist jeder qualifizierte Angestellte verpflichtet, sich frühzeitig um seinen Marktwert zu kümmern. Wer nicht untergehen will in der Betrüger-Ökonomie, muss immer mehrere Trümpfe in der Hand haben. Klappt es nicht mit der Karriere, muss man sein Glück auf freier Wildbahn versuchen. Der Sprung in die Selbstständigkeit freilich gelingt in Deutschland seltener als anderswo.

Erst seit die Rentenkassen leer sind und das Heer der Arbeitslosen nicht mehr zu bezahlen ist, hat der deutsche Wohlfahrtsstaat sein Herz für den Selbstständigen entdeckt. Die Ich-AG – vom Arbeitsmarktreformer Peter Hartz zur Wunderwaffe im Kampf gegen das Haushaltsdefizit hochstilisiert – soll richten, was den Politikern gründlich misslang: die Staatsfinanzen sanieren, den Arbeitsmarkt beleben, die Volkswirtschaft auf Trab bringen. Und nebenbei soll sie, selbstverständlich, auf alle jene Annehmlichkeiten verzichten, mit denen sich die politischen Parteien die Stimmen der abhängig Beschäftigten erkauften: auf Kündigungsschutz und 35-Stunden-Woche, Arbeitgeberbeitrag zur Renten- und Krankenversicherung, Arbeitslosengeld und -hilfe, kostenlose Umschulungsprogramme und Fortbildungsmaßnahmen. Als Esel, der nichts kostet und dennoch den Karren aus dem Dreck zieht, ist der selbstständige Unternehmer allen Parteien und mittlerweile sogar den Gewerkschaften herzlich willkommen.

So dumm sind die Deutschen freilich nicht, dass sie nicht längst erkannt hätten, wie gering die Überlebenschancen auf freier Wildbahn sind. Rechnete die Statistik noch in den 60er-Jahren rund 16 Prozent der Deutschen zu den Selbstständigen, so waren es Ende 2002 weniger als zehn Prozent. In den meisten europäischen Nachbarstaaten stehen viel mehr Menschen wirtschaftlich auf eigenen Beinen als in der deutschen Angestelltenrepublik, wo sich bereits Abiturienten nach ihren Rentenansprüchen zu erkundigen pflegen. Und jetzt soll plötzlich alles anders werden: Der Staat ruft, und aus fünf bis sechs Millionen schwer vermittelbarer Arbeitsloser, Bafög-Empfänger und Frührentner formt des Kanzlers Fahnenträger Peter Hartz im Nu eine Garde dynamischer Vorstandsvorsitzender von lauter Ich-AGs?

Auf solche Unternehmer hat die Wirtschaft gerade gewartet. Bevor sich die künftigen Selbstvermarkter auch nur überlegt haben, was sie eigentlich machen wollen, haben ihnen die Piranhas der Betrügerwirtschaft längst das Fleisch von den Knochen genagt. In Wahrheit hat denn auch die verführerische Idee von der Ich-AG nichts zu tun mit den Überlebensstrategien in einem aufs Betrügen konditionierten Wirtschaftssystem: Tatsächlich handelt es sich hier um ein schickes Etikett für Leute, derer sich Daimler & Co. elegant entledigen wollen. Ein entlassener Angestellter, der innerhalb eines Jahres keinen neuen Job findet und sich deshalb notgedrungen selbstständig macht, um seine Familie über die Runden zu bringen, verbessert möglicherweise die Arbeitslosenstatistik, aber er hat wenig Chancen, in der Betrügerwirtschaft zu überleben.

Ganz anders der Gründer einer echten Ego-AG. Er verabschiedet sich von seinem gut bezahlten Job aus freien Stücken, weil er eine Marktlücke erkannt, eine pfiffige Geschäftsidee entwickelt und einen sauber durchkalkulierten Businessplan erstellt hat. Er sieht die Selbstvermarktung nicht als Notlösung an, sondern als Chance, wesentlich mehr Geld zu verdienen, als ihm dies in seiner Angestelltenkarriere möglich wäre. Der Ego-Unternehmer hat die Tricks und Täuschungsmanöver in der Betrügerwirtschaft genau studiert, er hat keine Angst vor Konkurrenten, sondern hält sich für cleverer als die meisten von ihnen.

Er weiß, was von ihm erwartet wird: Der Staat will, dass er jede Menge Leute einstellt und brav Lohn-, Gewerbe-, Umsatz-, Körperschafts-, Kapitalertrags- und Einkommensteuern bezahlt sowie Arbeitgeberbeiträge zur Renten- und Krankenversicherung abführt. Die Banken wollen ihm Kredite geben, aber nur, wenn er sie doppelt und dreifach besichert und ordentlich Zinsen bezahlt. Seine Gemeinde drangsaliert ihn mit allerlei Bau-, Melde- und Umweltschutz-Vorschriften, die AOK will ebenso pünktlich ihr Geld wie die Industrie- und Handelskammer, die Berufsgenossenschaft und die Haftpflichtversicherung. Er braucht einen Buchhalter, Steuerberater, EDV-Experten und soll am Ende auch noch einen Betriebsrat installieren.

All das aber will der Unternehmer nicht. Sein einziges Ziel ist es, möglichst schnell reich zu werden. Also wird er niemanden einstellen, keine Steuern zahlen und sein Geschäft überhaupt nicht anmelden. Als tüchtiges Mitglied der Schattenwirtschaft wird er, zumindest in den Anfangsjahren, so unauffällig wie möglich agieren. Seine Kunden findet er im Dunstkreis des früheren Arbeitgebers, den Arbeitsplatz, wenn er überhaupt nötig ist, bei einem Büroservice.

Lieber einen Verein als eine Firma gründen

Das Honorar lässt er sich aufs Konto seiner Mutter, Tante oder Großmutter überweisen, die den Betriebsprüfern des Finanzamtes als absolut unverdächtig gelten. Möglicherweise operiert er auch von seiner Ferienwohnung im Ausland aus. Per Internet, Fax und Telefon lassen sich viele Dienste aus der

Ferne erbringen. Erst wenn das Geschäft solche Umfänge angenommen hat, dass es sich nicht mehr verheimlichen lässt, gründet er eine Firma.

Lassen sich für eine Weile ordentliche Verluste produzieren, darf es ruhig eine GmbH, KG oder auch eine kleine AG sein, an der normalerweise nur Anwälte, Notare, Steuerberater und das Finanzamt ihre Freude haben. Ist hingegen mit satten Nettoerträgen zu rechnen, taugen alle diese Firmenmäntel nichts. Die einzig wahre Rechtsform ist der eingetragene Verein mit einem steuerbegünstigten Zweck, wenn nicht gar eine Stiftung errichtet werden soll. Mit sieben Vereinsmitgliedern, darunter Ehefrau, Kinder, Eltern und andere Anverwandte, lassen sich die Geschäfte so betreiben, dass am Ende auch was übrig bleibt. Natürlich muss der Verein jedes Jahr einen korrekten Rechenschaftsbericht vorlegen, aber wer will schon Anstoß daran nehmen, dass die Ausgaben stets genauso hoch sind wie die Einnahmen? Und als Vorsitzender kann man natürlich die Art der Ausgaben ziemlich frei festlegen. Klar, dass die Geschäftstätigkeit irgendwie mit dem Vereinszweck in Einklang zu bringen ist und dass der Verein nicht unangenehm auffallen darf.

Statt angestellter Mitarbeiter beschäftigt der Vereinsgründer ausschließlich Freelancer. Und davon gibt es, seit die Ich-AGs in Mode kamen, mehr als genug. Für nahezu jede Tätigkeit, vom Außendienstler bis zum Buchhalter, von der Sekretärin bis zum Werbeprofi, finden sich Fachkräfte, die auf Honorarbasis arbeiten. Systematisch unterläuft der Ego-Unternehmer sämtliche Fallen, die der Abgreiferstaat für ihn aufgestellt hat. Er agiert aus der Deckung, wechselt häufig den Geschäftszweck und -sitz, zahlt keine Steuern und Abgaben und ist allezeit liquide.

Nach Möglichkeit verzichtet er auf Fremdkapital und expandiert stets nur so moderat, wie es seine Kasse zulässt. Nicht schnelles Wachstum ist ihm wichtig, sondern die Unabhängigkeit von Banken und anderen Geldgebern. Er strebt auch nicht nach öffentlicher Anerkennung, sondern nach privatem

Gewinn. Bei alledem plagt ihn keineswegs ein schlechtes Gewissen, denn er hält die öffentliche Hand für eine räuberische Klaue, die ihm das wegnehmen will, was er sich mühevoll erarbeitet hat. Er will nicht den fetten Staat weiter mästen, nicht ein überbordendes Beamtenheer mitfinanzieren, nicht die Umverteilung von den Leistungsträgern zu den Leistungsempfängern fördern, nicht die Überbrückungsgelder, Aufwandsentschädigungen, Diäten und Pensionen korrupter Politiker bezahlen. Stattdessen legt er sich für seine Kunden krumm, leistet ihnen erstklassige Dienste zu vernünftigen Preisen, hält seine Termine auf den Tag genau ein und legt größten Wert auf Anstand, Integrität und Authentizität. Er macht niemandem etwas vor, ist kein Blender und Bluffer sondern ein absolut reeller Geschäftsmann. Und dennoch ist er kriminell.

Trotz seiner Cleverness führt der Ego-Unternehmer kein beneidenswertes Leben. Ständig muss er auf der Hut sein, droht ihm Gefahr vom Fiskus, von den Sozialkassen, von den Konkurrenten. In der Betrügerwirtschaft ist jeder des Nächsten Feind, und Neid die Triebkraft, die alles in Bewegung hält. Wer mit seinen Erfolgen prahlt, seinen Reichtum zur Schau stellt, ist schnell ein Fall für den Staatsanwalt. Überall lauern Denunzianten, die den Egoisten zurückstutzen wollen aufs kleinbürgerliche Normalmaß. Keiner soll erfolgreicher sein als sie, keiner mehr verdienen, keiner mehr besitzen. Und niemand ist leichter verwundbar als ein Selbstständiger im Untergrund. Ein anonymer Anruf, ein Brief ohne Absender reicht, um die Staatsmacht auf seine Spuren zu hetzen. Klebt erst mal ein Aktenzeichen neben seinem Namen, hat der Schattenmann von nun an schlechte Karten.

Entspannung auf dem Oberdeck

Unter dem Vorwand der Terroristenbekämpfung haben Polizei und Steuerfahnder so sehr aufgerüstet, dass ihnen nichts entgeht, was innerhalb der Staatsgrenzen passiert. Ungeniert hören die Staatsorgane den Telefon-, Fax- und E-Mail-Verkehr ab, öffnen Briefe, schnüffeln in Bankkonten, kontrollieren den Zahlungsverkehr, verwanzen Büros, beschatten Verdächtige und filmen ihren Bekanntenkreis. Nur sehr bewegliche Unternehmer überleben im Untergrund der Schattenwirtschaft.

Entspannter geht es auf dem Oberdeck der Betrügerwirtschaft zu. Zwar zahlt man auch hier keine Steuern – jedenfalls sehr viel weniger, als man eigentlich müsste –, aber das macht man ganz legal. Auf dem Oberdeck lässt man die besten Spezialisten fürs internationale Steuerrecht antreten und nach Lücken im Paragraphenwald fahnden. Zwar werden die im Laufe der Jahre auch immer enger, doch noch sind sie groß genug, damit pro Jahr einige hundert Milliarden Euro ungestraft hindurchpassen. Und sollten die Staaten eines Tages wirklich ernst machen mit ihrer Absicht, die Schlupflöcher zu schließen, dann wird man mit der Abwanderung in irgendeine Oase drohen oder vielleicht auch für den einen oder anderen Regierungswechsel sorgen müssen. In Italien hat das ja schon ganz gut geklappt.

Jedenfalls macht man sich auf dem Oberdeck wenig Sorgen um schnüffelnde Staatsanwälte, obwohl die in letzter Zeit auch schon mal lästig werden konnten. Völlig im Einklang mit dem Gesetz schöpft man die Gewinne seiner internationalen Tochtergesellschaften über Holdings auf den Cayman Islands, den Bermudas oder den niederländischen Antillen steuerfrei ab, während man die Verluste mit den in Deutschland angefallenen Gewinnen verrechnet. Den Rest steckt man in ein so genanntes Coordination-Center in Brüssel, oder auch in eine irische Finanzierungsgesellschaft mit Sitz in den Dublin-Docks, sodass man am Ende mit leeren Taschen beim Finanzamt erscheint. Damit einem der Staat nicht zu sehr auf die Pelle rückt, zahlt man halt ein bisschen Mehrwertsteuer, und das war's dann auch. Ade, Körperschafts-, ade, Gewerbesteuer: Wir sind so frei!

Privat hat man natürlich auch vorgesorgt. Als rüstiger Senior verlegt man seinen Wohnsitz entweder ins nahe Österreich wie Friedrich Karl Flick oder gleich in die Schweiz wie Otto Beisheim, wenn man es nicht vorzieht, die Früchte seines Schaffens in der Karibik zu verzehren, wie Curt Engelhorn. Der Charme der Wiener Republik liegt im Pauschalsatz von höchstens 25 Prozent, mit dem dort sämtliche Kapitaleinkünfte besteuert werden, und bei den Eidgenossen gibt es Kantone, die noch weniger von den Zinsen haben wollen, die das bei ihren Banken gebunkerte Vermögen abwirft. Allerdings ist nicht jeder in Helvetien willkommen – ein paar Millionen Fränkli möcht' er schon mitbringen.

Doch nicht nur Schwarzarbeiter, Milliardäre und multinationale Gesellschaften haben sich als Steuerzahler verabschiedet – sogar Stadtkämmerer und Oberbürgermeister bedienen sich immer häufiger zwielichtiger Tricks, um finanziell über die Runden zu kommen. Die Stadtväter der reichen Bayernmetropole München zum Beispiel, die sich im Sommer 2002 für zahlungsunfähig erklärte, nachdem Konzerne wie Allianz, BMW, HypoVereinsbank und Siemens nichts mehr in den Stadtsäckel einzahlten, verfielen auf die Idee, mithilfe ihrer wertvollen Immobilien 20 bis 40 Millionen Euro lockerzumachen.

SPD-Oberbürgermeister Christian Ude wollte allen Ernstes das neogotische Rathaus und weitere Filetstücke aus dem Immobilienbestand der Stadt privaten Stiftungen zum virtuellen Kauf anbieten. Solche Stiftungen, in denen reiche Familien wie Quandt, Schickedanz oder Schörghuber ihr Vermögen steuersparend angelegt haben, müssen alle 30 Jahre eine Erbersatzsteuer bezahlen. Während Bargeld und Wertpapierbestände zum aktuellen Verkehrswert besteuert werden, profitieren Immobilien vom günstigen Einheitswert. Der Stiftung muss also daran gelegen sein, rechtzeitig vor dem Steuertermin den größten Teil ihres Vermögens in Immobilien zu investieren.

Wenn nun München sein Rathaus und weitere städtische Gebäude im Wert von mehreren hundert Millionen Euro vorübergehend an eine solche Stiftung »ausleiht«, spart diese etwa 40 Prozent der fälligen Steuern und könnte der Stadt einen Teil davon in bar überweisen. Nach 15 Jahren würden die Gebäude »steuerunschädlich« wieder an die Stadt zurückfallen. Geprellt wäre in diesem Fall der Freistaat Bayern, dem die Erbersatzsteuer zustünde, weshalb der bayerische Finanzminister Kurt Faltlhauser das Vorhaben empört als »höchst unseriöse Methode der Geldbeschaffung« einstufte. Schön, wenn man sich auch auf dem Oberdeck nicht immer ganz einig ist.

Richtig hart ist das Leben nur auf dem Zwischendeck. Unternehmen, die zu groß für den Untergrund und zu klein fürs internationale Geschäft sind, bekommen die Segnungen des deutschen Wohlfahrts- und Beamtenstaates in voller Breite zu spüren. Da sie weder Schwarzgeld einnehmen noch Gewinne ins Ausland verlagern können, bleibt ihnen nach Abzug sämtlicher Kosten, Steuern und Abgaben in der Regel zu wenig in der Kasse, um den Gefahren der Betrügerwirtschaft gewachsen zu sein. Ein Kunde, der nicht zahlt, eine Nachforderung des Finanzamts, ein größerer Schadensfall – und schon steht der Insolvenzverwalter im Haus.

Natürlich sind nicht nur gierige Steuereintreiber und maßlose Gewerkschaften an der Pleitewelle schuld, aber beide haben verhindert, dass die Betriebe genügend Kapital ansammeln konnten, um stürmische Zeiten abzuwettern. Während britische Firmen über ein Eigenkapital verfügen, das im Durchschnitt etwa 40 Prozent der Bilanzsumme ausmacht, liegt die Quote im deutschen Mittelstand bei nur acht Prozent. Bei so geringen eigenen Mitteln aber sind die Betriebe abhängig von Bankkrediten, und die fließen immer spärlicher.

Seit die Börsenblase geplatzt ist und die Banken selbst in Not gerieten, stellen sie ihre Darlehen fällig, sobald bei ihrem Firmenkunden die ersten Wolken am Firmament auftauchen. Der Unternehmer hat dann nur noch die Wahl, entweder schnell einen neuen Finanzier aufzutreiben oder den Laden dichtzumachen.

Die Pleitewelle mit zuletzt über 40 000 Insolvenzen pro Jahr sollte all den zwangsläufig Selbstständigen zu denken geben, auf denen die Hoffnung der Regierung ruht. Weil der Staat die Wirtschaft drangsaliert wie nie zuvor und die Unternehmen sich von immer größeren Teilen ihrer Belegschaften trennen, sollen jetzt die in die Freiheit entlassenen Angestellten den Karren aus dem Dreck ziehen. Zum Abschied bekommen sie ein kleines »Überbrückungsgeld« von etwa 10 000 Euro in die Hand gedrückt – und ab geht's in die unternehmerische Selbstständigkeit: Jetzt gibt es keine festen Arbeitszeiten mehr, keinen Chef, der Anweisungen erteilt, keine Kontrolle und keinen Anschiss. Aber auch keinen Kollegenplausch, keinen Kündigungsschutz, kein festes Gehalt und keine Erfolgsprämie, kein Urlaubs- und kein Krankengeld, nur noch die grenzenlose Freiheit der Betrügerwirtschaft.

Rund 80 Prozent der etwa 100 000 Zwangsunternehmer, die sich im Jahr 2001 aus der Sicherheit fester Arbeitsverhältnisse verabschiedeten, seien ein Jahr später noch »erfolgreich selbstständig« gewesen, meldet froh das Nürnberger Institut Arbeitsmarkt und Berufsforschung (IAB), eine Tochter der Bundesanstalt für Arbeit. Kann durchaus sein. Das dicke Ende kommt nämlich etwas später. Die ersten zwei Jahre lässt der Fiskus einen Selbstständigen für gewöhnlich in Ruhe. Wehe aber, der Start-Up-Unternehmer hat wirklich Erfolg: Mit Wucht schlagen nun die Forderungen vom Finanzamt ein. Nicht nur die bereits erzielten Gewinne müssen rückwirkend versteuert werden, der Fiskus verlangt auf die künftig zu erwartenden Einnahmen Vorauszahlungen, deren Höhe sich an der Bilanz des letzten Geschäftsjahres orientiert.

Die Doppelbelastung hat schon manchen hoffnungsvollen Gründer aus der Bahn gekippt. Nach fünf Jahren, das haben die Vereine Creditreform ermittelt, ist von 100 gestarteten Unternehmen gerade noch ein Drittel am Markt. Die meisten scheitern am Geldmangel, oft fehlen auch Anschlussaufträge.

Der Chef einer Ich-AG muss ja nicht nur das laufende Geschäft bewältigen und nebenbei den ganzen Verwaltungskram erledigen, den ihm die pingelige deutsche Bürokratie aufbürdet, sondern für die Zukunft vorsorgen.

Es fehlt an Geld, Talent und gutem Willen

Das Geschäft läuft schließlich nicht von allein, sondern verlangt ständig nach neuen Aufträgen, nach Werbung, Profilierung, Selbstdarstellung. Und wenn der Laden richtig brummt, ist die Gefahr am größten. Wer zu schnell expandiert, tappt schnell in die Kreditfalle. Weil die Kosten schneller zulegen, als die Zahlungen eingehen, braucht der Ich-Unternehmer immer höhere Bankkredite. Lässt dann die Dynamik nach, wird die Bank nervös und verlangt ihr Geld zurück. Dann ist der Punkt erreicht, an dem die meisten neu gegründeten Unternehmen scheitern.

So falsch wie die Statistik aus Nürnberg ist die Selbstständigenbilanz der Bundesregierung. Auf den Vorwurf, mit ihrer rigiden Steuerpolitik treibe sie die Unternehmen in die Pleite, pflegen Kanzler und Finanzminister stereotyp zu antworten, dass die Zahl der Neugründungen weit über den gemeldeten Insolvenzen liege. Richtig ist daran freilich nur, dass mehr Firmen in die Handelsregister eingetragen als gelöscht werden. Das sagt aber nichts über die Zahl der wirklich entstandenen Geschäftsbetriebe aus. Bei vielen neu gegründeten Gesellschaften handelt es sich nämlich um leere Firmenmäntel oder um gesellschaftsrechtliche Aufteilungen vorhandener Unternehmen. Wenn ein Medienkonzern wie Burda zum Beispiel für jede einzelne seiner vielen Zeitschriften eine eigene GmbH gründet, erhöht sich zwar die Zahl der registrierten Gesellschaften, doch nicht das Geschäftsvolumen. Neue Arbeitsplätze entstehen nur zaghaft, entlassen aber wird rigoros. Kein Wunder, dass die Bundesanstalt statistische Tricks anwendet, um ihre verheerenden Zahlen schönzurechnen.

Tatsächlich geht dem viel beschworenen Gründerboom die Luft aus, bevor er richtig begonnen hat. Seit 1999 nimmt die Zahl der neu gegründeten Unternehmen in Deutschland nicht mehr zu, sondern ab. Im Jahr 2001 zum Beispiel gab es nach dem Gründungsreport des Zentrums für Europäische Wirtschaftsforschung (ZEW) in Mannheim sechs Prozent weniger Neugründungen als im Jahr zuvor, und der Trend hielt auch im Jahr 2002 an. Als besonders gründungsschwach erwies sich der deutsche Osten; hier betrug der Rückgang sogar neun Prozent. Der nachlassende Wille zur Selbstständigkeit zeigt sich in fast allen Branchen. Besonders betroffen ist die unter einer anhaltenden Rezession leidende Bauindustrie, aber auch in den 362 Technologiezentren der Nation ist das Gründungsfieber abgeklungen. Zählte man noch im Jahr 2000 rund 1500 Startups, so waren es ein Jahr später zehn Prozent weniger.

Trist geht es mittlerweile selbst in den Gründerzentren zu. Klagte Joachim Mazurek, Geschäftsführer des Existenzgründer-Zentrums Berlin, im November 2002: »Bei uns ist tote Hose.« Mager fällt auch die Bilanz beim Hamburger Gründerzentrum .garage aus. Das von der Alfred-Herrhausen-Stiftung der Deutschen Bank initiierte und von der Bundesanstalt für Arbeit bis Oktober 2000 finanzierte Projekt will Arbeitslose unter 30 fit machen für die Ich-AG. Doch mittlerweile fehlt es an Geld, Talent und am guten Willen. Von 164 geplanten Mikrounternehmen wurden bis zum Auslaufen der Förderung ganze 116 zum Laufen gebracht, und nicht wenige der Gründer kämpfen bereits ums Überleben. »Viele Kandidaten kommen mit illusionären Vorstellungen«, klagt .garage-Mitgründer Bernd Rucktäschel, »und müssen dann brutal auf den Boden der Wirklichkeit heruntergeholt werden.«

Die Wirklichkeit sieht so aus: Es gibt zu wenige Dienstleistungsjobs, die so gut bezahlt werden, dass sie eine legale Ich-AG ernähren können. Und allzu leicht verstrickt sich ein Gründer im Paragraphendschungel, der so dicht ist wie nie zuvor. Hatte die rot-grüne Bundesregierung bei ihrem Antritt im Jahr 1998 noch versprochen, die Bürokratie abzubauen, so forstete sie in Wahrheit den Paragraphenwald immer weiter auf. Schon in ihrer ersten Legislaturperiode brachte die Schröder-Regierung 396 neue Gesetze auf den Weg, zog aber nur 95 alte aus dem Verkehr. Inzwischen müssen die Bürger 2197 Bundesgesetze und 46 779 Einzelvorschriften beachten. Außerdem gibt es noch 3131 Rechtsverordnungen mit mehr als 39 000 Einzelbestimmungen.

Künftig dominieren Patchwork-Karrieren

Weil da kaum ein Mensch mehr durchblickt, blüht das Geschäft der Steuerberater, Rechtsanwälte und Notare. Doch qualifizierte Berater kosten Geld, das der Einzelunternehmer nicht hat. Vom Rausschmiss bedrohte Angestellte nehmen deshalb gern das Überbrückungsgeld mit, das ihnen die Bundesanstalt für die Existenzgründung spendiert – und verabschieden sich sobald wie möglich in die Schattenwirtschaft. Nur wenn sie ihre Umsätze brutto für netto einnehmen, können sie sich als freiberufliche EDV-Experten, Friseure, Fensterputzer, Gärtner oder Grafiker über Wasser halten. Mit dem Abgaben- und Bürokratenklotz eines legalen Betriebs am Bein aber würden sie zu teuer.

Auch bei den Akademikern ist es mit der Gründungseuphorie vorbei. Als das Fraunhofer-Institut für Systemtechnik und Innovationsforschung im Auftrag des Bildungsministeriums insgesamt 5300 Studenten nach ihren Zukunftsplänen befragte, war das Ergebnis ernüchternd: Die meisten Angehörigen des Studienjahrgangs 2002 strebten sichere Jobs beim Staat oder in Großunternehmen an. Nur jeder fünfte der künftigen Ingenieure und Naturwissenschaftler zum Beispiel erwog nach dem Studium, ein eigenes Unternehmen zu gründen. Noch vor vier Jahren hatten doppelt so viele mit der Selbstständigkeit geliebäugelt.

Sicherheit bietet das global vernetzte Wirtschaftssystem freilich weder dem Selbstständigen noch dem Angestellten. Nicht einmal die Beamten können davon ausgehen, dass sie in zehn Jahren noch in gleicher Zahl wie heute benötigt werden. Darum ist es für jeden Berufsanfänger müßig, so etwas wie einen Lebensplan zu entwerfen. Statt von gut bezahlten Spitzenjobs oder der Gründung eines Weltkonzerns zu träumen, sollten sie sich darauf einrichten, ständig auf der Hut zu sein und jede Chance zu ergreifen, die sich irgendwo bietet. Zu misstrauen ist grundsätzlich allen Prognosen über die Perspektiven einzelner Fakultäten und Berufe. Gilt als gesichert, dass Mediziner mit den höchsten Einkommen rechnen dürfen, gibt es morgen eine Ärzteschwemme, und die Honorare werden gedeckelt. Sagt man den Informatikern eine glänzende Zukunft voraus, so ist zuverlässig mit einem Einbruch der Gehälter zu rechnen.

Zu schnell pulsiert heute die Weltwirtschaft, zu rasch wechseln die Branchenzyklen, als dass sich eine verlässliche Vorhersage treffen ließe. Geradlinige Biografien dürften deshalb immer seltener, Patchwork-Karrieren eher die Norm werden. Die besten Aufstiegschancen räumen Personalberater Leuten ein, die mit einer ungewöhnlichen Kombination aus Talenten und Fertigkeiten aufwarten können: Ingenieure mit einem Studium der Sinologie, Philosophen mit BWL-Diplom, Juristen, die Russisch sprechen, Mathematikern, die das Steuerrecht beherrschen, usw. Am Ende werden gar die seltensten aller Eigenschaften wieder geschätzt: Mut, Ehrlichkeit und Anstand.

Nur verdeckte Operationen führen ans Ziel

Nicht mal an der Spitze der Jobpyramide herrscht Gelassenheit. Direktoren- und Vorstandsposten, Ziel aller Anstrengungen, gleichen heutzutage eher Schleuder- als Ruhesitzen. Nie zuvor wurden in der deutschen Wirtschaft so viele Topdogs gleichzeitig ausgewechselt wie in den ersten beiden Jahren nach dem Börsencrash. Sei es, dass sie beim Mogeln erwischt wurden wie die Haffa-Brüder bei EM.TV, Konkurs anmeldeten wie Medienpapst Leo Kirch, dass sie jüngeren Nachfolgern weichen mussten wie Deutsch-Bankier Rolf E. Breuer und VW-Chefpilot Ferdinand Piëch oder dass man ihnen einfach nichts mehr zutraute, wie dem geschassten Telekom-Vorsteher Ron Sommer – beständig war in den Chefetagen der Großunternehmen nur der Wechsel.

Weil auf nichts mehr Verlass ist in der Wirtschaft, verkürzen die Beteiligten den Planungshorizont. Vom Berufsanfänger bis zum Vorstandsvorsitzenden streben alle nach dem schnellen Erfolg, der sofortigen Befriedigung ihrer Gier. Wer weiß, was morgen passiert – Zahltag ist heute. Doch wer seine Ansprüche offen anmeldet, hat in der pluralistischen Gesellschaft der Gegenwart schlechte Karten. Sofort formiert sich der Widerstand, verhindern die Neider den Erfolg.

Da alle den gleichen Ausbildungs- und Informationsstand haben, lässt sich auf dem geraden Weg kaum noch ein Vorsprung erzielen. Nur verdeckte Operationen führen, vielleicht, zum Ziel. Wer etwas erreichen will in der Wirtschaft wie in der Politik, ist aufs Intrigieren und Täuschen angewiesen. Er muss seine Gegner in die Irre führen und die Gesetze bis an die Grenze ihrer Dehnbarkeit strapazieren. Zwar steht er dann mit einem Fuß im Gefängnis, mit dem anderen aber möglicherweise auf dem Gipfel des Erfolges. Die Gratwanderung entwickelt sich zur vorherrschenden Fortbewegungsart, und je höher man aufsteigt, desto unwirtlicher wird das Gelände.

Die Betrügerwirtschaft ist zum Stillstand gekommen. Nichts bewegt sich, solange sich gegenseitig alle blockieren und betrügen. Die Regierung betrügt ihre Wähler, wenn sie vor der Wahl Steuersenkungen verspricht und danach Steuern erhöht. Der Staat betrügt seine Bürger, wenn er Gesetze, die ihnen den steuerfreien Verkauf von Immobilien oder Aktien erlauben, rückwirkend ändert. Die Manager der Unternehmen betrügen ihre Aktionäre, wenn sie Bilanzen frisieren. Die Unternehmen betrügen ihre Kunden, wenn sie Kartelle bilden und überhöhte Preise absprechen. Die Bürger betrügen den Staat, wenn sie bei der Steuererklärung mogeln oder Sozialleistungen in Anspruch nehmen, die ihnen nicht zustehen. Kunden betrügen die Anbieter, wenn sie deren Service in Anspruch nehmen, aber woanders einkaufen. Und alle zusammen betrügen sich am Ende selbst, wenn ihre vermeintliche Cleverness nur den Widerstand der Betrogenen erhöht, die längst genauso clever geworden sind. »Langfristig«, warnt Nobelpreisträger Milton Friedman, Begründer des Monetarismus und der wohl einflussreichste Ökonom der vergangenen 50 Jahre, »kann man mit Unehrlichkeit kein Geld machen.«

Was der Betrügerwirtschaft aus dem Jammertal helfen würde, will bisher keiner zulassen: sich ein wenig zurücknehmen, den Druck auf die anderen vermindern, nicht mehr so verbissen um jeden kleinen Vorteil ringen. Nur wenn die Wirtschaft zurückfindet zu etwas mehr Fairness, wird sie auch wieder wachsen. Die Ego-AG ist reif für den Insolvenzverwalter. Doch wenn der so handelt wie der Staat und seine Organe, steht ihr womöglich noch ein langes Leben bevor.

Literaturverzeichnis

Arnim, Hans-Herbert von: Das System. Die Machenschaften der Macht, Droemer, 2001

Arnim, Hans-Herbert von: Politik macht Geld, Droemer, 2001

Bannenberg, Britta: Korruption in Deutschland und ihre strafrechtliche Kontrolle, Luchterhand, 2001

Beck, Ulrich: Schöne neue Arbeitswelt, Campus, 1999

Berg, Andreas: Wirtschaftskriminalität in Deutschland, Der Andere Verlag, 2001

Buitenen, Paul von: Unbestechlich für Europa, Brunnen-Verlag, 1999

Claussen, Hans Rudolf: Korruption im öffentlichen Dienst, Heymanns 2002

Dialoge 5: Trends, Werte Ziele, Stern Bibliothek, 2000

Eisenkolb, Andreas + Müller-Dalhoff, Gernot: Tatort Betrieb, Haufe Verlag, 1999

Fink/Kälin: Topschrott, Orell Füssli, 2002

Goetz, Neumann, Schwan: Allein gegen Kohl, Kiep & Co., 2000

Hartmann, Frank: Wirtschaftskriminalität im Internet, Dt. Wirtschaftsdienst, 2001

Hesse/Schrader: Marketing in eigener Sache, Eichborn, 2002

König, Johann-Günther: Finanzkriminalität, Suhrkamp, 2002

Kullmann, Katja: Die Generation Ally, Eichborn, 2002

Lanthaler, Zugmann: Die ICH-Aktie, Frankfurter Allgemeine Buch, 2000

Lay, Rupert: Dialektik für Manager, Methoden des erfolgreichen Angriffs und der Abwehr, Econ, 2001

Liebel, Hermann J.: Kapitalanlagebetrug im Europa der EWU, H. Luchterhand, 2002

Malik, Fredmund: Führen, leisten, leben, DVA 2000

Martin, Susanne: Bankuntreue, Duncker & Humblot, 2000

Miegel, Meinhard: Die deformierte Gesellschaft, Propylaen, 2002

Müller, Rudolf u.a.: Wirtschaftskriminalität, C.H. Beck, 1997
Nuber, Ursula: Die Egoismus-Falle, Kreuz-Verlag, 1996
Ogger, Günter: Der Börsenschwindel, C. Bertelsmann, 2001
Ogger, Günter: Macher im Machtrausch, Droemer Knaur, 1998
Oppermann, Christiane: Schwarzbuch Banken, Diederichs, 2000
Pardoe, Blaine L.: Karriere im Minenfeld, Campus, 1999
Picaper, Jean-Paul: Die Verleumdungs-AG, Edition Q, 2002
Pieth u. Eigen (Hrsg.): Korruption im internationalen Geschäftsverkehr, Luchterhand, 1999
Rugemaier, Werner: Colonia Corrupta, 2002
Rupprecht-Stroell, Birgit: Mobbing – nicht mit mir, Langen-Müller-Herbig, 2000
Schirra, Bruno: Das System Leuna, Rowohlt 2001
Schöndorf: Strafjustiz auf Abwegen, Fachhochbuchverlag, 2001
Schwertfeger, Bärbel: Die Bluff-Gesellschaft, Wiley, 2002
See, Hans: Wirtschaftskriminalität – Kriminelle Wirtschaft, Distel 1997
Sommer, Jean: Unterschlagen und Verteilen, Campus 2002
Sprenger, Reinhard: Vertrauen führt, Campus 2002
Stiglitz, Joseph E.: Die Schatten der Globalisierung, 2002
Weikowski, Dietmar: In den Krallen der Bank. Die Hypo – eine Bank, kein Wort, Taufkirchen, 1999
Wegner/Lachner: Rattenfänger in Designerklamotten, Überreuter, 1996
Zängl, Wolfgang: Mit Hochgeschwindigkeit in die Bahnpleite, Bund Naturschutz in Bayern, 2002
Ziegler, Jean: Die Barbaren kommen. Kapitalismus und Organisiertes Verbrechen, C. Bertelsmann, 1999
Zihlmann, Peter: Justiz im Irrtum, Schulthess, 2000

Ferner wurden Informationen aus folgenden Publikationen entnommen:

Auto, Motor + Sport, Barron's, Börse Online, Business Week, Capital, Der Spiegel, DMEURO, Die Welt, Handelsblatt, Wirtschaftswoche, Economist, Frankfurter Allgemeine, Financial Times, Financial Times Deutschland, Focus, Focus Money, Fortune, Forbes, Manager-Magazin, Newsweek, Spiegel Online, Süddeutsche Zeitung, Stern, Time, Wallstreet Journal

Register

Namensregister

Firmenregister

Sachregister